行知学习指导与高效训练

高中物理

（选择性必修第三册）

总主编 张和松
主　编 俞建操 刘 颖
副主编 冯 欣 蔡柳东
编　委 敖珊珊 陈 昆 付 蔺 黄雅涵 焦芳枝
刘 畅 李红霞 文 燕 姚钧翔 叶 倩
钟捍东 张程鑫 常 超

西南大学出版社
SWUP
国家一级出版社 全国百佳图书出版单位

行知学习指导与高效训练　高中物理(选择性必修第三册)

XINGZHI XUEXI ZHIDAO YU GAOXIAO XUNLIAN　GAOZHONG WULI (XUANZEXING BIXIU DI-SAN CE)

俞建操　刘　颖　主编

责任编辑:尹清强
责任校对:刘欣鑫
装帧设计:汤　立
排　　版:杜霖森　王　兴
出版发行:西南大学出版社
地址:重庆市北碚区天生路2号
邮编:400715　市场营销部电话:023-68868624
印　　刷:重庆市国丰印务有限责任公司
幅面尺寸:210mm×285mm
印　　张:13.75
字　　数:308千字
版　　次:2023年3月　第1版
印　　次:2023年3月　第1次印刷
书　　号:ISBN 978-7-5697-1803-4

定　　价:70.00元(上、下册)

前言

本书是重庆育才中学普通高中物理课程创新基地基于课程标准及教材，立足于学生实际，结合学校教育特色，以教研制度为支撑而开发的适用于所有高中学生课堂学习指导与课后有效练习的校本教辅。

本书上册为章节知识点复习，下册为作业训练。上册主要栏目有“自主学习”和“核心突破”，下册主要栏目有“基础训练”和“能力提升”。

“自主学习”：帮助学生明确预习目标和重点学习内容；

“核心突破”：让学生清晰掌握重点，轻松突破难点，了解相关题型，掌握解题方法技巧，总结物理规律，提升解题能力，及时跟踪训练，检查对重难点知识的掌握情况；

“基础训练”和“能力提升”：针对不同层次学生在不同阶段的课后强化训练，从基础知识、解题能力、思维拓展三个层级逐层递进，推进有效学习。

另外，本书在必要的地方设有章末总结及专题训练，给学生提供全面的学习方案，系统梳理模块知识并优化总结，再安排针对性训练，让知识的学习和掌握更加系统。从新课学习到典例练习，从掌握一般解题方法到熟悉高考题型，让学生在上新课时、单元复习时和模块复习时都能使用，做到让学生上课能听懂，课后会做题，复习有思路。

该书不仅能很好地培养学生的自学能力，还能在课后巩固提升，提高学习效率。该书注重基础知识的讲解和基本技能的训练，讲解深入透彻，重难点轻松突破，不论是对物理基础薄弱的学生，还是对成绩相对较好的学生都有很大的帮助。

编 者

2022年11月

目录 CONTENTS

第一章 分子动理论

第1节　分子动理论的基本内容

学习目标

1. 知道物体是由大量分子组成的，知道阿伏加德罗常数的物理意义、数值和单位，会用这个常数进行有关的计算和估算。

2. 了解扩散现象、布朗运动及其产生的原因，知道什么是分子热运动，理解分子热运动与温度的关系。

3. 通过实验知道分子间存在着空隙和相互作用力，知道分子间的作用力与分子间距离的关系。

4. 知道分子动理论的基本内容，知道大量分子的运动表现出规律性。

重点、难点

1. 分子动理论的基本观点。

2. 阿伏加德罗常数的意义。

自主学习

一、物体是由大量分子组成的

1. 物体是由大量分子组成的，在研究物体的热运动性质和规律时，把组成物体的微粒统称为________。

2. 阿伏加德罗常数

(1)定义：1 mol的任何物质都含有相同的粒子数，这个数量用________表示。

(2)数值：$N_A=$________。

3. 人们用肉眼无法直接看到分子，就是用高倍的光学显微镜也看不到。直到1982年，人们研制了能放大几亿倍的扫描隧道显微镜，才观察到物质表面原子的排列。

二、分子热运动

1. 扩散现象

(1)定义：不同种物质能够______的现象。

(2)产生原因：是由物质分子的______产生的。

(3)应用：在生产半导体器件时，在高温条件下通过分子的________，在纯净半导体材料中掺入其他元素。

2. 布朗运动

(1)定义：悬浮在液体(或气体)中的微粒的________运动。

(2)产生原因:大量液体(或气体)分子对悬浮微粒撞击作用的不平衡性造成的。

(3)特点:微粒越小,布朗运动越______。

(4)意义:间接地反映了液体(或气体)分子运动的______。

3.热运动:在扩散现象中,温度越高,分子扩散得越____。观察布朗运动,温度越高,悬浮微粒的运动就越____。可见,分子的无规则运动与温度有关系,温度越高,这种运动越____。因此,我们把分子这种永不停息的无规则运动叫作热运动。分子热运动剧烈程度的标志是______。

三、分子间的作用力

1.分子间有空隙

(1)气体很容易被压缩,说明气体分子之间存在着很大的______。

(2)水和酒精混合后的总体积______了,表明液体分子间存在着空隙。

(3)压在一起的金块和铅块,各自的分子能______到对方的内部,表明固体分子之间也存在着空隙。

2.分子间的作用力

分子间有空隙,大量分子却能聚集在一起,这说明分子之间存在着相互作用力。

(1)当$r<r_0$时,分子间的作用力F表现为________。

(2)当$r=r_0$时,分子间的作用力F为____,这个位置称为______位置。

(3)当$r>r_0$时,分子间的作用力F表现为________。

四、分子动理论

1.分子动理论的基本内容:物体是由大量____组成的,分子在做永不停息的______运动,分子之间存在着______。

2.分子动理论:在热学研究中常常以以上基本内容为出发点,把物质的热学性质和规律看作微观粒子热运动的宏观表现。这样建立的理论叫作分子动理论。

3.对于任何一个分子而言,在每一时刻沿什么方向运动,以及运动的速率等都具有______性;但是对于大量分子的整体而言,它们的运动却表现出______性。

【思考】

扩散现象、布朗运动和热运动有什么不同?

提示:扩散现象是不同种物质能够彼此进入对方的现象,是由分子的无规则运动产生的;布朗运动是悬浮在液体(或气体)中微粒的无规则运动,是液体(或气体)分子的无规则撞击作用的不平衡性造成的;热运动是分子永不停息的无规则运动。扩散现象和布朗运动是分子热运动的结果。

核心突破

要点1　物体是由大量分子组成的

1.热学中的分子不同于化学上讲的分子,而是组成物质的分子、原子、离子等微粒的统称,这些微粒在热运动时遵从相同的规律。

2.分子的两种模型

(1)对于固体和液体,通常把分子视为紧密排列的球形分子。

(2)对于气体,分子之间不是紧密排列的,一般气体分子所占据的空间体积约为气体分子体积的上千倍。所以一般情况下我们把气体分子所占据的空间视为立方体。

不论把分子看作球形还是立方体，都是一种简化的模型，是一种近似处理的方法，由于建立的模型不同，得出的结果稍有不同，但数量级仍应是10^{-10} m。一般在估算固体或液体分子的大小和分子间的距离时采用球模型或立方体模型，在估算气体分子间的距离时采用立方体模型。

3.分子微观量的相关计算

(1)一些常见数量关系

热学中的微观量有分子质量m_0，分子体积V_0和分子直径d(或分子间的距离L)等，热学中的宏观量有物体的质量m，物质的摩尔质量M_{mol}，物体的体积V，物体的摩尔体积V_{mol}，物质的密度ρ等，热学中的微观量与宏观量间的数量关系常常通过阿伏加德罗常数联系起来。一些常见数量关系如下：

①1 mol物质的体积：$V_{mol}=\dfrac{M_{mol}}{\rho}$。

②分子质量：$m_0=\dfrac{M_{mol}}{N_A}=\dfrac{\rho V_{mol}}{N_A}$。

③分子平均占有的体积：$V_0=\dfrac{V_{mol}}{N_A}=\dfrac{M_{mol}}{\rho N_A}$。

④气体分子间距离(立方体模型)：$L=\sqrt[3]{\dfrac{V_{mol}}{N_A}}$。

⑤固体或液体分子的直径(球体模型)：$d=\sqrt[3]{\dfrac{6V_{mol}}{\pi N_A}}$。

(2)物体所含分子数的计算

$$N=\frac{m}{M_{mol}}N_A=\frac{V}{V_{mol}}N_A=\frac{\rho V}{M_{mol}}N_A=\frac{m}{\rho V_{mol}}N_A。$$

①单位质量中所含分子数$N_1=\dfrac{N_A}{M_{mol}}=\dfrac{N_A}{\rho V_{mol}}$。

②单位体积中所含分子数$N_2=\dfrac{N_A}{V_{mol}}=\dfrac{\rho N_A}{M_{mol}}$。

【典例1】已知铜的摩尔质量$M=6.4\times10^{-2}$ kg/mol，铜的密度$\rho=8.9\times10^3$ kg/m^3，阿伏加德罗常数$N_A=6.0\times10^{23}$ mol^{-1}。试估算：(计算结果保留两位有效数字)

(1)一个铜原子的质量；

(2)若每个铜原子可提供两个自由电子，则3.0×10^{-5} m^{3}的铜导体中有多少个自由电子。

【思路点拨】

计算微观量时需要注意：

在计算分子的大小、体积、质量等微观量时，常常需要利用阿伏加德罗常数联系对应的宏观量进行求解。由于气体分子间间隔较大，求解气体分子的体积时，直接用气体的体积除以气体分子数得到的并不是气体分子的体积，而是气体分子平均占据空间的体积。

跟踪练习

1.从下列哪一组数据可以算出阿伏加德罗常数(　　)

A.水的密度和水的摩尔质量

B.水的摩尔质量和水分子的体积

C.水分子的体积和水分子的质量

D.水分子的质量和水的摩尔质量

2.已知地球的表面积为S，空气的平均摩尔质量为M，阿伏加德罗常数为N_A，大气压强为p_0，地球表面附近的重力加速度为g，则地球周围大气层的空气分子数为多少？

要点2 分子热运动

1.扩散现象的特点

(1)发生于直接接触的两种物质间。

(2)快慢程度受温度的影响较大。温度越高,扩散越快;温度越低,扩散越慢。

2.扩散现象的意义

扩散现象直接证明了组成物体的分子是运动的,而不是静止的,从而说明了分子都在永不停息地做无规则的运动。

3.对布朗运动的认识

(1)微粒的大小:能做布朗运动的微粒是由许多分子组成的颗粒(注意不是分子),其大小在光学显微镜下可以看到,但人眼直接观察不到(其大小数量级一般在 10^{-6} m)。

(2)关于布朗运动示意图的正确理解

布朗运动示意图中每个拐点记录的是微粒每隔一段时间(如30 s)的位置,可采用频闪照相的办法记录,两位置所画直线是人为画的。在30 s内,微粒仍做无规则运动,由此不能将示意图中的折线当作粒子的运动轨迹,每一段直线也不可认为是对应这段时间内的直线运动轨迹,其实在这段时间内运动还是很复杂的,由布朗运动示意图无法确定微粒的运动轨迹。

(3)布朗运动不是分子的运动,而是悬浮微粒的运动。布朗运动的无规则性反映了液体(或气体)分子运动的无规则性;布朗运动与温度有关,表明液体(或气体)分子的运动与温度有关。

4.布朗运动与扩散现象的比较

项目	扩散现象	布朗运动
定义	不同种物质能够彼此进入对方的现象	悬浮在液体(或气体)中的微粒的无规则运动
原因	物质分子永不停息地做无规则运动	直接原因:大量液体(或气体)分子对悬浮微粒的撞击作用的不平衡性 根本原因:液体(或气体)分子的无规则运动
影响因素	①温度:温度越高,扩散越快 ②还与物质的浓度、状态等有关	①温度:温度越高,布朗运动越明显 ②微粒的大小:微粒越小,布朗运动越明显
相同点	①产生的根本原因都是分子在永不停息地做无规则运动 ②二者都随温度的升高而表现得更明显	

5.热运动的特点

(1)分子的运动是无规则的。由于分子之间的相互碰撞,每个分子的运动速度无论是方向还是大小都在不断变化。

(2)分子的热运动是永不停息的。无论经过多长时间,温度多么低,在什么条件下,分子的无规则运动始终存在。

(3)热运动与物体的温度有关。温度越高,分子运动得越剧烈。

【典例2】(多选)下列关于布朗运动的说法,正确的是(　　)

A.布朗运动是液体分子的无规则运动

B.液体温度越高,悬浮微粒越小,布朗运动越明显

C.布朗运动是由于液体各部分的温度不同而引起的

D.布朗运动是由于液体分子从各个方向对悬浮微粒撞击作用的不平衡引起的

跟踪练习

3.(多选)如图所示是做布朗运动小颗粒的位置连线放大图,从小颗粒在A点开始计时,每隔30 s记下小颗粒的位置,得到B、C、D、E、F、G、H、I等点,则关于小颗粒在第75 s末时的位置,以下叙述中正确的是(　　)

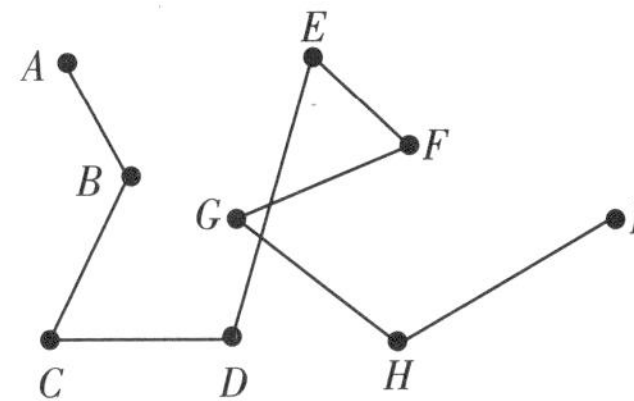

A.一定在CD的中点

B.一定不在CD的中点

C.可能在CD上,但不一定在CD的中点

D.可能在CD以外的某些点上

4.(多选)下列现象中,属于扩散现象的有(　　)

A.雨后的天空中悬浮着很多的小水滴

B.海绵吸水

C.在一杯热水中放几粒盐,整杯水很快就会变咸

D.把一块煤贴在白墙上,几年后铲下煤发现墙中有煤

【典例3】关于分子热运动,以下叙述正确的是(　　)

A.分子热运动就是布朗运动

B.同种物质的分子热运动剧烈程度相同

C.气体的分子热运动不一定比液体分子的剧烈

D.物体运动的速度越大,其内部分子的热运动就越剧烈

跟踪练习

5.下列关于热运动的说法中,正确的是(　　)

A.热运动是物体受热后所做的运动

B.只有温度高的物体中的分子做无规则运动

C.单个分子做永不停息的无规则运动

D.大量分子做永不停息的无规则运动

要点3　分子间的作用力

1.分子间存在引力

(1)当用力拉伸物体时,组成物体的大量分子间的作用力表现为引力,以反抗拉伸的作用力。

(2)分子间虽然有空隙,大量分子却能聚集在一起,说明分子间存在着引力。

(3)固体保持一定的形状,说明分子间有引力。

2.分子间存在斥力

(1)当用力压缩物体时,组成物体的大量分子间的作用力表现为斥力,以反抗压缩的作用力。

(2)分子间有引力,分子却没有紧紧吸在一起,而是还存在空隙,说明分子间有斥力。

【注意】

(1)不能把宏观的小空间同分子间的空隙相混淆,打碎的玻璃不会因分子间引力重新结合为一体,是因为绝大部分分子间距离太大,超过分子力作用的范围,可见分子力是短程力。

(2)压缩气体时需要外力,并非克服气体分子间的斥力(气体分子间的距离很大,相互作用力很微弱可忽略),而是因为气体有压强。

3.分子间作用力F与分子间距离r的关系

(1)$F-r$图像

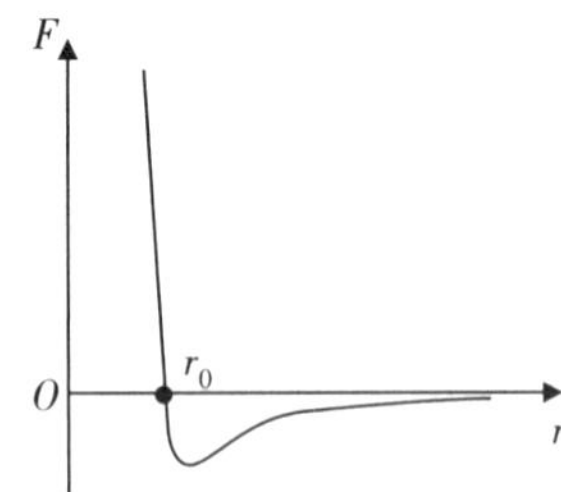

(2)F随r变化的规律

①当$r=r_0$时,$F=0$,这个位置称为平衡位置;

②当$r<r_0$时,F表现为斥力,F随r的增大而减小;

③当$r>r_0$时,F表现为引力,F随r的增大,先增大后减小;

④当$r\geqslant 10r_0$时,$F\approx 0$。

4.分子间相互作用力产生的原因

分子是由原子组成的。原子内部有带正电的原子核和带负电的电子。分子间的作用力就是由这些带电粒子的相互作用引起的。

5.分子动理论

以"物体是由大量分子组成的,分子在做永不停息的无规则运动,分子之间存在着相互作用力"这样的基本内容为出发点,把物质的热学性质和规律看作微观粒子热运动的宏观表现。这样建立的理论叫作分子动理论。

6.分子力在物质三种不同的宏观状态下的特征

分子间的距离不同,分子间的作用力表现也就不一样。

(1)固体分子间的距离小,分子之间的作用力表现明显,其分子只能在平衡位置附近做范围很小的无规则振动。因此,固体不但具有一定的体积,还具有一定的形状。

(2)液体分子间的距离也很小,液体分子可以在平衡位置附近做范围较大的无规则振动,而且液体分子的平衡位置不是固定的,因而液体虽然具有一定的体积,却没有固定的形状。

(3)气体分子间距离较大,彼此间的作用力极为微小,可认为气体分子除了与其他分子或器壁碰撞时有相互作用外,分子力可忽略。所以气体没有一定的体积,也没有一定的形状,总是充满整个容器。

【典例4】(多选)下列说法正确的是(　　)

A.水的体积很难被压缩,这是分子间存在斥力的宏观表现

B.气体总是很容易充满容器,这是分子间存在斥力的宏观表现

C.两个相同的半球壳吻合接触,中间抽成真空(马德堡半球),用力很难拉开,这是分子间存在引力的宏观表现

D.用力拉铁棒的两端,铁棒没有断,这是分子间存在引力的宏观表现

跟踪练习

6.如图所示,用细线将一块玻璃板水平地悬挂在弹簧测力计下端,并使玻璃板贴在水面上,然后缓慢提起弹簧测力计,在玻璃板脱离水面的一瞬间,弹簧测力计读数会突然增大,主要原因是(　　)

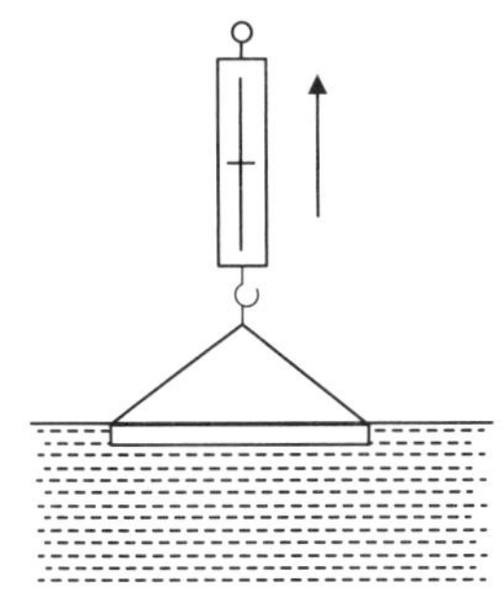

A.水分子做无规则热运动

B.玻璃板受到大气压力作用

C.水与玻璃间存在万有引力作用

D.水与玻璃间存在分子引力作用

【典例5】关于分子间作用力，下面说法中不正确的是(其中r_0为分子处于平衡位置时分子之间的距离)(　　)

A.两个分子间距离小于r_0时，分子间作用力表现为斥力

B.两个分子间距离大于r_0时，分子间作用力表现为引力

C.两个分子间距离由r_0减小时，分子间作用力增大

D.两个分子间距离由r_0增大时，分子间作用力增大

【思路方法】

分子间作用力问题的分析

(1)方向的分析：$r<r_0$时，为斥力；$r>r_0$时，为引力。

(2)大小的分析：$r<r_0$时，随r增大，F减小；$r>r_0$时，随r增大，F先增大后减小；$r\gg r_0$时，$F=0$。

跟踪练习

7.在使两个分子间的距离由很远($r>10r_0$)变到很难再靠近的过程中，分子间作用力的大小将(　　)

A.先减小，后增大

B.先增大，后减小

C.先增大，后减小，再增大

D.先减小，后增大，再减小

8.(多选)甲分子固定在坐标原点O，乙分子位于r轴上，甲、乙两分子间作用力与分子间距离关系图像如图所示。现把乙分子从r_3处由静止释放，则(　　)

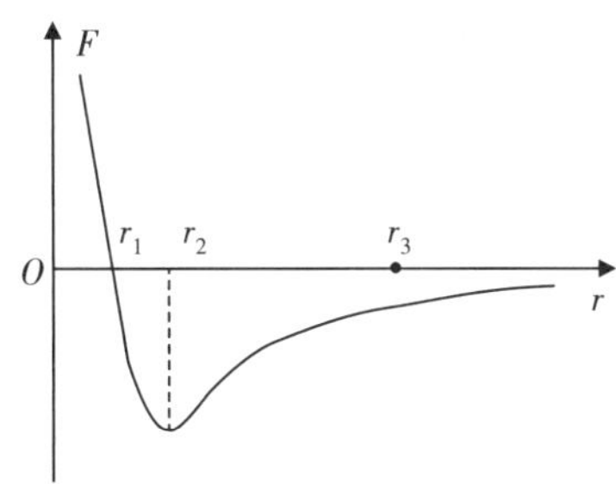

A.乙分子从r_3到r_1一直加速

B.乙分子从r_3到r_2过程中呈现引力，从r_2到r_1过程中呈现斥力

C.乙分子从r_3到r_1过程中，两分子间的分子力先增大后减小

D.乙分子从r_3到距离甲最近的位置过程中，两分子间的分子力先减小后增大

第2节 实验:用油膜法估测油酸分子的大小

一、实验原理

1. 把1滴油酸滴在水面上,油酸分子($C_{17}H_{33}COOH$)中的羧基—COOH对水有很强的亲和力,烃基$C_{17}H_{33}$—对水没有亲和力而冒出水面,因此油酸分子会一个个地直立在水面上形成______油膜。

2. 尽管油酸分子有着复杂的结构和形状,分子间也存在着间隙,但在估测其大小时,可以把它简化为球形处理,并认为它们紧密排布(如图)。测出油膜的厚度d,它就相当于分子的______。

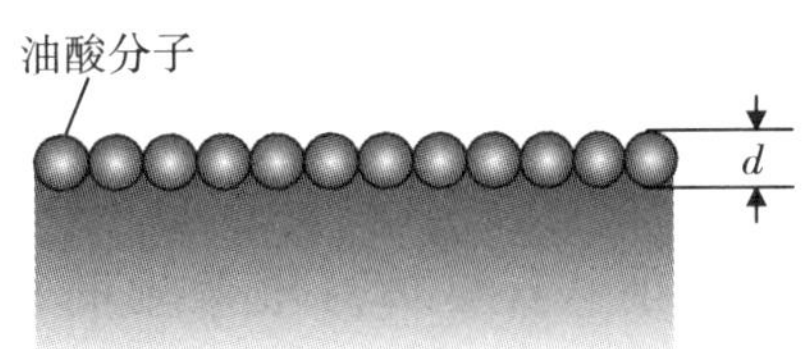

水面上单分子油膜的示意图

3. 为了使油酸充分展开,获得一块______油膜,需要将油酸在酒精中______后再滴入水中,溶液中的酒精将溶于水并很快挥发,从而获得纯油酸形成的油膜。可以粗略地认为,油膜的厚度等于1滴油酸酒精溶液中纯油酸的体积V与______之比。

二、实验器材

盛水浅盘、注射器(或滴管)、容量瓶、坐标纸、_____、_____(或细石膏粉)、油酸酒精溶液、量筒、彩笔。

三、实验步骤

(1)用稀酒精溶液及清水清洗浅盘,充分洗去油污、粉尘,以免给实验带来误差。

(2)配制油酸酒精溶液,取纯油酸1 mL,注入500 mL的容量瓶中,然后向容量瓶内注入酒精,直到液面达到500 mL刻度线为止,摇动容量瓶,使油酸充分溶解在酒精中,这样就得到了500 mL含1 mL纯油酸的油酸酒精溶液。

(3)用注射器(或滴管)将油酸酒精溶液一滴一滴地滴入量筒中,并记下量筒内增加一定体积V_n时的滴数n。

(4)根据$V_0=\frac{V_n}{n}$算出每滴油酸酒精溶液的体积V_0。

(5)向浅盘里倒入约2 cm深的水,并将痱子粉或细石膏粉均匀地撒在水面上。

(6)用注射器(或滴管)将一滴油酸酒精溶液滴在水面上。

(7)待油酸薄膜的形状稳定后,将玻璃板放在浅盘上,并将油酸膜的形状用彩笔画在玻璃板上。

(8)将画有油酸薄膜轮廓的玻璃板放在坐标纸上,算出油酸薄膜的面积S(求面积时以坐标纸上边长为1 cm的正方形为单位计算轮廓内正方形的个数,不足半个的舍去,多于半个的算一个)。

(9)根据油酸酒精溶液的配制比例,算出一滴油酸酒精溶液中纯油酸的体积V,并代入公式$d=\frac{V}{S}$算出油酸薄膜的厚度d。

(10)重复以上实验步骤，多测几次油酸薄膜的厚度，并求平均值，即为油酸分子直径的大小。

四、数据处理

根据上面记录的数据，完成以下表格内容。

实验序号	量筒内增加1 mL溶液时的滴数	轮廓内的小格子数	轮廓面积S
1			
2			
3			
4			

实验序号	一滴纯油酸的体积V	分子的直径/m	平均值
1			
2			
3			
4			

五、误差分析

(1)油酸酒精溶液配制后长时间放置，由于酒精的挥发会导致溶液的浓度改变，从而给实验带来较大的误差。

(2)利用量筒测量油酸酒精溶液的体积时，没有使用正确的读数方法而产生误差。

(3)油滴的体积过大，同时水面面积过小，不能形成单分子油膜。

(4)描绘油膜形状的画线误差。

(5)利用小正方形数计算轮廓的面积时，轮廓的不规则性容易带来计算误差。

(6)不考虑油酸分子的空隙，计算分子直径时的误差。

六、注意事项

(1)注射器针头高出水面的高度应在1 cm之内，当针头离水面很近(油酸滴下之前)时，会发现针头下方的粉层已被排开，这是针头中酒精挥发所致，不影响实验效果。

(2)待测油酸薄膜扩散后又会收缩，要在油酸薄膜的形状稳定后再画轮廓。扩散后又收缩有两个原因：①水面受油酸液滴冲击凹陷后又恢复；②酒精挥发后液面收缩。

(3)当重做实验时，将水从浅盘的一侧边缘倒出，在这侧边缘会残留油酸，可用少量酒精清洗，并用脱脂棉擦去再用清水冲洗，这样做可保持浅盘的清洁。

(4)本实验只要求估测分子的大小，实验结果的数量级符合要求即可。

核心突破

【典例1】在“用油膜法估测分子的大小”实验中。

(1)(多选)该实验中的理想化假设是(　　)

A.将油膜看成单分子层油膜

B.不考虑各油酸分子间的间隙

C.不考虑各油酸分子间的相互作用力

D.将油酸分子看成球形

(2)实验中使用到油酸酒精溶液，其中酒精溶液的作用是(　　)

A.可使油酸和痱子粉之间形成清晰的边界轮廓

B.对油酸溶液起到稀释作用

C.有助于测量一滴油酸的体积

D.有助于油酸的颜色更透明便于识别

(3)某老师为本实验配制油酸酒精溶液，实验室配备的器材有：面积为0.22 m^2的蒸发皿、滴管、量筒(50滴溶液滴入量筒体积约为1 mL)、纯油酸和无水酒精若干。已知分子直径数量级为10^{-10} m，则该老师配制的油酸酒精溶液浓度(油酸与油酸酒精溶液的体积比)至多为________‰(保留两位有效数字)。

【典例2】在用单分子油膜估测分子大小的实验中:

(1)(多选)某同学计算出的结果明显偏大,可能是由于( )

A.油酸未完全散开

B.油酸中含有大量酒精

C.计算油膜面积时舍去了所有不足一格的方格

D.求每滴溶液中纯油酸的体积时,1 mL溶液的滴数多记了10滴

(2)在做实验时,油酸酒精溶液的浓度为每1 000 mL溶液中有纯油酸1 mL,用注射器测得1 mL上述溶液有200滴,把一滴该溶液滴入盛水的表面撒有痱子粉的浅盘里,待水面稳定后,测得油膜的近似轮廓如图所示。图中正方形小方格的边长为1 cm,根据上述数据,估测出油酸分子的直径是________ nm。

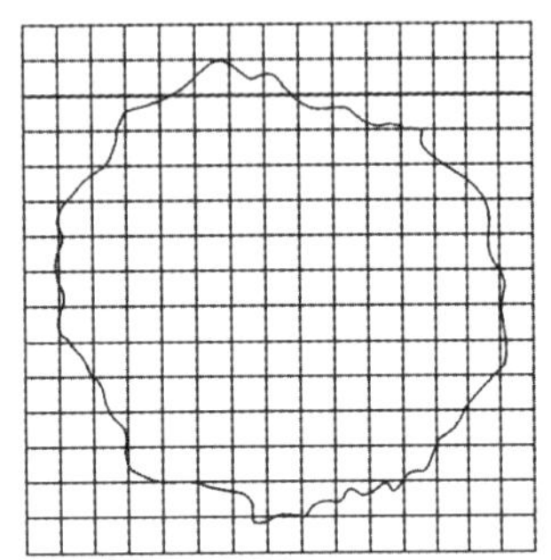

跟踪练习

1.在用单分子油膜估测分子大小的实验中。

(1)①取一定量的无水酒精和油酸,制成一定浓度的油酸酒精溶液;

②在量筒中滴入一滴该溶液,测出它的体积;

③在蒸发皿内盛一定量的水,再滴入一滴油酸酒精溶液,待其散开稳定;

④在蒸发皿上覆盖透明玻璃,描出油膜形状,用透明方格纸测量油膜的面积。

改正其中的错误:________________________________。

(2)若油酸酒精溶液体积浓度为0.10%,一滴溶液的体积为4.8×10^{-3} mL,其形成的油膜面积为80 cm^2,则估测出油酸分子的直径为________ m。

2.测量分子大小的方法有很多,如油膜法、显微法。

(1)在用油膜法估测分子大小的实验中,用移液管量取0.25 mL油酸,倒入标注250 mL的容量瓶中,再加入酒精后得到250 mL的溶液。然后用滴管吸取这种溶液,向小量筒中滴入50滴溶液,溶液的液面达到量筒中1 mL的刻度,再用滴管取配好的油酸酒精溶液,向撒有痱子粉的盛水浅盘中滴下1滴溶液,在液面上形成油酸薄膜,待油膜稳定后,放在带有正方形坐标格的玻璃板下观察油膜,如图甲所示。坐标格中每个小正方形方格的大小为2 cm×2 cm。由图可以估算出油膜的面积是______ cm^2,由此估算出油酸分子的直径是______ m(保留一位有效数字)。

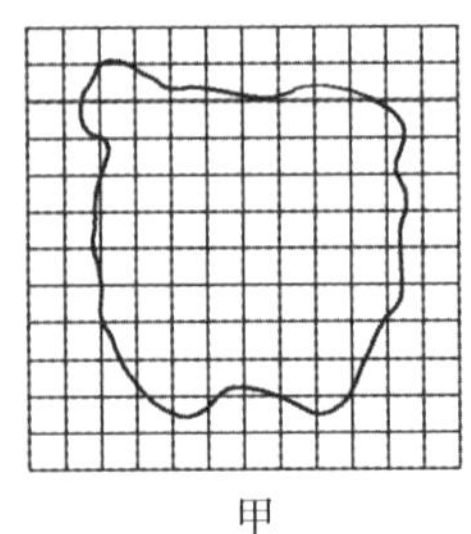

甲

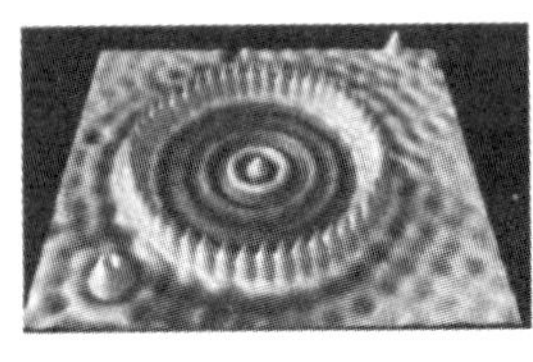

乙

(2)如图乙是用扫描隧道显微镜拍下的一个“量子围栏”的照片。这个量子围栏是由

参考答案

第一章　分子动理论

第1节　分子动理论的基本内容

自主学习

一、1.分子

2.阿伏加德罗常数$6.02\times10^{23}mol^{-1}$

二、1.彼此进入对方　无规则运动　扩散

2.无规则　明显　无规则性

3.快　明显　剧烈　温度

三、1.空隙　变小　扩散

2.斥力　0　平衡　引力

四、1.分子　无规则　相互作用力

3.偶然　规律

【典例1】

(1)1.1×10^{-25} kg

(2)5.0×10^{24}个

[解析]:(1)一个铜原子的质量$m=\frac{M}{N_A}=\frac{6.4\times10^{-2}}{6.0\times10^{23}}$ kg$=1.1\times10^{-25}$ kg。

(2)铜导体的物质的量$n=\frac{\rho V}{M}=\frac{8.9\times10^{3}\times3.0\times10^{-5}}{6.4\times10^{-2}}$ mol$=4.2$mol,铜导体中含有的自由电子数$N=2nN_A=5.0\times10^{24}$(个)。

跟踪练习

1. D

[解析]由ρ和M_{mol}只能算出V_{mol},A错误;由M_{mol}和$V_{分子}$无法算出任何有意义的量,B错误;由$V_{分子}$和$m_{分子}$只能算出固态或液态水的近似密度,C错误;设水的摩尔质量为M_{mol},水分子的质量为m_0,则$N_A=\frac{M_{mol}}{m_0}$,故D正确。

2. $\frac{p_0S}{Mg}N_A$

[解析]由于大气压是因空气的重力而产生的,即有$p_0S=mg$,所以$m=\frac{p_0S}{g}$,空气的物质的量为$n=\frac{m}{M}=\frac{p_0S}{Mg}$,则空气的分子数为$N=nN_A=\frac{p_0S}{Mg}N_A$。

【典例2】BD

[解析]布朗运动的研究对象是悬浮微粒,而不是液体分子,故A错误;影响布朗运动的因素是温度和微粒大小,温度越高,微粒越小,布朗运动就越明显,故B正确;布朗运动是由于悬浮微粒受到液体分子撞击作用的不平衡而引起的,不是由于液体各部分的温度不同而引起的,故C错误,D正确。

跟踪练习

3. CD

[解析]布朗运动是无规则的,每隔30 s记下小颗粒的位置,其连线不是运动轨迹,其实在这30 s内小颗粒的运动是杂乱无章的,小颗粒不一定沿直线运动。在第75 s末小颗粒可能在CD连线上,也可能在CD连线的中点,也可能在CD连线外的任一位置,故C、D正确。

4. CD

[解析]扩散现象是指不同种物质彼此进入对方的现象,它是分子运动引起的。天空中的小水滴不是分子,小水滴是由大量水分子组成的,小水滴悬浮于天空中并非扩散现象,故A错误。海绵吸水不是扩散现象,故B错误。整杯水变咸是盐分子扩

散到水分子之间所致，墙中有煤也是煤分子扩散的结果，故C、D正确。

【典例3】C

［解析］布朗运动是指悬浮微粒的运动，A错误；温度越高，分子热运动就越剧烈，与物质种类无关，同种物质，温度不同时，分子热运动的剧烈程度不同，B错误，C正确；物体宏观运动的速度大小与微观分子热运动的剧烈程度无关，D错误。

跟踪练习

5.D

［解析］热运动是指物体内大量分子所做的无规则运动，温度越高，分子无规则运动越剧烈，不仅高温物体中的分子在做无规则运动，低温物体内的分子也同样做无规则运动，A、B、C错误，D正确。

【典例4】AD

［解析］水是液体，铁是固体，正常情况下它们分子之间的距离都为r_0，分子间作用力为0。当水被压缩时，分子距离由r_0略微减小，分子力表现为斥力，其效果是水的体积很难被压缩；当用力拉铁棒两端时，铁棒发生微小形变，分子距离由r_0略微增大，分子力表现为引力，其效果为铁棒没有断，所以A、D正确。气体分子由于永不停息地做无规则运动，能够到达容器内的任何空间，所以总是充满容器，由于气体分子间距离远大于r_0，分子间几乎无作用力，所以B错误。抽成真空的马德堡半球，之所以很难拉开，是由于球外大气压力对球的作用，所以C错误。

跟踪练习

6. D

［解析］在玻璃板脱离水面的一瞬间，弹簧测力计读数会突然增大的主要原因是：水与玻璃间存在分子引力作用，D正确。

【典例5】D

［解析］当$r>r_0$时，分子间作用力表现为引力；当$r<r_0$时，分子间作用力表现为斥力，故A、B正确。当r由r_0减小时，分子间作用力一直增大；当r由r_0增大时，分子间作用力先增大后减小，C正确，D错误。本题选说法不正确的，故选D。

跟踪练习

7.C

［解析］本题考查分子间作用力变化特点，可以利用如图所示的分子间作用力随分子间距离r变化的关系进行分析。当两分子之间的距离远大于r_0时，分子之间的作用力可以视为零。当两分子从很大的间距靠近时，分子之间的作用力先表现为引力且逐渐变大；在r_0附近向r_0靠近时，分子间作用力又逐渐减小；当靠近到$r=r_0$时，分子间作用力为零；继续靠近时$r<r_0$，分子之间的作用力表现为斥力且逐渐增大，故两个分子间的作用力先增大后减小，然后再反向增大。故C正确。

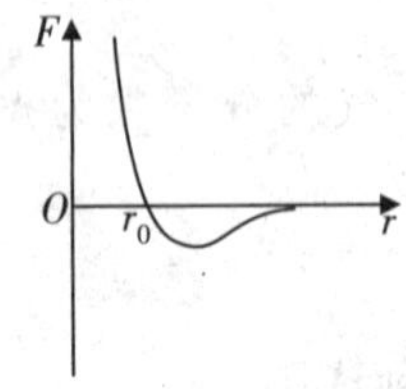

8.AC

［解析］乙分子从r_3到r_1一直受甲分子的引力作用，且分子间作用力先增大后减小，故乙分子做加速运动，A、C正确；乙分子从r_3到r_1过程中一直呈现引力，B错误；乙分子从r_3到距离甲最近的位置过程中，两分子间的分子力先增大后减小再增大，D错误.

第2节　实验：用油膜法估测油酸分子的大小

自主学习

一、1.单分子 2.直径 3.单分子 稀释　油膜面积S

二、玻璃板　痱子粉

【典例1】(1)ABD　(2)B　(3)1.1

［解析］(1)计算分子直径是根据体积与面积之比，所以需将油膜看成单分子层油膜，不考虑各油酸分子间的间隙，将油酸分子看成球形，故选A、B、D。

(2)实验中使用到油酸酒精溶液，其中酒精溶液的作用是对油酸起到稀释作用，酒精稀释油酸是为了进一步减小油酸的面密度，使油酸分子尽可能少地在竖直方向上重叠，更能保证其形成单层分子油膜，也就是为了减小系统误差。

(3)根据题意可知，形成的油膜的面积不能超过蒸发皿的面积，当油膜面积等于蒸发皿的面积时，油酸酒精溶液浓度最大。一滴油酸的体积$V_0=dS=10^{-10}\ \mathrm{m}\times0.22\ \mathrm{m}^2=2.2\times10^{-11}\ \mathrm{m}^3$，一滴油酸酒精溶液的体积$V=\frac{1}{50}\ \mathrm{cm}^3=2\times10^{-8}\ \mathrm{m}^3$，则此油酸酒精溶液的浓度为$\frac{V_0}{V}=1.1$‰。

【典例2】(1)AC　(2)0.4

［解析］(1)分子直径$d=\frac{V}{S}$，计算

出的结果明显偏大，若油酸未完全散开，面积偏小，直径偏大，A正确；若油酸中含有大量酒精，会使油膜面积偏大，直径偏小，B错误；若计算油膜面积时舍去了所有不足一格的方格，会使油膜面积偏小，直径偏大，C正确；求每滴溶液中纯油酸的体积时，1 mL溶液的滴数多记了10滴，会使液滴体积变小，直径偏小，D错误。

(2)油酸酒精溶液的浓度为$\frac{1}{1000}$，一滴溶液中含有纯油酸的体积为$\frac{1}{200}\times\frac{1}{1000}$ mL，形成油膜约占125个小格，即$S=125\times10^{-4}\ m^2$，则油酸分子的直径$d=\frac{V}{S}=4\times10^{-10}\ m=0.4\ nm$。

跟踪练习

1.(1)见[解析] (2)6.0×10^{-10}

[解析](1)②由于一滴溶液的体积太小，直接测量时相对误差太大，应用微小量累积法减小测量误差，故可在量筒内滴入N滴该溶液，测出它的体积。③液面上不撒痱子粉或细石膏粉时，滴入的油酸酒精溶液在酒精挥发后剩余的油膜不能形成一块完整的油膜，故应先在液面上撒痱子粉或细石膏粉。

(2)由油膜的体积等于一滴油酸酒精溶液内纯油酸的体积可得

$$d=\frac{V}{S}=\frac{4.8\times10^{-3}\times10^{-6}\times0.10\%}{80\times10^{-4}}\ m=$$

6.0×10^{-10} m。

2.(1)256 8×10^{-10} (2)9.4×10^{-10}

[解析](1)数油膜的正方形格数，大于半格的算一格，小于半格的舍去，得到油膜的面积$S=64\times2\ cm\times2\ cm=256\ cm^2$。溶液浓度为$\frac{1}{1000}$，每滴溶液体积为$\frac{1}{50}$ mL，1滴溶液中所含油酸体积为$V=2\times10^{-5}\ cm^3$。油膜厚度即油酸分子的直径是$d\approx8\times10^{-10}$ m。

(2)直径为1.43×10^{-8} m的圆周周长为$D=\pi d\approx4.49\times10^{-8}$ m，可以估算出铁原子的直径约为

$$d'=\frac{4.49\times10^{-8}}{48}\ m\approx9.4\times10^{-10}\ m。$$

(3)偏大。

3.B

[解析]$\frac{1}{N}$ mL是一滴油酸酒精溶液的体积，乘以油酸酒精溶液的体积浓度才是油酸的体积，A错误；浅盘应水平放置，倒入水后，水面离盘口距离小一些，可使单分子油膜形状画得更精确，B正确；多滴几滴会使油膜面积增大，可能使油膜与浅盘的壁相接触，这样油膜就不再是单分子油膜了，故C错误；为了看清油膜形状，且使油酸分子紧密排列，实验时应先将爽身粉均匀撒在水面上，再把一滴油酸酒精溶液滴在水面上，D错误。

4.B

[解析]根据题意，一滴油酸体积为$\frac{V}{n}$，形成的油膜面积为S，故每个油酸分子的直径$d=\frac{V}{nS}$；油酸的摩尔体积为$V_{mol}=\frac{\mu}{\rho}$，一个油酸分子的体积为$V_0=\frac{1}{6}\pi d^3=\frac{\pi V^3}{6n^3S^3}$，故$N_A=\frac{V_{mol}}{V_0}=\frac{6\mu n^3S^3}{\pi\rho V^3}$，故B正确。

第3节 分子运动速率分布规律

自主学习

一、统计

二、1.10 它能达到的整个。

2.杂乱无章 几乎相等。

三、1.中间多、两头少 高 大

2.越高

四、1.间断 不均匀 连续 均匀 压力 2.大 多

【典例1】B

[解析]物体里大量分子做无规则运动，速率大小各不相同，但分子的速率遵循一定的分布规律。气体的大多数分子速率在某个数值附近，离这个数值越近，分子数目越多，离这个数值越远，分子数目越少，呈现出“中间多、两头少”的分布规律。故正确答案为B。

跟踪练习

1.B

[解析]温度越高，分子的热运动越剧烈。由图像可以看出，大量分子的平均速率$\bar{v}_{Ⅲ}>\bar{v}_{Ⅱ}>\bar{v}_{Ⅰ}$，因为是同种气体，则$T_{Ⅲ}>T_{Ⅱ}>T_{Ⅰ}$，所以B正确，A、C、D错误。

【典例2】B

[解析]影响气体压强的微观因素是分子的平均速率和气体分子的数密度。分子热运动变剧烈，表明气体温度升高，分子平均速率变大，但不知气体分子的数密度怎样变化，故压强可能变大，可能变小，也可能不变，A错误，B正确；分子间平均距离变大，表明气体分子的数密度变小，但不知分子的平均速率怎样变化，故

气体的压强可能变大，可能变小，也可能不变，C、D错误。

跟踪练习

2.B

［解析］气体分子在单位时间内对单位面积器壁的碰撞次数，是由单位体积内的分子数和分子的平均速率共同决定的，A和D都是单位体积内的分子数增大，但分子的平均速率如何变化却不知道；对C，由温度升高可知分子的平均速率增大，但单位体积内的分子数如何变化未知，所以A、C、D都不正确。当温度一定时，气体分子的平均速率一定，此时气体分子在单位时间内对单位面积器壁的碰撞次数正是气体压强的微观表现，所以B正确。

第4节　分子动能和分子势能

自主学习

一、1.不停地做无规则运动

2.分子　平均值

3.分子热运动

二、1.无关

2.减小　增大　最小

3.相对位置　体积

三、1.动能　分子势能

2.温度　体积　物质的量　温度　体积

【典例1】D

［解析］温度是分子平均动能的标志，温度升高，分子的平均动能增大。温度对单个分子无意义。物体的温度升高，分子热运动加剧，分子的平均动能增大，但不是每个分子的动能都增大，也不是每个分子的热运动都加剧。故D正确，A、B、C错误。

跟踪练习

1.C

［解析］某物体的温度是0 ℃，物体中分子热运动的平均动能并不为零，因为分子在永不停息地运动，A错误；从微观上讲，分子运动快慢是有差别的，各个分子运动的快慢无法跟踪测量，在一定温度下，分子速率大小按一定的统计规律分布，当温度升高时，分子的热运动变剧烈，速率小的分子数目减少，速率大的分子数目增多，分子热运动的平均动能增大，但并不是每个分子的动能都增大，B错误，C正确；物体的运动速度越大，说明物体的动能越大，这并不能代表物体内部分子的热运动越剧烈，则物体的温度不一定越高，D错误。

【典例2】D

［解析］当分子间距离大于r_0时，分子间作用力表现为引力；当分子间距离小于r_0时，分子间作用力表现为斥力；当分子间距离大于$10r_0$时，分子间的作用力十分小，可以忽略。所以，在乙从较远处向甲逐渐靠近的过程中，分子间作用力先是对乙做正功，分子势能减小；然后分子间作用力对乙做负功或者乙克服分子间作用力做功，分子势能增大。因此在乙逐渐向甲靠近的过程中，分子势能先减小后增大。D正确。

跟踪练习

2.BC

［解析］乙分子由a运动到c的过程，一直受到甲分子的引力作用而做加速运动，到c时速度达到最大，而后受甲的斥力作用做减速运动，A错误，B正确。乙分子由a到b的过程中所受引力做正功，分子势能一直减小，C正确。乙分子从b到d的过程中，先是引力做正功，分子势能减小，后来克服斥力做功，分子势能增大，故D错误。

【典例3】D

［解析］内能是对物体而言的，单个分子无内能可言，A错误；物体的分子势能由分子间距离决定，宏观上由物体的体积决定，故B错误；物体的内能与物体做宏观机械运动的速度无关，故C错误；物体的温度与物体宏观运动的动能无关，D正确。

跟踪练习

3.D

［解析］内能是物体内所有分子的热运动动能和分子势能的总和，温度低只表示物体分子的平均动能小，而分子势能不一定小，内能不一定小，故A错误；温度低的物体，分子热运动的平均动能小，但不同物质的分子质量一般不同，而分子动能不仅与分子速率有关，也与分子质量有关，故B错误；分子无规则运动的剧烈程度只与物体的温度有关，而与物体的宏观运动情况无关，故C错误；物体的体积改变，分子势能改变，但内能不一定改变，D正确。

4.B

［解析］内能和机械能是两种不同形式的能量，两者并不存在必然联系，只有在系统的能量转化形式只发生在机械能与内能之间时，机械能的损失才等于内能的增加，故A、C错误，B正确；因为物质分子总在不停地做无规则热运动，故分子动能总和

不可能为零，D错误。

章末总结提升

【典例1】(1)3×10^{25}个　(2)4×10^{-10}m

[解析](1)水的摩尔体积为$V_0=\frac{M}{\rho}=\frac{1.8\times10^{-2}}{1.0\times10^{3}}$m³/mol=$1.8\times10^{-5}$m³/mol，水分子数：

$N=\frac{VN_A}{V_0}=\frac{1.0\times10^{3}\times10^{-6}\times6.0\times10^{23}}{1.8\times10^{-5}}\approx$ 3×10^{25}(个)。

(2)建立水分子的球模型有$\frac{V_0}{N_A}=\frac{1}{6}\pi d^3$，可得水分子直径：

$$d=\sqrt[3]{\frac{6V_0}{\pi N_A}}=\sqrt[3]{\frac{6\times1.8\times10^{-5}}{3.14\times6.0\times10^{23}}}\text{ m}=4\times10^{-10}\text{m。}$$

跟踪练习

1.(1)3.2×10^{-2} kg/mol

(2)3.3×10^{-9} m　(3)2.7×10^{19}个

[解析](1)氧气的摩尔质量为$M=N_Am=6.02\times10^{23}\times5.3\times10^{-26}$ kg/mol$\approx$ 3.2×10^{-2} kg/mol。

(2)标准状况下氧气的摩尔体积$V=\frac{M}{\rho}$，所以每个氧气分子所占空间$V_0=\frac{V}{N_A}=\frac{M}{\rho N_A}$。而每个氧气分子占有的体积可以看成是棱长为$a$的立方体，即$V_0=a^3$，则$a^3=\frac{M}{\rho N_A}$，$a=\sqrt[3]{\frac{M}{\rho N_A}}=\sqrt[3]{\frac{3.2\times10^{-2}}{1.43\times6.02\times10^{23}}}$ m$\approx3.3\times10^{-9}$m。

(3)1 cm³氧气的质量为

$m'=\rho V'=1.43\times1\times10^{-6}$ kg$=1.43\times10^{-6}$ kg

则1 cm³氧气中含有的氧气分子的个数$N=\frac{m'}{m}=\frac{1.43\times10^{-6}}{5.3\times10^{-26}}$个$\approx2.7\times10^{19}$个。

【典例2】CD

[解析]由题图可知，当分子间距离为r_0时，分子力和分子势能均达到最小，但此时分子力为零，而分子势能不为零，是一负值；当分子间距离$r>r_0$时，分子力随分子间距离的增大先增大后减小，此时分子力做负功，分子势能增大；当分子间距离$r<r_0$时，随着分子间距离逐渐减小，分子力逐渐增大，而此过程中分子力做负功，分子势能增大，由此知选项C、D正确。

跟踪练习

2.C

[解析]当两分子间距离$r=r_1$时，分子势能为零，但$r<r_0$，分子力表现为斥力，选项A错误；由于$r_2=r_0$，分子势能最小，分子间相互作用的引力和斥力相等但不是最小，选项B错误；当$r>r_2$时，由图像可以看出分子势能随着r的增大而增大，而分子间相互作用的引力和斥力逐渐减小，选项D错误。

【典例3】C

[解析]气体分子间的距离比较大，甚至可以忽略分子间的作用力，分子势能也就不存在了，所以气体在没有容器的约束下散开是分子无规则热运动的结果，选项A错。100 ℃的水变成同温度的水蒸气，分子的平均动能不变，所以选项B错误。根据内能的定义可知选项C正确。如果气体的温度升高，分子的平均动能增大，热运动的平均速率也增大，这是统计规律，但就每一个分子来讲，速率不一定都增加，故选项D错误。

跟踪练习

3.AB

[解析]温度相同则分子平均动能相同，A正确；因为1 g水和1 g水蒸气的分子数相同，因而它们的分子总动能相同，B正确；当100 ℃的水变成100 ℃的水蒸气时，该过程吸收热量，内能增加，所以1 g 100 ℃的水的内能小于1 g 100 ℃的水蒸气的内能，C错误；因为分子的总动能没有变化，而物体的内能增大了，分子势能必然增大，D错误。

第二章　气体、固体和液体

第1节　温度和温标

自主学习

1.(1)系统状态 (2)状态参量

2.(1)变化 热平衡 (2)热平衡 (3)共同的热学性质

3.(1)0℃ 100℃ 100 (2)绝对温标 热力学温度 T 开尔文 K (3)t+273.15 K

【典例1】B

[解析]因为发生热传递的条件是有温度差，所以如果两物体没发生热传递，肯定是具有相同的温度，故A、C、D错误，B正确。

【典例2】ACD

[解析]两系统达到热平衡时的标志是它们的温度相同，或者说它们的冷热程度相同，所以A、C、D对，B错。

跟踪练习

1.BCD

[解析]热平衡的系统都具有相同的状态参量——温度，故A错误、C正确；由热平衡定律，若物体与A处

于热平衡，它同时也与B达到热平衡，则A的温度便等于B的温度，这也是温度计用来测量温度的基本原理，故B、D项正确.

2.C

[解析]一个系统的温度、压强、体积都不变化，系统才处于平衡态，仅仅根据温度不变且处处相等不能得出系统一定处于平衡态的结论，A错误；平衡态是针对某一系统而言的，热平衡是两个系统相互影响的最终结果，B错误；由热平衡的定义知C正确；温度是热平衡的标志，必须相同，故D错。故正确答案为C。

【典例3】AB

[解析]温标是用来定量描述温度的方法，常用的温标有摄氏温标和热力学温标，两种温标表示同一温度时，数值不同，但在表示同一温度变化时，数值是相同的，A、B正确；若物体的温度升高1 K，也可以说物体的温度升高1 ℃，但在表示物体的温度时，物体的温度为1K不能说成物体的温度为1 ℃，C、D错误。

【典例4】ABC

[解析]热力学温度的零度是所能无限接近的绝对零度，此温度不可达到。摄氏温度与热力学温度的差别为所选的零值的起点不同，单位不同，但每一度表示的冷热差别是相同的$\Delta T=\Delta t$，在数值上$T=t+273.15$ K。一温度用不同温标表示的温度数值不同，所以不同温标表示的温度数值不同，其温度可能相同。故D错误。

跟踪练习

3.CD

[解析]只有当内部气体的体积变化时液面才能变化，故该温度计的测温物质是球形瓶中的空气，而不是其他液体，A、B错误，C正确；内部气体在温度升高时，会膨胀，温度降低时，体积会缩小，故其工作原理是热胀冷缩，D正确。

4.C

[解析]此温度计每一刻度表示的是实际温度为$\frac{100}{80-20}$℃$=\frac{5}{3}$℃，当它的示数为41℃时，它上升的格数为41−20=21格，对应的实际温度应为$21\times\frac{5}{3}=35$ ℃；同理，当实际温度为60 ℃时，此温度计应从20开始上升的格数为$21\times\frac{3}{5}=36$格，它的示数应为56℃。

第2节　气体的等温变化

自主学习

一、1.压强p　体积V　温度T

2.压强 体积

3.(1)注射器(2)空气柱(3)温度　质量(4)压力表　刻度尺(5)直线(6)正比　反比

二、1.温度　反比

2.$p_1V_1=p_2V_2$

3.质量　温度

4.双曲线　等温线

【典例1】$p_a=p_0+\rho g(h_2-h_1-h_3)$　$p_b=p_0+\rho g(h_2-h_1)$

[解析]从开口端开始计算，右端大气压强为p_0，同种液体同一水平面上的压强相同，所以b气柱的压强为$p_b=p_0+\rho g(h_2-h_1)$，而a气柱的压强为$p_a=p_b-\rho gh_3=p_0+\rho g(h_2-h_1-h_3)$

【典例2】D

对圆块进行受力分析：

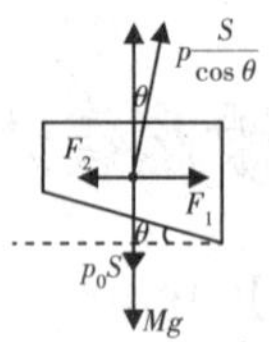

重力Mg，大气压的作用力p_0S，封闭气体对它的作用力$\frac{pS}{\cos\theta}$，容器侧壁的作用力F_1和F_2，如图所示。由于不需要求出侧壁的作用力，所以只考虑竖直方向合力为零。就可以求被封闭的气体压强。圆块在竖直方向上受力平衡，故$p_0S+Mg=\frac{pS}{\cos\theta}\cos\theta$，即$p=p_0+\frac{Mg}{S}$，D正确。

跟踪练习

1.(1)66 cmHg　(2)71 cmHg　(3)81 cmHg　(4)1.13×10^5 Pa

(1)$p_A=p_0-p_h=76$ cmHg−10 cmHg=66 cmHg。

(2)$p_A=p_0-p_h=76$ cmHg−10sin 30° cmHg=71 cmHg。

(3)$p_B=p_0+p_{h2}=76$ cmHg+10 cmHg=86 cmHg

$p_A=p_B-p_{h1}=86$ cmHg−5 cmHg=81 cmHg。

(4)$p_A=p_0+\rho_{水}gh=1.01\times10^5$ Pa+$1\times10^3\times10\times1.2$ Pa$=1.13\times10^5$ Pa。

2.以活塞为研究对象，受力分析如图所示，由平衡条件得

$mg+p_0S=pS$，则$p=p_0+mg/S$。

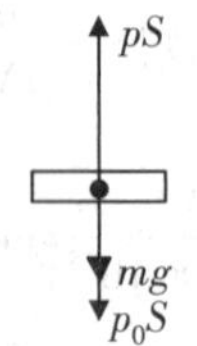

【典例3】A

[解析]因玻璃管和水银柱组成系统，根据牛顿第二定律可得整体的加速度$a=g\sin\theta$，所以对水银柱，$p_0S+mg\sin\theta-pS=ma$，解得$p=p_0$故选A。

【典例4】 85 cmHg

[解析]设玻璃管的横截面积为S,以玻璃管内封闭的气体为研究对象,初状态压强和体积

$p_1=p_0+ph_1=80$ cmHg

$V_1=51$ cm×S

水银面与管口相平时,水银柱高度为h,末状态的压强和体积

$p_2=p_0+ph=(76+h)$cmHg

$V_2=(57$ cm$-h)S$

气体发生等温变化,由玻意耳定律得$p_1V_1=p_2V_2$代入数据解得$h=9$ cm,则$p_2=85$ cmHg。

【典例5】(1)2.5×10^4 Pa;(2)375 N

[解析](1)气体的状态参量$p_1=p_0=1\times10^5$Pa,$V_1=L_0S$,$V_2=LS$,气体发生等温变化,$p_1V_1=p_2V_2$,解得$p_2=2.5\times10^4$ Pa。

(2)根据平衡条件可得$p_2S+F=p_0S$,解得$F=375$ N。

【典例6】 60次,1.0 L

[解析]某次连续打气过程中,温度不变,有$p_0(V_0+nV_1)=p_1V_0$,解得$n=60$。喷雾消毒后气体压强又降至$p_2=1.6$ atm,因为温度不变,根据玻意耳定律$p_1V_0=p_2V_4$,解得此时储液桶中剩余气体体积$V_4=15.0$ L,则此时剩余消毒液的体积为$V_3=V-V_4=1.0$ L。

跟踪练习

3.(1)$p_2=100$ cmHg;(2)31 cm

[解析](1)对A气柱研究,开始时气体压$p_1=75$ cmHg,设倒入水银后,A气柱内气体的压强为p_2,变化后A气柱长为$L_2=9$cm,则$p_1L_1S=p_2L_2S$,解得$p_2=100$cmHg。

(2)设倒入的水银柱长为L cm,根据力的平衡有p_0+h cmHg$=p_2$,解得$h=25$ cm,即左管中倒入的水银柱的长为$L=h+2(L_1-L_2)=31$ cm。

4.(1)$p=1.5p_0$;(2)$m=\frac{p_0S}{2g}$

[解析](1)同学坐上后,等温变化,$p_0V_0=p\frac{2}{3}V_0$,得$p=1.5p_0$。

(2)由受力平衡$mg=(p-p_0)S$得$m=\frac{p_0S}{2g}$。

5.C

[解析]当活塞被轻弹簧拉住时,汽缸内气体的压强为p_1,对汽缸,根据平衡条件有:$p_1S+Mg\sin\theta=p_0S$,当汽缸被轻弹簧拉住时,汽缸内气体的压强为p_2,对活塞,根据平衡条件有:$p_2S+mg\sin\theta=p_0S$,缸内气体做等温变化,根据玻意耳定律有:$p_1l_1S=p_2l_2S$,代入数据解得:$M=3.5$ m,故C正确,A、B、D错误。

6.(1)$p=2.0\times10^5$Pa;(2)$n=20$

[解析](1)对橡胶塞受力分析,有$pS=p_0S+f$,代入数据解得$p=2.0\times10^5$ Pa。

(2)打气过程中容器内气体做等温变化,由玻意耳定律,有$p_0(V+n\Delta V)=pV$代入数据解得$n=20$。

【典例7】 D

[解析]由图示图像可知,该图线与玻意耳定律不够吻合,结合图像的特点可知,压缩气体的过程中p与V的乘积减小,根据一定质量的理想气体状态方程$pV=C$分析可知,造成这一现象的可能原因是实验时注射器内的空气向外泄漏,故A、B、C错误,D正确。

【典例8】 AD

[解析]$D\to A$是一个等温过程,A正确;BC是等温线,而A到B温度升高,B、C错误;$B\to C$是一个等温过程,V增大,p减小,D正确。

跟踪练习

6.AB

[解析]A图中可以直接看出温度不变;B图说明$p\propto\frac{1}{V}$,即$pV=$常数,是等温过程;C图横坐标不是体积V,不是等温线;D图的$p-V$图线不是双曲线,故也不是等温线。

第3节 气体的等压变化和等容变化

一、1.压强

2.(1)正比 (2)CT (3)质量 压强

二、1.体积

2.(1)正比 (2)CT (3)质量 体积

三、1.(1)气体实验定律 (2)低 大

2.(1)保持不变 (2)$\frac{pV}{T}=C$ $\frac{p_1V_1}{T_1}=\frac{p_2V_2}{T_2}$

(3)质量 理想

四、1.一定 数密集增大 多 增大 2.保持不变 增大 增大 3.增大 增大 减小

【典例1】(1)3.0×10^5 Pa (2)327 ℃

[解析](1)以汽缸为研究对象(不包括活塞),由汽缸受力平衡得:$p_1S=Mg+p_0S$,得:$p_1=3.0\times10^5$ Pa。

(2)设当活塞恰好静止在汽缸缸口AB处时,缸内气体温度为T_2,压强为p_2,此时仍有$p_2S=Mg+p_0S$,即缸内气体做等压变化。对这一过程研究缸内气体,由盖-吕萨克定律得:

$$\frac{S\times0.5l}{T_1}=\frac{S\times l}{T_2}$$

所以$T_2=2T_1=600$ K

故$t_2=(600-273)$ ℃$=327$ ℃。

跟踪练习

1.(1)刻度是均匀的

(2)$\frac{(V+L_0S)T_1}{V+L_1S}$

[解析](1)根据盖-吕萨克定律：$\frac{V}{T}=C$，则$V=CT$，所以$\Delta V=C\Delta T$，即体积的变化量与温度的变化量成正比，吸管上标的刻度是均匀的；

(2)罐内气体压强保持不变，

有$\frac{V+L_1S}{T_1}=\frac{V+L_0S}{T_m}$，

解得：$T_m=\frac{(V+L_0S)T_1}{V+L_1S}$。

【典例2】(1)$3m$　(2)$\frac{3}{2}T_0$

(1)气体状态参量：

$p_1=p_0+\frac{mg}{S}=\frac{6mg}{S}$，

$V_1=HS$，

$p_2=p_0+\frac{mg}{S}+\frac{Mg}{S}=\frac{6mg}{S}+\frac{Mg}{S}$，

$V_2=\frac{2}{3}HS$，

气体温度不变，由玻意耳定律得$p_1V_1=p_2V_2$，代入数据解得$M=3m$；

(2)气体压强保持不变，由盖-吕萨克定律得$\frac{\frac{2}{3}HS}{T_0}=\frac{HS}{T}$，解得$T=\frac{3}{2}T_0$。

跟踪练习

1.(1)4 cm；(2)390 K

[解析](1)以右边玻璃管封闭的气体为研究对象，封闭气体做等温变化，设当两管的水银液面相平时，右边被封闭的气体长度为h'。初、末状态的压强和体积分别为$p_1=p_0-H$ cmHg，$p_2=p_0$由玻意耳定律可得$p_1h=p_2h'$，解得$h'=$4 cm

(2)空气柱的长度变为开始时的长度h时，右管水银面下降$\Delta h=h-h'=$1 cm，则左管水银面会上升2 cm，此时空气柱的压强$p_3=p_0+3\Delta h$ cmHg，末状态封闭气体长度再次为5 cm，和最初始状态一样，符合等容变化规律，则$\frac{p_1}{T}=\frac{p_3}{T'}$

解得$T'=390$K。

【典例3】AC

[解析]理想气体是在任何温度、任何压强下都能遵守气体实验定律的气体，A选项正确。它是实际气体在温度不太低、压强不太大情况下的抽象，故C正确。

【典例4】(1)0.8×10^5 Pa；(2)900K

[解析](1)开始时，对活塞，根据平衡条件$p_1S+mg=p_0S$解得$p_1=0.8\times10^5$ Pa

(2)活塞与汽缸口平齐时，根据平衡条件$p_2S+mg=P_0S+k\frac{H}{2}$，解得$p_2=1.2\times10^5$ Pa，根据理想气体状态方程$\frac{p_1V_1}{T_1}=\frac{p_2V_2}{T_2}$，根据题意$T_1=300$K，$V_2=2V_1$，解得$T_2=900$ K。

跟踪练习

3.(1)1.8 atm；(2)1.5 atm。

[解析](1)对球内的气体由玻意耳定律可得$p_1V_1=p'V'$解得球内气体的压强$p'=1.8$ atm。

(2)当把此球从27 ℃的健身房放置到-3 ℃仓库，由理想气体状态方程$\frac{p_1V_1}{T_1}=\frac{p_2V_2}{T_2}$，解得$p_2=1.5$ atm

【典例5】BCD

[解析]本题是用$p-T$图像表示气体的状态变化过程。四条直线段只有ab段是等容过程，即ab过程中气体体积不变，选项A是错误的，其他三个过程并不是等容变化过程。连接Ob、Oc和Od，则Ob、Oc、Od都是一定质量理想气体的等容线。由$\frac{pV}{T}=C$得：$p=\frac{C}{V}T$，由此知：斜率越大，气体体积越小，比较这几条图线的斜率即可得出$V_a=V_b>V_d>V_c$。同理，可以判断bc、cd和da线段上各点所表示的状态的体积大小关系，故选项B、C、D正确。

【典例6】BD

[解析]在$p-V$图像中，气体由$A\to B$是等温过程，且压强减小，气体体积增大；由$B\to C$是等容过程，且压强增大，气体温度升高；由$C\to A$是等压过程，且体积减小，气体温度降低。由此可判断，在$p-T$图中A错误，B正确，在$V-T$图中C错误，D正确。

跟踪练习

4.AC

[解析]A.由理想气体状态方程$\frac{PV}{T}=C$整理得：$P=\frac{CT}{V}$，在$P-T$图中a到b过程斜率不变，故温度不变，压强减小，体积增大，A正确。

B.由理想气体状态方程$\frac{PV}{T}=C$，可以判断图像上得各点与坐标原点连线得斜率为$\frac{C}{V}$，所以bc过程中气体得体积不断减小，cd过程中气体体积不断增大，B错误。

C.c到d过程，压强不变，体积减小，由理想气体状态方程$\frac{PV}{T}=C$可知，温度降低，C正确。

D.da过程中，体积不变，压强减小，故温度应减小，D错误。

5.C

[解析]A.从状态a到状态c，气体体积先变小后变大，因此气体分子密度先增大后减小，A错误；

B.从状态a到状态c，气体温度

升高，因此气体分子平均动能增大，分子平均速率增大，B错误；

C.状态d时体积大于状态b时的体积，系统状态d分子密度低，状态d时温度等于状态b时的温度，分子平均速率相同，则状态d时单位时间内与器壁单位面积碰撞的分子数比b状态少，C正确；

D.根据$\frac{pV}{T}=C$，可知$\frac{V}{T}=\frac{1}{p}C$，可得V-T图像上的点与坐标原点连线的斜率与压强的倒数成正比，状态a的斜率大于状态b的斜率，则气体在状态a的压强小于气体在状态b的压强，D错误。

专题　气体实验定律和理想气体状态方程的应用

【典例1】(1)设气体温度为T_1时，气柱的高度为H环境温度缓慢下降到T_2的过程是等压变化根据盖-吕萨克定律有：$\frac{HS}{T_1}=\frac{(H-\Delta h)S}{T_2}$，解得：

$H=\frac{T_1}{T_1-T_2}\Delta h$

(2)设砝码的质量为M，取走砝码后的过程是等温变化$p_2=p_0+\frac{(m+M)g}{S}$，$V_2=(H-\Delta h)S$

$p_3=p_0+\frac{mg}{S}$，$v_3=HS$由玻意耳定律得：$p_2V_2=p_3V_3$，联立解得：$M=\frac{(P_0S+mg)(T_1-T_2)}{gT_2}$。

跟踪练习

1.(1)$\Delta V_1=1\ m^3$；(2) $0.8\ m^3$

[解析](1)球内气体做等温变化，根据玻意耳定律有$P_1V_1=p_mV_2$，单个球体积压缩量的最大值$\Delta V_1=V_1-V_2$，解得$\Delta V_1=1m^3$；

(2)早晨充好气后球内气体的热力学温度T_1=280 K环境温度上升到27 ℃时，球内气体的热力学温度T_2=300K，对单个球内的气体分析，根据理想气体状态方程有$\frac{p_1V_1}{T_1}=\frac{p_mV_3}{T_2}$，游戏中单个球体积压缩量的最大值$\Delta V_2=V_1-V_3=0.8\ m^3$。

【典例2】对A部分气体：

初态：$p_A=1.8\times10^5$ Pa，$V_A=2V$，$T_A=400$ K

末态：p'_A，V'_A，$T'_A=300$ K

由理想气体状态方程得$\frac{p_AV_A}{T_A}=\frac{p'_AV'_A}{T_A}$，即$\frac{1.8\times10^5\times2V}{400}=\frac{p'_AV'_A}{300}$　①

对B部分气体：

初态：$p_B=1.2\times10^5$ Pa，$V_B=V$，$T_B=300$ K

末态：p'_B，V'_B，$T'_B=300$ K

由理想气体状态方程得$\frac{p_BV_B}{T_B}=\frac{p'_BV'_B}{T_B}$，即$\frac{1.2\times10^5\times V}{300}=\frac{p'_BV'_B}{300}$　②

又对A、B两部分气体，$p'_A=p'_B$　③

$V'_A+V'_B=3V$　④

由①②③④式联立得$p'_A=p'_B=1.3\times10^5$ Pa。

跟踪练习

2. 144 cmHg　9.42 cm

[解析]设玻璃管的横截面积为S。初始时，右管中空气柱的压强为p_1，长度为l_1；左管中空气柱的压强为$p_2=p_0$，长度为l_2。活塞被下推h后，右管中空气柱的压强为p_1'，长度为l_1'；左管中空气柱的压强为p_2'，长度为l_2'。以cmHg为压强单位。由题给条件得

$p_1=p_0+(20.0-5.00)$ cm Hg=90.0 cmHg①

$l_1=20.0$ cm②

$l_1'=20.0-\frac{20.0-5.00}{2}$cm=12.5 cm③

由玻意耳定律得

$p_1l_1S=p_1'l_1'S$④

联立①②③④式和题给条件得$p_1'=144$ cmHg⑤

由题给条件得$p_2=p_0=75.0$ cmHg

$l_2=4.00$ cm

依题意$p_2'=p_1'=144$ cmHg⑥

$l_2'=4.00\text{ cm}+\frac{20.0-5.00}{2}\text{ cm}-h=11.5\text{ cm}-h$⑦

由玻意耳定律得

$p_2l_2S=p_2'l_2'S$

联立⑤⑥⑦式和题给条件得h=9.42 cm。

【典例3】C

[解析]当玻璃管向上稍微提高一些的时候，假设空气压强不变，则管内气体的体积不变(克拉伯龙方程)则管内的液面与水银槽之间的液面高度差不变，则需要水银槽的液面和管内的水银面同时上升，这是不可能的，所以空气的压强肯定变化。假设变大，则需要气体体积变小，则需要管内水银面上升，同时水银槽液面上升更多，才能保证平衡带来的液面静止，这个显然也是不可能的。所以气体的压强必然减，气体的体积变大，压强减小了，那么管内水银面与水银槽的液面高度差必然降低，即H减小，气体的压强p减小。

跟踪练习

3.C

[解析]水银柱产生的压强减小，

封闭气体的压强增大，体积减小，故水银柱沿着管子上移。

4.C

［解析］设降温后水银柱不动，则两段空气柱均为等容变化，初始状态左、右两端压强相等，即$p_{左}=p_{右}=p$

对左端$\frac{\Delta p_{左}}{\Delta T_{左}}=\frac{p_{左}}{T_{左}}$

则$\Delta p_{左}=\frac{10}{293.15}p$

同理，对右端$\Delta p_{右}=\frac{20}{293.15}p$

所以$\Delta p_{右}>\Delta p_{左}$，即右侧压强降低得比左侧多，故水银柱向右移动，故C正确，A、B、D错误。

【典例4】(1)1.5×10^7Pa；(2)148

［解析］(1)设移动到室外后钢瓶内气体的压强为p'，由于气体的体积不变，由查理定律可得$\frac{P}{T}=\frac{P'}{T'}$解得$p'=1.5\times10^7$Pa。

(2)设当钢瓶内氧气的压强由$p'=1.5\times10^7$Pa变为$p_1=2\times10^5$ Pa时，氧气的体积由$V=40$ L变为V_1，由玻意耳定律可得$p'V=p_1V_1$解得$V_1=3000$ L，可用于分装的氧气体积为$\Delta V=V_1-V=2.96\times10^3L$体积为$V_2=10$ L、压强为$p_2=4\times10^5$ Pa的小瓶氧气转换为压强为$p_1=2\times10^5$ Pa时的体积设为V_3，则有$p_2V_2=p_1V_3$，解得$V_3=20$ L故可分装的瓶数为$n=\frac{\Delta V}{V_3}$，解得$n=148$。

跟踪练习

5.(1)15；(2)2.94×10^5 Pa

［解析］(1)设轮胎内气体在室温情况下达到标准压强时的打气次数为n，每次打入的空气体积为ΔV，$p_0V_0+np_0\Delta V=p_1V_0$解得$n=15$

(2)根据等容变化规律$\frac{P_1}{T_1}=\frac{P_2}{T_2}$得$T_2=2.90\times10^5$Pa。

6.(1)$\frac{P_0V_1}{p-p_0}$；(2)不合格

［解析］(1)缓慢变化中，由题意可得$p_0V_0+p_0V_1=pV_0$，解得$V_0=\frac{P_0V_1}{p-p_0}$

(2)由题意及理想气体状态方程可得$\frac{P_0V_2}{T}=\frac{1.15P_0V_3}{1.2T}$，$\frac{V_2}{V_3}=\frac{1.15}{1.2}=95.8\%$即其漏气量为4.2%，该香水瓶封装不合格.

7.(1)$\frac{10}{11}$；(2)0.96×10^5Pa

［解析］(1)由题意$T_0=(27+273)$ K=300K，$T_2=(57+273)$ K=330K，$V_0=60$ cm^3，由盖－吕萨克可得$\frac{V_0}{T_1}=\frac{V_0+\Delta V}{T_2}$，罐内空气质量与室温下罐内空气质量的比为$\frac{m_2}{m_1}=\frac{V_0}{V_0+\Delta V}=\frac{10}{11}$。

(2)罐倒扣到治疗部位降温之后，由理想气体状态方程得$\frac{P_2V_2}{T_2}=\frac{P_3V_3}{T_3}$即$\frac{P_0V_0}{T_2}=\frac{P_3(V_0-\Delta V)}{T_0}$解得降温之后罐内气体的压强$p_3=0.96\times10^5$ Pa。

第4节　固体

一、1.晶体 非晶体 单　多 2.晶体 非晶体

二、1.规则 周期性 2.不同规则 石墨　金刚石　3.晶体　非晶体 晶体

【典例1】C

［解析］A.多晶体和非晶体都没有规则的几何外形，故A错误；

B.同种物质可能以晶体和非晶体两种不同的形态出现，故B错误；

C.多晶体是由单晶体组合而成，单晶体表现为各向异性，多晶体表现为各向同性，故C正确；

D.石墨和金刚石都是单晶体，故D错误。

【典例2】B

［解析］由题图(a)知，甲、乙的导热性能呈各向同性，丙的导热性能呈各向异性；由题图(b)知，甲、丙有固定的熔点，乙没有固定的熔点。所以甲、丙是晶体，乙是非晶体。

跟踪练习

1.D

［解析］A.单晶体具有天然的有规则的几何形状，但这个正方体物块不一定是天然形成，所以不一定是晶体，故A错误；B.晶体并非都是透明的，所以该物块不一定是晶体，例如玻璃是透明的，但并非是晶体，故B错误；C.晶体并非都能导电，所以该绝缘物块不一定是非晶体，例如金刚石晶体，是单晶体，也是绝缘体，故C错误；D.晶体具有一定的熔化温度，非晶体没有一定的熔化温度，故D正确.

2.A

［解析］用多用电表的欧姆挡沿两个对称轴O_1O_1'、O_2O_2'方向测量结果均相同，说明该物体沿O_1O_1'和O_2O_2'方向电阻率(即导电性能)不同，即物理性质表现为各向异性，所以A正确，B、C错误。如果是普通金属，可以分析出沿O_1O_1'方向电阻比较大，D错误。

3.A

［解析］A.食盐晶体是正六面体形，选项A正确；B.食盐具有各向异

性，但并非所有的物理性质都具有各向异性，选项B错误；C.食盐颗粒受潮粘连成食盐块时，形状不规则，但仍是晶体，选项C错误；D.食盐在熔化时，要吸收热量，温度保持不变，所以内能增加，选项D错误。

4.AD

[解析]晶体在熔化过程中吸热，温度不变，动能不变，A正确；烧热的针尖接触涂有蜂蜡薄层的云母片背面，熔化的蜂蜡呈椭圆形，说明云母为晶体，事实上蜂蜡为常见的非晶体，B错误；一块均匀薄片，沿各个方向对它施加拉力，发现其强度一样，也无法说明其为非晶体，C错误；一个均匀固体球，如果沿其各条直径方向的导电性不同，能够说明该球一定是单晶体，D正确。

【典例3】ABC

[解析]组成单晶体的物质微粒，在空间按一定的规律排成整齐的行列，构成特定的空间点阵，选项A正确B.很多单晶体都是由相同的物质微粒组成的，例如，金刚石和石墨都是由碳原子组成的，可见其各向异性不是因为不同方向上的粒子性质不同，而是因为粒子的数目和粒子间距不相同，故B正确；

单晶体熔点的存在是由于单晶体在熔化时要吸收热量用来瓦解空间点阵，增加分子势能，熔化过程中分子的热运动的平均动能不变，即温度不变，只有当单晶体全部转化为液体后温度才会继续升高，分子热运动的平均动能才会增加，故C正确，D错误。

跟踪练习

5.BCD

[解析]晶体有固定的熔点，并不会因为颗粒的大小而改变，即使敲碎为小颗粒，仍旧是晶体，选项A错误；固体分为晶体和非晶体两类，有些晶体在不同方向上光学性质不同，表现出各向异性，选项B正确；同种元素构成的固体可能由于原子的排列方式不同而形成不同的晶体，如金刚石和石墨，选项C正确；晶体的分子排列结构如果遭到破坏就可能形成非晶体，反之亦然，选项D正确。

6.B

[解析]固体分子在其平衡位置附近振动，同种元素不同排列可形成不同晶体，具有不同性质。

7.AB

[解析]晶体内部微粒排列的空间结构决定着晶体的物理性质不同；也正是由于它的微粒按一定规律排列，使单晶体具有规则的几何形状，所以AB正确。非晶体没有规则的几何形状，也没有确定的熔点，故C错误。石墨与金刚石的硬度相差甚远是由于它们内部微粒的排列结构不同，石墨的层状结构决定了它的质地柔软，而金刚石的网状结构决定了其中碳原子间的作用力很强，所以金刚石有很大的硬度，D错误。

第5节　液体

一、1.(1)引 (2)相切

2.收缩

二、1.(1)润湿　附着 (2)润湿　不会附着 (3)分子力

2.(1)上升　下降 (2)大

三、1流动　光学各向异性

【典例1】B

[解析]液体表面层分子较液体内部稀疏，故分子力表现为引力，表面张力的方向沿液面的切线方向，与分界线垂直。表面张力是液体表面层分子间的作用力，随温度的升高，液体表面层分子间的距离增大，引力作用随之减小，所以表面张力减小，故B正确，A、C、D错误。

【典例2】C

[解析]由于液体表面张力的作用，液体表面有收缩到最小的趋势，故C正确。

跟踪练习

1.D

[解析]液体表面层的分子分布比内部稀疏，故A错；液体由于表面张力作用，有使其表面积收缩到最小的趋势，故B错，D对；液体表面层分子之间既有引力也有斥力，只是由于分子间距离较大，表现为引力，故C错。

2.C

[解析]把缝衣针小心地放在水面上，针可以把水面压弯而不沉没，是由于受到表面张力作用，而不是受到液体浮力的缘故，故A错误；在处于失重状态的宇宙飞船中，由于液体内分子间有相互吸引力，产生表面张力，使水银表面收缩而成为球状，故B错误；玻璃管道裂口放在火上烧熔，熔化的玻璃在表面张力的作用下收缩到最小，从而成为圆形，故C正确；飘浮在热菜汤表面上的油滴，从上面观察是圆形的，是由于表面张力的原因，故D错误。

3.B

[解析]“液桥”实验装置脱手后两液桥板最终合在一起，这是水的表面张力在起作用，A错误；B.表面张力能让液面具有收缩趋势，在太空失重环境下，液滴呈球形，B正确；C.表面张力方向与液体表面垂直且向下，C错误。表面张力是由于液体表层分子间距离大于液体内部分子间距离，且大于分子平衡距离，表层液体分子作用力表现为引力而产生的，D错误。

4.ABC

[解析]雨水不能透过布雨伞，是因为液体表面存在张力，故A正确；荷叶上小水珠呈球状，是由于液体表面张力使其表面积具有收缩到最小趋势的缘故，故B正确；液体具有流动性的原因是液体分子热运动的平衡位置不固定，液体分子可以在液体中移动，故C正确；小木块浮于水面上时，木块的下部实际上已经陷入水中(排开一部分水)，受到水的浮力作用，是浮力与重力平衡的结果，而非液体表面张力的作用，故D错误。

【典例3】AB

[解析]水可以附着在玻璃表面上，水可以浸润玻璃，水不会附着在蜂蜡上，水不浸润蜂蜡，所以同一液体对不同的固体，有的可能发生浸润现象，有的可能发生不浸润现象，这与液体和固体的分子作用力有关。浸润液体和不浸润液体都能发生毛细现象，在细管中沿管壁上升的是浸润液体，在细管中沿管壁下降的是不浸润液体。

【典例4】C

[解析]A.把一枚针轻放在水面上，它会浮在水面，这是由于水的表面张力使水面形成了一层水膜，水膜给针的支持力与针的重力平衡，A错误；

B.水在涂有油脂的玻璃板上能形成水珠，这是因为水在油脂层上不浸润的结果，B错误；

C.在围绕地球飞行的宇宙飞船中，水滴处于完全失重状态，在表面张力的作用下，自由飘浮的水滴呈球形，C正确；

D.在毛细现象中，毛细管中液面有的升高，有的降低，这既与液体的种类有关，又与毛细管的材料有关，D错误。故选C。

跟踪练习

5.C

[解析]合格的一次性医用防护口罩内侧所用材料对水都不浸润的，照片中的口罩正好发生了不浸润现象，A错误；照片中水滴为扁球状，水滴表面分子比水的内部分子间距大，分子之间的作用力表现为引力，使水滴表面有收缩的趋势，则照片中水滴表面分子应比水的内部稀疏，B错误；照片中水滴呈扁球状是液体表面张力和重力共同作用的结果，C正确；水不是对所有材料都是不浸润的，比如水可以浸润玻璃，D错误。

6.AD

[解析]粉笔吸墨水是因为粉笔内部有很多细小的通道，属于毛细现象，故A正确；

水银温度计液柱上升是因为受热膨胀，故B错误；托利拆利管内的水银面高于管外的水银面是大气压力的作用结果，故C错误；植物根部的养分，能升到植物上部枝叶中是一种毛细现象，故D正确；故选A、D。

7.AC

[解析]因为水能浸润玻璃，所以A正确，B错误。水银不浸润玻璃，C正确。D项中外面浸润，里面不浸润，所以是不可能的，故D错误。

【典例5】CD

[解析]液晶的微观结构介于固体和液体之间，虽然液晶分子在特定方向排列比较整齐，具有各向异性，但分子的排列是不稳定的，选项A、B错误。外界条件的微小变化都会引起液晶分子排列的变化，从而改变液晶的某些性质。温度、压力、外加电压等因素变化时，都会改变液晶的光学性质，选项C、D正确。

跟踪练习

8.C

[解析]物质一方面像液体那样具有流动性，另一方面又像晶体那样，分子在特定方向上排列比较整齐，具有各向异性，把这种介于晶体和液体之间的状态的物质叫做液晶。

9.D

[解析]液晶像液体一样可以流动，又具有某些晶体结构特征的一类物质，不是在一定温度范围内才具有的状态，故A错误；液晶的光学性质随外加电压的变化而变化，不是液晶在一定条件下发光，故B错误；由于各种磷脂的相变温度(磷脂由流动的液晶态变为类似胶态的温度)不同，再加之蛋白质与磷脂的作用，故在一定条件下，有的膜脂质为流动的液晶态，有的则为凝胶态，C错；笔记本电脑的彩色显示器，是因为在液晶中掺入了少量多色性染料，液晶中电场强度不同时，它对不同色光的吸收强度

不一样，所以显示出各种颜色，故D正确。

章末总结提升

【典例1】A

［解析］对整体受力分析，根据牛顿第二定律可得$m_1g=(m_1+m_2+m_3)a$，解得$a=\frac{m_1g}{m_1+m_2+m_3}$；对汽缸受力分析，根据牛顿第二定律可得$p_0S-p_2S=m_3a$，解得$p_2=p_0-\frac{m_1m_3g}{(m_1+m_2+m_3)S}$，故A正确，B、C、D错误。

【典例2】D

［解析］根据$\frac{pV}{T}=C$可得$p=\frac{C}{V}T$，则第一阶段为等容变化，体积不变，温度升高；第二阶段为等温变化，压强变大，体积减小，所以气体的温度先升高后不变，故D正确，A、B、C错误。

【典例3】(1)$\frac{1}{2}(p_0+p)$；

(2)$\frac{1}{2}p_0+\frac{1}{4}p$，$\frac{4(p_0+p)V_0}{2p_0+p}$

［解析］(1)设抽气前氢气的压强为p_{10}，根据力的平衡条件得(T为杆m的作用力)：

对左侧活塞有$p_{10}\times2S=p\times2S+T$，对右侧活塞有$p_0S=pS+T$得$p_{10}=\frac{1}{2}(p_0+p)$

(2)设抽气后氢气的压强和体积分别为p_1和V_1，氮气的压强和体积分别为p_2和V_2，根据力的平衡条件有$p_2\times S=p_1\times2S$由玻意耳定律得$p_1V_1=p_{10}\cdot2V_0$，$p_2V_2=p_0\cdot V_0$由于两活塞用刚性杆连接，故$V_1-2V_0=2(V_0-V_2)$联立解得$p_1=\frac{1}{2}p_0+\frac{1}{4}p$，$V_1=\frac{4(p_0+p)V_0}{2p_0+p}$

【典例4】(1) 1.2 kg；(2) 1 kg；(3) 87 ℃

［解析］(1)根据$\rho=\frac{m}{V}$，可得点燃燃料前灯内气体的质量为$m_1=\rho V=1.2\text{kg}$；

(2)升空后孔明灯受力平衡，可得$\rho Vg=m_2g+mg$解得$m_2=1$ kg；

(3)孔明灯底部开口，灯内气体压强不变，有$\frac{V}{T_A}=\frac{V'}{T'}$，$T'=t+273.15$ K

又$\rho V=\rho'V'$，$\rho'=\frac{m_2}{V}$，联立，可得$T'=360$ K即$t'=87$ ℃。

第三章　热力学定律

第1节　功、热和内能的改变

自主学习

一、1 吸热 放热 2 升高 热效应 二、1. 自身状态 三、1 高温 低温 2. 内能

【典例1】B

［解析］双手摩擦做功，使手的内能增加，感到暖和；A、C、D都是通过热传递来改变系统的内能。选项B正确。

跟踪练习

1. B

［解析］对封闭气体，猛推推杆压缩的过程中，时间极短，传热不计，故该过程中外界对气体做正功，使其内能增加，选项C、D均错误。因气体的内能是所有分子动能与分子势能之和，而气体的分子间距很大，分子力可以忽略，故分子势能不计，所以分子的平均动能增加，温度升高，再由气体状态方程=C可知，气体的压强变大，故选项A错误，选项B正确。

【典例2】BD

［解析］没有做功而使物体内能改变的只有热传递了，A中电流做功使电阻丝温度升高，BD中为热传递，C中铁锤对铁块做功，是铁块温度升高。

跟踪练习

2.BD

［解析］在外界不做功的情况下，内能的改变等于传递的热量，内能增加，一定是吸收了相等能量的热量，故A错误、B正确。物体内能包括所有分子的动能和势能，内能由分子数、分子平均动能、分子势能共同决定，所以内能增加了50 J并不一定是分子动能增加了50 J。物体的分子平均动能有可能不变，这时吸收的50 J热量全部用来增加分子势能。故选B、D。

3. B

［解析］热量总是从温度高的物体传递到温度低的物体，故A错误，B正确；热量总是从温度高的物体传递到温度低的物体，与内能多少没有关系，故C错误；热量总是从温度高的物体传递给温度低的物体，和物体的比热容没有关系，故D错误。故选B。

【典例3】B

［解析］做功和热传递在改变物体内能上是等效的，但本质不同，做功是将其他形式的能量转化为内能或将内能转化为其他形式的能量；热传递是将一个物体的内能传递给另一个物体，且做功和热传递可以同时进行。故正确选项为B。

跟踪练习

4.AD

[解析]做功和传热改变物体内能的本质不同,因为做功的过程一定是不同形式的能相互转化的过程,而传热是同种形式的能量(内能)在不同的物体之间或物体不同的部分之间传递或转移,故选项A正确。物体内能的变化取决于做功和传热两种途径,单就一个方面的改变不足以断定其内能的变化情况,故选项B、C错误,D正确。

【典例4】CD

[解析]热量和功都是过程量,而内能是一个状态量,所以不能说温度高的物体含有的热量多,内能多的物体含有的热量多;热量、功和内能的单位相同都是焦耳。

跟踪练习

5.D

第2节　热力学第一定律

自主学习

1.等效 转化 转移 2. 等于　和 $\Delta U=Q+W$

【典例1】A

[解析]密闭有空气的薄塑料瓶降温说明气体的内能减小,薄塑料瓶变扁说明外界对气体做功;由热力学第一定律可知,气体在变化过程中放出热量,所以选项A正确。

【典例2】A

[解析]由热力学第一定律可得 $\Delta U=W+Q=500\ J+(-100\ J)=400\ J$,即缸内气体内能增加400 J,气体温度升高,故选项A对,B、C、D错。

跟踪练习

1.C

[解析]根据热力学第一定律(公式 $\Delta U=Q+W$)可知,做功和热传递都可以改变物体的内能,当外界对物体做的功大于物体放出的热量或物体吸收的热量大于物体对外做的功时,物体的内能增加,选项A、B错误,选项C正确;物体放出热量同时对外做功,则 $Q+W<0$,内能减小,选项D错误。

2.D

[解析] 由题意知,一定质量的理想气体由状态A经过程Ⅰ变至状态B时体积增大,W_1为负,Q_1为正,$\Delta U=W_1+Q_1=420\ J-300\ J=120\ J$,内能增加120 J。由图可知当气体从状态$B$经过程Ⅱ回到状态$A$时体积减小,$W_2$为正;$\Delta U'=W_2+Q_2$,代入数据解得$Q_2=-320\ J$,放出热量,故A、B、C错误,D正确。

【典例3】(1)T_1　(2)见解析

[解析](1)活塞下降的过程,气体发生的是等压膨胀则 $\frac{V_1}{T_1}=\frac{V_2}{T_2}$ 即 $\frac{hS}{T_1}=\frac{2hS}{T_2}$,求得 $T_2=2T_1$ 气体的温度升高了 $\Delta T=T_2-T_1=T_1$。

(2)汽缸内气体的压强为 $p=p_0-\frac{G+G_0}{S}$ 活塞向下运动的过程中,对外做功 $W=pSh=p_0Sh-(G+G_0)h$ 根据热力学第一定律可知,气体的内能增加量为 $\Delta U=Q-W=Q+(G+G_0)h-p_0Sh$。

【典例4】B

[解析]水和水银的初温相同(两球的初温相同),当两液体温度同时缓缓地升高同一值,二者的末温相同,所以内能变化相同,根据热力学第一定律 $\Delta U=Q+W$ 吸收的热量除了使内能增加相同的量外还要克服液体的压力做功,由于水银的密度比水的密度大,所以B球吸收的热量较多,故选B。

跟踪练习

3.C

[解析]活塞移动过程中,汽缸内气体对外界做功:$W=Fx=pSh=5×104×10×10-4×0.2\ J=10\ J$,由热力学第一定律得,汽缸内气体内能的变化量:$\Delta U=Q+(-W)=60\ J-10\ J=50\ J$。汽缸内的气体内能增加了50 J,故C正确,A、B、D错误。

4.B

[解析]选B.由于水银与外界没有热交换,大气压力对水银做功,一部分转化为水银的重力势能,一部分转化为水银的内能,两种情况下管中进入的水银量相等,故大气将槽中水银面向下压的距离相等,因此大气压力做功相等,图A管中水银的重力势能比图B的大,因此A中水银的内能增量比B中小,B正确。

5.相等　小于

[解析][1][2]增加的体积与升高的温度之间满足:$\Delta V=k\Delta T$,放在同一房间内,由于相同的小球受热相同,则膨胀增加的体积也相等;由题意可知,相等的高度差,由于不同的液体产生的压强不等,即相同深度水银的压强大于水的压强,所以水银的压力大于水的压力,因此在水中小球膨胀对外做功小于水银中小球膨胀对外做功。

专题　理想气体状态方程和热力学第一定律的综合应用

【典例1】C

[解析]由理想气体状态方程可知 $\frac{p_aV_a}{T_a}=\frac{p_cV_c}{T_c}=\frac{p_bV_b}{T_b}$，即 $\frac{2p_0V_0}{T_c}=\frac{2p_0V_0}{T_b}$，得 $T_c=T_b$，则气体在 b、c 状态内能相等，因 a 到 b 和 a 到 c 的 ΔU 相同；而 a 到 c 过程中气体体积不变，$W=0$，a 到 b 过程中气体膨胀对外做功，$W<0$，根据热力学第一定律：$\Delta U=Q+W$ 可知 a 到 b 的吸热 Q_{ab} 大于 a 到 c 的吸热 Q_{ac}，即 $Q_{ab}>Q_{ac}$。选项C正确。

跟踪练习

1.C

[解析]根据理想气体状态方程 $\frac{pV}{T}=C$，可得 $\frac{3p_2V_1}{T_1}=\frac{4p_2V_1}{T_2}$

可得 $T_1=\frac{3}{4}T_2$

说明从状态1变化到状态2，气体温度升高，分子平均动能增加，气体内能增加($\Delta U>0$)，气体体积变大说明气体对外做功($W<0$)，根据热力学第一定律 $\Delta U=Q+W$ 可知，由于内能增加，说明气体从外界吸收热量($Q>0$)，故A、B错误，C正确；

分子平均动能增加，分子撞击器壁的力增大，由于气体压强减小，故可得器壁上单位面积上在单位时间内受分子撞击的次数减少，故D错误。故选C。

【典例2】D

[解析]根据题中图像可得 p 与 V 的关系式为 $p=-V+10$

根据理想气体状态方程可得 $T=\frac{pV}{C}=\frac{(-V+10)V}{C}=\frac{-V^2+10V}{C}$ 可以看出气体温度变化图像是一条开口向下的抛物线，气体由状态 A 变化至状态 B 的过程中，温度先升高后降低，根据热力学第一定律，可知内能先增大后减小，故A错误；

根据面积法可知，图像与 V 轴围成的面积等于气体对外做功的大小，因此气体对外做功为 $W=\frac{(8+2)\times6\times10^5}{2}=3\times10^6\text{J}$，故B错误；

根据理想气体状态方程可知 A、B 两状态下的温度为 $T_A=\frac{p_AV_A}{C}=\frac{p_BV_B}{C}=T_B$，因此气体由状态 A 变化至状态 B 的内能变化量为0，由热力学第一定律可知 $\Delta U=W+Q$，由于 ΔU 为零，所以气体对外做功大小与吸收的热量相等，为 3×10^6 J，故C错误；

根据A中分析可知，气体的温度变化呈一条开口向下的抛物线，抛物线的对称轴为 $V=\frac{10}{(-2)\times(-1)}=5\text{ m}^3$，所以当气体体积为 5 m^3 时气体的温度最大，内能最大，故D正确。故选D。

跟踪练习

2.AC

[解析]从状态 A 到状态 B 过程中气体的温度降低，气体分子的平均动能减小，A正确；

从状态 B 到状态 C 过程中气体体积增大，气体对外做功，即对气体做负功，气体压强为 $P=1.0\times10^5$ Pa 气体在状态 B 时的体积为 $4\times10^{-3}\text{ m}^3$，在状态 C 时的体积为 $6\times10^{-3}\text{m}^3$，则外界对气体做的功为 $W=-p(V_C-V_B)=-200$ J，B错误；

由于状态 A 与状态 C 的温度相同，所以该气体从状态 A 到状态 C 的过程中，内能变化量 $\Delta U=0$ 根据热力学第一定律 $\Delta U=Q-W_1$，从状态 A 到状态 B 过程气体体积不变，则气体不做功，则此过程外界对气体做功为 $W_1=-200$ J 所以此过程中吸收的热量 $Q_1=200$ J；C正确；

从状态 C 回到状态 A 过程，气体温度不变，则内能不变，即 $\Delta U=0$，气体体积减小，则外界对气体做功，即 $W_2>0$ 根据热力学第一定律 $\Delta U=Q_2-W_2$ 则有 $Q_2<0$，即气体对外界放热，从图像可得气体对外做功时气体的压强小于外界对气体做功时气体的压强，则 $W_1<W_2$，$Q_1<|Q_2|$，在整个过程中气体从外界吸收热量小于向外界放出的热量，D错误。故选A、C。

3.BC

[解析]由题意知，经历 $A\to B\to C\to A$ 的过程后，其体内能不变，由热力学第一定律得 $\Delta U=W+Q$ 即 $\Delta U=0$，且 $Q<0$ 则 $W>0$ 即外界对气体做功，且做功大小与放出热量相等，即 $W=61.8$ J，故A错误；

由图像可知，C 到 A 过程为等压变化，故外界对气体做的功为 $W_{CA}=p\Delta V=2.0\times10^5\times(2\times10^{-3}-1\times10^{-3})\text{J}=200\text{ J}$，故B正确；

由图像知，B 到 C 过程，气体体积不变，则气体对外界不做功，则整个过程做功为 $W=W_{AB}+W_{CA}=61.8$ J 解得 $W_{AB}=-138.2$ J，而从 A 到 B 过程，温度不变，则气体内能不变，即 $\Delta U_1=W_{AB}+Q=0$，解得 $Q=138.2$ J，即在

$A\to B$ 过程中，气体从外界吸收的热量为138.2 J，故C正确；

D.一定质量的理想气体内能和温度有关，由图像知，$A\to B$、$B\to C$、$C\to A$ 三个过程中，内能变化情况分别是不变、变大、变小，故D错误。故选B、C。

【典例3】(1)1.3×10^5 Pa

(2)1 000 J

[解析](1)设封闭气体刚开始的温度为 T_1，压强为 p_0，当活塞恰好移动到汽缸口时，封闭气体的温度为 T_2，则 T_1=(27+273) K=300 K，封闭气体发生等压变化，根据盖-吕萨克定律可得：$\frac{lS}{T_1}=\frac{LS}{T_2}$，解得：$T_2$=500 K=227 ℃，由于227 ℃<377 ℃，所以气体发生等压变化之后再发生等容变化。设当温度达到 T_3=(377+273) K=650 K时，封闭气体的压强为 p_3，根据查理定律可得：$\frac{p_0}{T_2}=\frac{p}{T_3}$ 代入数据解得：$p=1.3\times10^5$ Pa。

(2)根据热力学第一定律可得：$\Delta U=W+Q$ 外界对气体做的功为：$W=p_0S(l-L)$ 封闭气体共吸收的热量为：$Q=I^2Rt'$ 解得 ΔU=1000 J。

跟踪练习

4.(1)$\frac{4}{5}H$　(2)$\frac{1}{5}(mg+p_0S)H$

[解析](1)气体初态：$V_1=SH$，$T_1=T$，气体末态：$V_2=Sr+\frac{S}{2}\cdot H$，$T_2=1.3T$，该过程为等压变化，由盖-吕萨克定律有 $\frac{V_1}{T_1}=\frac{V_2}{T_2}$ 解得 $r=\frac{4}{5}H$。

(2)设容器内的气体压强为p，取活塞为研究对象，有 $p_0S+mg=pS$①外界对气体所做的功为 $W=pS(H-r)$②由系统绝热有 $Q=0$③由热力学第一定律有 $\Delta U=W$④联合①②③④解得 $\Delta U=\frac{1}{5}(mg+p_0S)H$。

第3节　能量守恒定律

自主学习

一.1.转化　转移　总量

2.(1)转化　(2)能量守恒

二.1.对外做功　2.能量守恒定律

【典例1】B

[解析]抽去隔板，加热气体，使两部分气体均匀分布，其重心升高，重力势能增加.由能量守恒定律知，增加的重力势能由内能转化而来，所以内能的增量小于吸收的热量，故选项B正确.

跟踪练习

1.D

[解析]打开阀门K，使A中的水逐渐流向B中，最后水面持平，A中水面下降 h_A，B中水面上升 h_B，相当于A中 S_Ah_A 体积的水移到B中，且 $S_Ah_A=S_Bh_B$，这部分水的重心降低，重力对水做正功，重力势能减小了.大气压力做功情况是大气压对A容器中的水做正功，对B容器中的水做负功.所以，大气压力对水做的总功为 $p_0S_Ah_A-p_0S_Bh_B$，由于 $S_Ah_A=S_Bh_B$，所以大气压对水做的总功为零，又由于系统绝热，与外界没有热交换，只有水重力做功，重力势能转化为内能，故选项D正确.

2.D

[解析]当绳子突然断开时，活塞受弹簧的弹力F、活塞的重力G、封闭气体对活塞向下的压力F′共同作用，其合力向上，经多次往复运动后活塞静止时，活塞处于三力平衡状态，气体体积必减小，外力对气体做正功，由于容器绝热，气体的内能增加，而活塞最终的静止位置比初始位置高，其重力势能增加，最终弹力与另外两个力的合力平衡，弹簧仍有形变。设最终弹簧的弹性势能为 Ep'，由能量守恒定律得 $Ep=Ep'$+活塞增加的重力势能+气体增加的内能，所以D选项正确。

3. 1.5×10^9 W

[解析]水力发电的基本原理是水的机械能转化为电能。

每秒钟流下的水的质量为 $m=\rho V=1\times10^3\times6000$ kg$=6\times10^6$ kg。

每秒钟水减少的机械能为 $E=mgh=6\times10^6\times10\times50$ J$=3\times10^9$ J。

设发电机的输出功率为P，则由能量守恒定律可得 $E\eta=Pt$。

解得 $P=3\times10^9\times50\%$ W$=1.5\times10^9$ W。

【典例2】AD

[解析]维尔金斯“永动机”不可能实现，因为它违背了能量守恒定律。小球上升过程中，磁场力对小球做正功，使小球增加了机械能；但小球下落时，同样也受到磁场力，而且磁场力做负功，这个负功与上升过程的正功相互抵消，可见，即使忽略摩擦，要想在Q处对外做功，也是没有能量来源的，所以维尔金斯“永动机”不可能实现。故选A、D。

跟踪练习

4.A

[解析]第一类永动机是指不消

耗能量而且还能对外做功的机器，故违背了能量守恒定律。

5.不能，理由见解析

[解析]由能量守恒定律可知永动机是不可能制成的。在此装置中容器最下部的球所受水的压力大，并大于容器中其他球所受的浮力之和，故无法自动向上运动。

第4节　热力学第二定律

自主学习

1.(1)不可逆

(2)低温　高温　方向性

2.(1)化学能　内能　做功　机械能　(2)机械功 W　热量 Q　$\eta=\frac{W}{Q}$

(3)完全变成功

(4)方向性　不可逆

3.能量守恒定律

【典例1】D

[解析]机械能可以全部转化为内能，故A错；第二类永动机不可能制造成功是因为它违背了热力学第二定律，故B错；热量不能自发地从低温物体传到高温物体，但如果不是自发地，是可以进行的，故C错；从单一热源吸收热量全部用来做功而不引起其他变化，是不可能的，但如果是从单一热源吸收热量全部变为功的同时也引起了其他的变化，是可能的，故D项对。

跟踪练习

1.BD

[解析]一切自发过程都有方向性，如热传递，热量总是由高温物体自发地传向低温物体；又如扩散，气体总是自发地由密度大的地方向密度小的地方扩散。如果在外界帮助下气体可以由密度小的地方向密度大的地方扩散，热量可以从低温物体传向高温物体，电冰箱就是借助外界做功把热量从低温物体——冷冻食品传向高温物体——周围的大气.所以在解答热力学过程的方向性问题时，要区分是自发过程还是非自发过程，电冰箱内热量传递的过程是有外界参与的。

【典例2】ABD

[解析]热力学第二定律有几种不同的表述形式，但它们是等效的，它与热力学第一定律是各自独立的，故A、B正确。由热力学第一定律可知 $W\neq0$，$Q\neq0$，但 $\Delta U=W+Q$ 可以等于0，C错误；由热力学第二定律可知D中现象是可能的，但不引起其他变化是不可能的，D正确。

跟踪练习

2.B

[解析]热力学第一定律揭示了内能与其他形式能量之间的转化关系，是能量守恒定律在热力学中的具体体现。热力学第二定律则进一步阐明了内能与其他形式能量转化时的方向性，二者表述的角度不同，本质不同，相互补充，并不矛盾，故C、D错误，B正确.内能在一定条件下可以全部转化为机械能，热量也可以由低温物体传递到高温物体，但是要引起其他变化，如电冰箱制冷机工作要消耗电能，故A错误。

【典例3】AD

[解析]根据所学的热机知识可知选项A正确。第二类永动机不违反能量守恒定律，但是违反热力学第二定律，所以选项B错误。机械能可以全部转化为内能，内能在引起其他变化时可能全部转化为机械能，选项C错误，选项D正确。

跟踪练习

3.D

[解析]第一类永动机违反能量守恒定律，选项A错误；第二类永动机违反热力学第二定律，选项B错误；由热力学第一定律可知当 $W\neq0$，$Q\neq0$ 时，$\Delta U=W+Q$ 可以等于0，选项C错误；由热力学第二定律可知选项D中的现象是可能的，但一定会产生其他影响，选项D正确。

【典例4】BCD

[解析]能量耗散是能量在转化的过程中有一部分以内能的形式被周围环境吸收，能量耗散遵循能量守恒定律，但使得能量品质降低，故A错误，D正确；耗散的内能很难再被收集起来利用，B正确；机械能在一定的条件下可以全部转化为内能，C正确。故选B、C、D。

跟踪练习

4.ACD

[解析]能源是有限的，必须合理利用能源，A正确；尽管能量守恒，但使用过程中会有能量耗散及品质降低，B错误；能源开发利用推动人类进步，但同时会破坏人类生存的环境，所以必须加强对环境的保护，C正确；开发新能源、清洁能源可以缓解常规能源的不足，D正确。

章末总结提升

【典例1】AD

[解析]由$p-T$图像可知过程ab是等容变化,温度升高,内能增加,体积不变,由热力学第一定律可知过程ab一定吸热,选项A正确;过程bc温度不变,即内能不变,由于过程bc体积增大,所以气体对外做功,由热力学第一定律可知,气体一定吸收热量,选项B错误;过程ca压强不变,温度降低,内能减少,体积减小,外界对气体做功,由热力学第一定律可知,放出的热量一定大于外界对气体做的功,选项C错误;温度是分子平均动能的标志,由$p-T$图像可知,a状态气体温度最低,则平均动能最小,选项D正确。

跟踪练习

1.BD

[解析]气体经历过程1,压强减小,体积变大,膨胀对外做功,内能减小,故温度降低,故A错误;无论是经过1过程还是2过程,初、末状态相同,故内能改变量相同,故B正确;过程2先发生等容变化,做功$W=0$,压强P减小,根据查理定律可知,温度降低,内能减小$\Delta U<0$,根据热力学第一定律可得:$Q=\Delta U<0$,故在等容变化过程中气体放热;之后再发生等压过程,体积变大,根据盖吕萨克定律可知,温度升高,$\Delta U>0$,体积变大,故气体对外做功,$W<0$,根据热力学第一定律可知,热量一定满足$Q>0$,故等压过程一定吸热,故D正确,C错误。所以B、D正确,AC错误。

2.(1)375 K(2)气体内能增加,增加400 J。

[解析](1)$D\to A$为等温线,则$T_A=T_D=300\ \text{K}$

C到D过程由盖吕萨克定律得:

$$\frac{V_C}{T_C}=\frac{V_D}{T_D}$$

得:$T_C=\dfrac{V_C T_D}{V_D}=375\ \text{K}$

(2)A到B过程压强不变,由$W=P\Delta V=2\times10^5\times3\times10^{-3}=600\ \text{J}$。

有热力学第一定律$\Delta U=Q+W=1000-600=400\ \text{J}$,则气体内能增加,增加400 J。

【典例2】D

[解析]绝对零度不可以达到,A项错误;热力学第一定律侧重能量守恒,热力学第二定律侧重热学现象的方向性,故B项错误;第二类永动机虽不违反能量守恒定律,但违反热力学第二定律,故不能被制造出来,C项错误;由热力学第二定律知,D项正确.

第四章　原子结构和波粒二象性

第1节　普朗克黑体辐射理论

自主学习

1.(1)吸收　发射(2)辐射(3)温度

2.(1)增强　短(2)短波　长波(3)普朗克　能量子

3.(1)整数倍　辐射或吸收　能量子

(2)$h\nu$

(3)量子化的　分立

【典例1】ACD

[解析]根据热辐射的定义,A正确;根据热辐射和黑体辐射的特点知一般物体辐射电磁波的情况除与温度有关外,还与材料种类和表面状况有关,而黑体辐射只与黑体的温度有关,B错误,C正确;根据黑体的定义知D正确。

【典例2】AD

[解析]一般材料的物体辐射能量的多少决定于物体的温度(T)、辐射波的波长、时间的长短和发射的面积,而黑体是指在任何温度下,能够完全吸收入射的各种波长的电磁波而不反射的物体,黑体辐射的强度按波长的分布只与温度有关。实验表明,随着温度的升高,各种波长的辐射强度都有所增加,辐射强度的极大值向波长较短的方向移动。从题图中可以看出,$\lambda_1<\lambda_2$,$T_1>T_2$,本题正确选项为A、D。

跟踪练习

1.BCD

[解析]在同一温度下,辐射强度最大的电磁波的波长不是最大的,也不是最小的,而是处在最大与最小波长之间,故A错误,B正确;黑体辐射的强度与温度有关,温度越高,黑体辐射的强度越大,且辐射强度的极大值也就越大,C正确;随着温度的升高,黑体辐射强度的极大值向波长较短的方向移动,故D正确,故选B、C、D。

2.B

[解析]黑体辐射以电磁辐射的形式向外辐射能量,温度越高,辐射越强越大,黑体辐射的波长分布情况也随温度而变化,温度越高,辐射强度的极大值向着波长较短的方向移动,B选项正确。

3.不会,因为随着能量不断吸

收，还伴随着能量的辐射，最终将趋于平衡。

【典例3】kg·m²/s

[解析]根据$E=h\nu$得$h=\frac{E}{\nu}$，h的单位为J·s，再根据

1 J·s=1 kg·m/s²·m·s=1 kg·m²/s，h的单位用国际单位制中的力学基本单位表示为kg·m²/s。

【典例4】D

[解析]由题图可知，水对红外辐射吸收率最低的波长范围大致是8~13 μm；

二氧化碳对红外辐射吸收率最低的波长范围大致是5~13 μm，选项D正确。

跟踪练习

4.D

[解析]可见光的平均频率$\nu=\frac{c}{\lambda}$，能量子的平均能量为$\varepsilon=h\nu$，引起视觉效应时$E=n\varepsilon$，联立可得$n=300$，D对。

5.D

第2节　光电效应

自主学习

1.(1)电子(2)光电子 (3)饱和　截止　瞬时性　最小值

2.(1)能量子　光子　$h\nu$

(2)$E_k=h\nu-W_0$　　$h\nu-W_0$

3.(1)发生改变 (2)相同　大于 (3) $\frac{h}{\lambda}$

(4)动量　粒子

4.粒子　波动　波粒二象

【典例1】D

[解析]因紫外线的频率比可见光的频率高，所以用紫外线照射时，电流表中一定有电流通过，选项A错误；因不知阴极K的截止频率，所以用红光照射时，也可能发生光电效应，所以选项B错误；即使$U_{AK}=0$，电流表中也可能有电流通过，所以选项C错误；当滑动触头向B端滑动时，U_{AK}增大，阳极A吸收光电子的能力增强，光电流会增大，当所有光电子都到达阳极A时，电流达到最大，即饱和电流，若在滑动前，电流已经达到饱和电流，那么即使增大U_{AK}，光电流也不会增大，所以选项D正确。

跟踪练习

1.D

[解析]锌板失去电子带正电，验电器也带正电，紫外线可以发生光电效应，可见光不一定能，但频率更高的紫外线一定可以，所以D对。

2.D

[解析]逸出功由金属的性质决定。发生光电效应的情况下，光强越大，光子数目越大，射出的光电子数目越多，光电流强度就越大；当不可见光的频率比可见光的小时，发生光电效应的情况下，光电子的最大初动能比可见光的还要小；光电效应的发生的条件是入射光的频率大于金属极限频率，即入射光波长小于金属的极限波长。

3.AD

[解析]每种金属都有它的极限频率ν_0，只有入射光子的频率大于等于极限频率ν_0时，才会发生光电效应，且入射光的强度越大则产生的光子数越多，光电流越强；由光电效应方程$E_k=h\nu-W=h\nu-h\nu_0$，可知入射光子的频率越大，产生的光电子的最大初动能也越大，与入射光的强度无关，所以A、D正确。

【典例2】AD

[解析]紫外线照射锌板能发生光电效应，锌板带正电，若先让锌板带负电，则验电器张角有可能变小，选项A正确。

图乙中的强黄光对应的饱和电流大是因为单位时间内的光电子多，而光子的能量只与频率有关，选项B错误；

最大初动能$E_k=h\nu-W_0$，$eUc=E_k$，所以$U_c=\frac{h}{e}\nu-\frac{W_0}{e}$，因此丙图中$\nu_c$为截止频率，选项C错误。

图丁中的E代表该金属的逸出功，选项D正确。

跟踪练习

4.AB

[解析]$c=\lambda\nu$，$\lambda_a>\lambda_b>\lambda_c$，$\nu_a<\nu_b<\nu_c$.用光束b照射金属，该频率等于极限频率，恰好发生光电效应。因为光束a的频率小于该极限频率，不能发生光电效应，A选项正确；光束c的频率大于该极限频率，能发生光电效应，B选项正确；光电子数目由光强来决定，不知三束光的光强，无法确定释放出的光电子数，C选项错误；由光电效应方程$E_{km}=h\nu-W_0$，c频率最大，金属的逸出功一定，则c光照射时，释放出的光电子最大初动能最大，D选项错误。

5.AD

[解析]设用光子能量为2.5 eV的光照射时，光电子的最大初动能为$\frac{1}{2}mv^2$，阴极材料的逸出功为W_0，根据爱因斯坦光电效应方程有：

$\frac{1}{2}mv^2=h\nu-W_0$ ①

题图中光电管上加的是反向电压，据题意，当反向电压达到U=0.7 V以后，具有最大初动能的光电子也不能达到阳极，由能量观点易得$eU=\frac{1}{2}mv^2$=0.7 eV ②选项D对。

由①②可得$W_0=h\nu-eU$=2.5 eV−0.7 eV=1.8 eV，选项A对。

6.D

[解析]由光电效应方程$E_{km}=h\nu-W_0$，可知E_{km}-ν图线是直线，且斜率相同，故A、B错误；如用金属钠做实验得到的E_{km}-ν图线也是一条直线，设其延长线与纵轴交点的坐标为(0,-E_{k2})，由于钠的逸出功小于钙的逸出功，则$E_{k2}<E_{k1}$，故C错误，D正确。

【典例3】C

[解析]因光子与电子碰撞过程动量守恒，所以碰撞之后光子和电子的总动量的方向与光子碰前的方向一致，可见碰后光子的方向可能沿1方向，不可能沿2或3方向；通过碰撞，光子将一部分动量转移给电子，光子的动量减小，由$p=h/\lambda$知，波长变长，故C项正确。

跟踪练习

7.C

[解析]光子与电子碰撞过程中，能量守恒，动量也守恒，因光子撞击电子的过程中光将一部分能量传递给电子，光子的能量减少，由$E=h\nu$可知，光子的波长增大，即$\lambda'>\lambda$，故C正确。

8.C

[解析]由康普顿效应的意义我们可以认识到A、B正确。黑体辐射理论和能量子假设是普朗克提出的，故C错误，D正确。

9.D

[解析]康普顿效应揭示了光的粒子性，少量光子的粒子性更明显，而不是只有粒子性。

第3节　原子的核式结构模型

自主学习

2.负电　1.602×10^{-19} C

9.1×10^{-31}kg

5.(1)原子核　正电荷　质量

(2)10^{-10}　10^{-15}

【典例1】AC

[解析]阴极射线是在真空管中由负极发出的电子流，故A对；阴极射线本质是电子流，故其比荷比氢原子比荷大得多，故C对。

【典例2】(1)$\frac{U}{Bb}$

(2)$\frac{e}{m}=\frac{Ud}{B^2bL_1\left(L_2+\frac{L_1}{2}\right)}$

[解析](1)设电子的速度为v，则有$evB=eE$

所以$v=\frac{E}{B}=\frac{U}{Bb}$。

(2)当极板间仅有偏转电场时，电子在电场中沿竖直方向的偏转距离为$y_1=\frac{1}{2}at_1^2=\frac{1}{2}\cdot\frac{eU}{mb}\left(\frac{L_1}{v}\right)^2=\frac{eL_1^2U}{2mv^2b}$

电子离开偏转电场时竖直方向上的分速度为$v_1=at=\frac{eU}{mb}\cdot\frac{L_1}{v}$

电子离开偏转电场后做匀速直线运动，到荧光屏的时间为t_2，这段时间内沿竖直方向运动的距离为$y_2=v_1t_2=\frac{eUL_1L_2}{mv^2b}$　这样，电子在竖直方向上偏转的总距离为$d=y_1+y_2=\frac{eU}{mv^2b}L_1\left(L_2+\frac{L_1}{2}\right)$

解得$\frac{e}{m}=\frac{Ud}{B^2bL_1\left(L_2+\frac{L_1}{2}\right)}$。

跟踪练习

1.BD

[解析]电子的电荷量是密立根通过“油滴实验”测出的，选项A、C错误，选项B正确。测出比荷的值和电子电荷量e的值，可以确定电子的质量，故选项D正确。

2.D

[解析]在阴极射线管中，阴极射线是由阴极处于炽热状态而发射的电子流，通过高电压加速而获得能量，与玻璃碰撞而产生荧光，故选项D正确。

3.AC

[解析]如果偏转线圈中没有电流，则阴极射线沿直线运动，打在O点，A正确。

由阴极射线的电性及左手定则可知B错误，C正确。

由$R=\frac{mv}{qB}$可知，B越小，则R越大，故磁感应强度应先。

由大变小，再由小变大，故D错误。

【典例3】C

[解析]α粒子散射实验现象：绝大多数α粒子沿原方向前进，少数α粒子有大角度散射。所以A处观察到的粒子数多，B处观察到的粒子数少，选项A、B错误。

α粒子发生散射的主要原因是受到原子核库仑斥力的作用，选项D

错误,C正确。

【典例4】ABC

跟踪练习

4.B

[解析]α粒子散射实验中,选用金箔是因为金具有很好的延展性,可以做成很薄的箔,α粒子很容易穿过,A正确。金原子核质量大,被α粒子轰击后不易移动,C正确。金核带正电,半径大,易形成大角度散射。故D正确、B错误。

5.C

[解析]原子核如果只是由质子组成,那么核的质量与质子质量的比值(即质量数)应该与核的电荷与质子的电荷的比值(即电荷数)相等,但原子核的核电荷数只是质量数的一半或少一些,所以,原子核内除了质子,还可能有一种质量与质子质量相等,但不带电的中性粒子,即中子。

6.B

[解析]卢瑟福通过α粒子散射并由此提出了原子的核式结构模型,正电荷全部集中在原子核内,α粒子带正电,同种电荷相互排斥,若在③④⑤区域粒子轨迹将向上偏转,由轨迹的弯曲方向知道排斥力向下,若在①区域内排斥力向下,开始一段轨迹符合曲线运动条件,当接近Q点,则合力与速度方向不在运动轨迹的两侧,因此不可能在①区域,所以原子核一定在②区域,故A、C、D错误,B正确。

7.$\frac{mgd}{U}$

[解析]由平衡条件得$mg=q\frac{U}{d}$,解得$q=\frac{mgd}{U}$

第4节　氢原子光谱和玻尔的氢原子模型

自主学习

1.(1)波长或频率 (2)连续　分立　吸收　暗线

(3)暗线　吸收　暗线

(4)特征谱线　成分　高　线状谱或吸收光谱

2.(1)分立的　连续的　量子化的

(3)原子核　α粒子散射实验　稳定性　分立特征

3.(1)①分立　n_2r_1　1、2、3…

②最低　近　−13.6 ev

(2)差值　E_m-E_n　放出　吸收

(3)量子观念　定态　经典粒子　经典物理　概率

【典例1】D

[解析]日光灯是低压水银蒸气导电发光,产生明线光谱,故A不正确。太阳光谱中的暗线是太阳发出的连续谱经过太阳大气层时产生的吸收光谱,正是太阳中存在的某种元素发出的光谱被太阳大气层中存在的对应元素吸收,故B也不正确。月球本身不会发光,靠反射太阳光才能使我们看到它,所以不能通过光谱分析月球的物质成分,C是错误的。光谱分析只能是明线光谱和吸收光谱,连续光谱是不能用来做光谱分析的,所以D正确。

跟踪练习

1.D

[解析]炽热的钢水、白炽灯和高压气体发出的光谱都是连续谱。

2.B

[解析]原子发出的光谱是特征光谱,是线状谱,A错;线状谱只包含对应波长的若干光,B对;做光谱分析一定要用线状谱,既可以是发射光谱也可以是吸收光谱,C、D错。

【典例2】CD

[解析]巴耳末公式是根据氢原子光谱总结出来的。氢原子光谱的不连续性反映了氢原子发光的分立性,即辐射波长的分立特征,选项C、D正确。

跟踪练习

3.9:5

[解析]由巴耳末公式$\frac{1}{\lambda}=R_\infty\left(\frac{1}{2^2}-\frac{1}{n^2}\right)(n=3,4,5,\cdots)$知,当n=∞时,可得巴耳末系的最小波长$\lambda_1$满足$\frac{1}{\lambda_1}=R_\infty\times\frac{1}{2^2}$,当$n=3$时,可得巴耳末系的最大波长$\lambda_2$满足$\frac{1}{\lambda_2}=R_\infty\left(\frac{1}{2^2}-\frac{1}{3^2}\right)$,故$\frac{\lambda_1}{\lambda_2}=\frac{5}{9}$。

4.BD

[解析]将甲中的线状谱与乙中的谱线相对照。

【典例3】ABC

[解析]A、B、C三项都是玻尔提出来的假设,其核心是原子定态概念的引入与能级跃迁学说的提出,也就是量子化的概念。

原子的不同能量状态与电子绕核运动时不同的圆轨道相对应,是经典理论与量子化概念的结合;

电子绕核做圆周运动时,不向外辐射能量;

原子辐射(或吸收)的能量是跃迁时对应的两定态能级之差,与电子绕核运动无关。

跟踪练习

5.CD

[解析]解决此题要注意以下两个问题:原子的跃迁条件;关系式:$h\nu=E_m-E_n(m>n)$。由玻尔理论的跃迁假设知,原子处于激发态,不稳定,可自发地向低能级发生跃迁,以光子的形式释放出能量。光子的吸收是光子发射的逆过程,原子在吸收光子后,会从较低能级向较高能级跃迁。但不管是吸收光子还是发射光子,光子的能量总等于两能级的能量之差,即:$h\nu=E_m-E_n(m>n)$,故C、D选项正确。

6.D

[解析]氢原子辐射出一个光子后,从高能级向低能级跃迁,氢原子的能量减小,能级减少,故D正确。

【典例4】D

[解析]D:根据$C_3^2=3$知,这些氢原子可能辐射出三种不同频率的光子,故A错误;氢原子由$n=3$频率最大,波长最短,故B错误;处于基态的氢原子若吸收一个12 eV的光子后的能量为$E=-13.6$ eV$+12$ eV$=-1.6$ eV,由于不存在该能级,所以用12 eV的光子照射处于基态的氢原子时,电子不可能跃迁到$n=2$能级,故C错误;处于基态的氢原子吸收能量为13.6 eV的光子可以发生电离,剩余的能量变为光电子的最大初动能,故D正确。

跟踪练习

7.AD

[解析]显然基态氢原子跃迁到激发态后再向低能级跃迁发射光子,共有三种光说明起先跃迁到的能级为第二激发态,有$h\nu_1=E_3-E_1$,$h\nu_2=E_2-E_1$,$h\nu_3=E_3-E_2$,所以入射光子的能量应为$h\nu_1$或$h(\nu_2+\nu_3)$。

8.D

[解析]处于不同能级时,核外电子在各处出现的概率不同,故A错误;当用能量为11 eV的电子撞击处于基态的氢原子时,氢原子可以吸收其中的10.2 eV的能量,可能跃迁到激发态,故B错误;从$n=4$能级跃迁到$n=2$能级时释放的光子的能量为$E=E_4-E_2=-0.85$ eV$+3.4$ eV$=2.55$ eV<2.75 eV,所以不能使逸出功为2.75 eV的金属发生光电效应,故C错误;从$n=4$能级跃迁到$n=3$能级比从$n=2$能级跃迁到$n=1$能级辐射出的光子能量小,则辐射的光子频率小,所以辐射的电磁波的波长长,故D正确。

第5节　粒子的波动性和量子力学的建立

自主学习

1.(1)波动　粒子

(2)$h\nu$　$\frac{h}{\lambda}$　粒子　波动　普朗克常量h

2.(1)运动　物质　物质波

(2)$\frac{h}{p}$　$\frac{\varepsilon}{h}$

3.干涉　电子束　电子　电子波动性　$\frac{\varepsilon}{h}$　$\frac{h}{p}$。

【典例1】3.97×10^{-10} m,6.63×10^{-35} m

[解析]中子的动量为 $p_1=m_1v$

子弹的动量为 $p_2=m_2v$

由 $\lambda=\frac{h}{p}$知中子和子弹的德布罗意波长分别为

$$\lambda_1=\frac{h}{p_1},\lambda_2=\frac{h}{p_2}$$

联立以上各式解得 $\lambda_1=\frac{h}{m_1v}$,$\lambda_2=\frac{h}{m_2v}$,代入数据可解得 $\lambda_1\approx3.97\times10^{-10}m$,$\lambda_2=6.63\times10^{-35}$ m。

跟踪练习

1.C

[解析]运动的物体才具有波动性,A项错;宏观物体由于动量太大,德布罗意波长太小,所以看不到它的干涉、衍射现象,但仍具有波动性,D项错;X光是波长极短的电磁波,是光子,它的衍射不能证实物质波的存在,B项错;只有C项正确。

2.C

[解析]由题可知,粒子速度为ν时,$\lambda_1=\frac{h}{m\nu}$;粒子速度为2ν时,$\lambda_2=\frac{h}{2m\nu}$,$\lambda_2=\frac{1}{2}\lambda_1$。可知C正确,A、B、D错误。

3.1.66×10^{-38}m

[解析]根据 $\lambda=\frac{h}{p}$ 而 $p=mv$

代入数据可得$\lambda=1.66\times10^{-38}$m。

【典例2】BCD

[解析]人们对客观世界的认识要受到所处时代的客观条件和科学水平的制约,所以形成的看法也都具有一定的局限性,人们只有不断扩展自己的认识,才能掌握更广阔领域内不同事物的本质与规律。新的科学的诞生并不意味着对原来科学的全盘否定,只能认为过去的科学是新的科学在一定条件下的特殊情形。故A项错误,B、C、D正确。

专题　光电效应的方程、图像及其应用

【典例1】C

[解析]光电子在电场中做减速运动,根据动能定理得:

$$-eU_1=0-\frac{1}{2}mv_{m1}^2$$

则得光电子的最大初速度：

$$v_{m1}=\sqrt{\frac{2eU_1}{m}}$$

故A不符题意；

根据爱因斯坦光电效应方程得：

$$h\nu_1=eU_1+W$$
$$h\nu_2=eU_2+W$$

联立可得普朗克常量为：

$$h=\frac{e(U_1-U_2)}{\nu_1-\nu_2}$$

代入可得金属的逸出功：

$$W=h\nu_1-eU_1=\frac{e(U_1\nu_2-U_2\nu_1)}{\nu_1-\nu_2}$$

阴极K金属的极限频率为：

$$\nu_0=\frac{W}{h}=\frac{\frac{e(U_1\nu_2-U_2\nu_1)}{\nu_1-\nu_2}}{\frac{e(U_1-U_2)}{\nu_1-\nu_2}}=\frac{U_2\nu_1-U_1\nu_2}{U_2-U_1}$$

故C符合题意，B、D不符题意。

答案C

【典例2】AC

［解析］光电管所加电压为正向电压，则根据爱因斯坦光电效应方程可知光电子到达A极时动能的最大值

$$E_{km}=Ue+h\nu-W$$

可知 $E_{km}-U_{km}$ 图像的斜率相同，均为e；因$\nu_1<\nu_2$，材料的逸出功W相同，则频率为ν_2时图像的纵截距大于频率为ν_1时的纵截距，故A正确，B错误；

因$\nu_1<\nu_2$，则用频率为ν_2光照射时光电子的最大初动能大于用频率为ν_1光照射时光电子的最大初动能，则前者的遏止电压大于后者的遏止电压；且若频率为ν_2的光强大于频率为ν_1的光强，则前者的光电流大于后者的光电流，故C正确，D错误。

故选A、C。

章末总结提升

电子　能量　轨道　E_n-E_m　$h\nu$

饱和　遏止电压　截止频率

$h\nu-W_0$　$h\nu$　变长

$\frac{h}{\lambda}$　$\frac{\varepsilon}{\lambda}$

【典例1】C

［解析］根据光电效应方程$E_k=h\nu-W_0$，再结合$\nu=\frac{c}{\lambda}$和$W_0=h\nu_c=h\frac{c}{\lambda_0}$得出 $E_k=h\nu-W_0=hc\cdot\frac{1}{\lambda}-h\frac{c}{\lambda_0}$，其中$\lambda_0=$540 nm。由几何知识可判断C正确，A、B、D错误。

【典例2】(1)见［解析］

(2)$\frac{e}{m}=\frac{E_3{}^2}{2E_2B^2d^2}$

［解析］(1)在b_1、b_2间接E_1作为灯丝的加热电源，对于电源的极性没有要求；在a、b_2间接E_2作为加速电压，要求a接E_2的正极；在C_1、C_2间接E_3作为速度选择器的偏转电压，要求C_2接E_3的正极。具体连线如图所示。

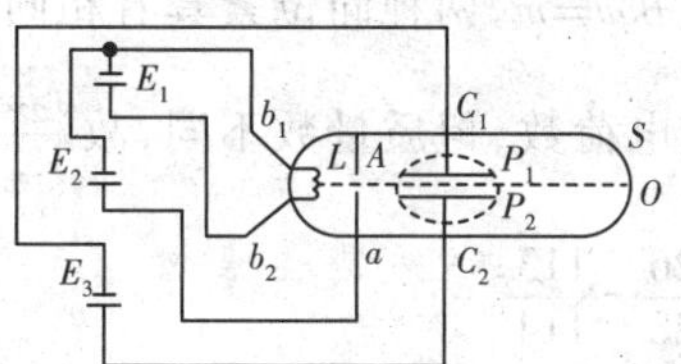

(2)设电子经过E_2加速以后获得的速度为v，根据动能定理可得$eE_2=\frac{1}{2}mv^2$。

调节E_3使电子在P_1、P_2间不发生偏转，电场力和洛伦兹力平衡，则$e\frac{E_3}{d}=eBv$。由以上两式得$\frac{e}{m}=\frac{E_3{}^2}{2E_2B^2d^2}$。

第五章　原子核

第1节　原子核的组成

基础训练

1.贝克勒尔　放射性　射线

大于或等于　小于

2.(1)氦原子核　2　4　电离很弱

(2)电子　较强　较弱

(3)电磁　很弱　很强

3.α粒子　原子核

4.相同　不带电　查德威克

5.质子和中子　质量数　质子数　质子数　中子数　质子数　电子数

6.质子数　中子数　同一位置

【典例1】C

［解析］三种射线中，γ射线贯穿本领最强，能穿透几厘米厚的铅板，本题中用1 cm厚的铝板即能挡住射线，说明射线中不含γ射线，用薄纸便可挡住部分射线，说明射线中含有α射线。

【典例2】AD

［解析］可根据射线通过电场(或磁场)，对粒子的作用力判断轨迹的情况，然后依据粒子在电场(或磁场)中满足的规律确定偏转的不同。已知α粒子带正电，β粒子带负电，γ射线不带电，根据正、负电荷在磁场中运动受洛伦兹力方向和正、负电荷在电场中受电场力方向，可知，A、B、C、D四幅图中，α、β粒子的偏转方向都是正确的，但偏转的程度需进一步判断。

带电粒子在磁场中做匀速圆周运动，其半径$r=\frac{mv}{Bq}$，将其数据代入，则α粒子与β粒子的半径之比为

$\frac{r_\alpha}{r_\beta}=\frac{m_\alpha}{m_\beta}\cdot\frac{v_\alpha}{v_\beta}\cdot\frac{q_\alpha}{q_\beta}=\frac{4\times1840}{1}\times$

$\frac{0.1c}{0.9c}\times\frac{1}{2}\approx\frac{409}{1}$。

由此可见,A正确,B错误。

带电粒子垂直进入匀强电场,设初速度为v_0,垂直电场线方向位移为x,沿电场线方向位移为y,则有:$x=v_0t$,$y=\frac{1}{2}\cdot\frac{qE}{m}t^2$,消去$t$可得:$y=\frac{qEx^2}{2mv_0^2}$。

对某一确定的x值,α、β粒子沿电场线偏转距离之比为$\frac{y_\alpha}{y_\beta}=\frac{q_\alpha}{q_\beta}\cdot\frac{m_\beta}{m_\alpha}\cdot\frac{v_\beta^2}{v_\alpha^2}=\frac{2}{1}\times\frac{1840}{4}\times\frac{(0.9c)^2}{(0.1c)^2}=\frac{1}{45}$。

由此可见,C错误,D正确。

跟踪练习

1.C

[解析]此题考查运用三种射线的性质分析问题的能力。在放射源和计数器之间加上薄铝片后,计数器的计数率大幅度减小,说明射线中有穿透力很弱的粒子,即α粒子;在薄铝片和计数器之间再加竖直向下的匀强磁场,计数器的计数率不变,说明穿过薄铝片的粒子中一定不含有β粒子,能穿透铝片打到计数器上的是γ粒子,x应是α粒子和γ光子的混合放射源。

2.C

[解析]根据射线在电场中的偏转情况,可以判断,A是由带正电的粒子组成的射线,所以A是α射线;B射线在电场中不偏转,所以B射线不带电,是γ射线;C射线在电场中受到与电场方向相反的作用力,应为带负电的粒子,所以是β射线。

【典例3】C

【典例4】A

[解析]同位素具有相同的质子数,因而化学性质同,中子数不同,故有不同的物理性质。

跟踪练习

3.(1)88　138　(2)1.41×10^{-17}C

(3)88　(4)113∶114

[解析]因为原子序数与核内质子数、核电荷数、中性原子的核外电子数都是相等的,原子核的质量数等于核内质子数与中子数之和。由此可得:

(1)镭核中的质子数等于其原子序数,故质子数为88,中子数N等于原子核的质量数A与质子数Z之差,即$N=A-Z=226-88=138$。

(2)镭核所带电荷量

$Q=Ze=88\times1.6\times10^{-19}C\approx1.41\times10^{-17}$C。

(3)镭原子呈中性,则核外电子数等于质子数,故核外电子数为88。

(4)带电粒子在匀强磁场中做匀速圆周运动的向心力为洛伦兹力,故有$Bqv=m$,两种同位素具有相同的核电荷数,但质量数不同,故$\frac{r_{226}}{r_{228}}=\frac{226}{228}=\frac{113}{114}$。

4.ABD

[解析]氕、氘、氚的核子数分别为1、2、3,质子数和中性原子状态核外电子数均相同,都是1,中子数等于核子数减去质子数,故中子数各不相同,A、B正确,C错误;同位素化学性质相同,只是物理性质不同,D正确。

第2节　放射性元素的衰变

自主学习

1.α粒子或β粒子　　守恒

2.4　2　$^{234}_{90}$Th+$^{4}_{2}$He

3.不变　1　$^{234}_{91}$Pa+$^{0}_{-1}$e

4.半数

5.核内部自身

化学状态　外部条件

6.(1)新原子核

(2)卢瑟福　$^{14}_{7}$N+$^{4}_{2}$He→$^{17}_{8}$O+$^{1}_{1}$H

(3)质量数 电荷数

7.(1)放射性　(3)放射治疗　示踪原子　过量　放射性物质

【典例1】(1)8次α衰变,6次β衰变　(2)10个;22个　(3)见[解析]

[解析](1)设$^{238}_{92}$U衰变为$^{206}_{82}$Pb经过x次α衰变和y次β衰变,由质量数守恒和电荷数守恒可得

$238=206+4x$①

$92=82+2x-y$②

联立①②解得$x=8$,$y=6$。即一共经过8次α衰变和6次β衰变。

(2)由于每发生一次α衰变质子数和中子数均减少2,每发生一次β衰变中子数少1,而质子数增加1,故$^{206}_{82}$Pb较$^{238}_{92}$U质子数少10,中子数少22。

(3)核反应方程为$^{238}_{92}$U→$^{206}_{82}$Pb+8$^{4}_{2}$He+6$^{0}_{-1}$e。

【典例2】C

跟踪练习

1.B

[解析]本题考查了原子核衰变的规律,解题的关键是抓住原子核发生α衰变和β衰变时原子核质量数和电荷数的变化规律,在此基础上进行有关计算,原子核每发生一次α衰变,质量数减少4,电荷数减少2;每发生一次β衰变,质量数不变,电荷数增加1。比较这两种原子核,质量数减少28,说明发生了7次α衰变,电

荷数应减少14,而电荷数减少10,说明发生了4次β衰变,B项正确,其余选项错误。

【典例3】D

[解析]由于经过了11.4天还有$\frac{1}{8}$没有衰变,由半衰期计算公式$m_{余}=(\frac{1}{2})^n m_0=\frac{1}{8}m_0$可说明该放射性经过了3个半衰期,即可算出半衰期是3.8天,故D正确。

【典例4】BC

跟踪练习

2.C

[解析]由图可知从$m:m_0=2:3$到$m:m_0=1:3$恰好衰变了一半,根据半衰期的定义可知半衰期为T=182.4 d−67.3 d=115.1 d故选C。

【典例5】见[解析]

[解析](1)$^{14}_{7}N+^{1}_{0}n\to^{14}_{6}C+^{1}_{1}H$

(2)$^{14}_{7}N+^{4}_{2}He\to^{17}_{8}O+^{1}_{1}H$

(3)$^{10}_{4}B+^{1}_{0}n\to^{7}_{3}Li+^{4}_{2}He$

(4)$^{9}_{4}Be+^{4}_{2}He\to^{12}_{6}C+^{1}_{0}n$

(5)$^{56}_{26}Fe+^{2}_{1}H\to^{57}_{27}Co+^{1}_{0}n$

其中发现质子的核反应方程是(2)。发现中子的核反应方程是(4)。

【典例6】C

[解析]设x的质量数和电荷数分别为A、Z,由方程一得y的质量数和电荷数为$\frac{A+7}{2}$、$\frac{Z+3}{2}$,再由方程二得,$\frac{A+7}{2}+14=A+17$

$\frac{Z+3}{2}+7=Z+8$,解得$A=1$,$Z=1$。即x是质子,由方程三得z是中子。

跟踪练习

3.D

[解析]根据核反应过程中,质量数与电荷数守恒,α粒子的质量数为4,中子的质量数为1,可知X的质量数4+27−1=30,又因为质量数=核子数,故X的核子数为30,故D正确,A、B、C错误。

第3节　核力与结合能

自主学习

1.核子　核力

2.(1)强相互作用　大得多

(2)短程力

(3)邻近

3.(1)电磁力　电磁力

(2)强相互　β衰变　更短

4.(1)大致相等 (2)大于　越多

5.需要　放出

6.核子数　牢固　稳定　中等大小

7.(1)$E=mc^2$

(2)小于

(3)$\Delta E=\Delta mc^2$

【典例1】D

[解析]核子结合成原子核是放出能量,原子核拆解成核子是吸收能量,A选项错误;比结合能越大的原子核越稳定,但比结合能越大的原子核,其结合能不一定大,例如中等质量原子核的比结合能比重核大,但由于核子数比重核少,其结合能比重核反而小,B、C选项错误;中等质量原子核的比结合能比轻核的大,它的原子核内核子数又比轻核多,因此它的结合能也比轻核大,D选项正确。

【典例2】AD

[解析]由图像可知,随原子序数的增大核子的平均质量先减小后增大,A正确;由图像可知,原子核E的核子的平均质量大于原子核F核子的平均质量,若从E核转变为F,必然存在质量亏损,释放能量,比结合能增加,故原子核F的比结合能更大,B错误;由图像可知,D和E核子的平均质量大于F核子的平均质量,原子核D和E聚变成原子核F时,有质量亏损,要释放出核能,C错误;由图像可知,A裂变成原子核B和C时,核子的平均质量变小,核反应中有质量亏损,释放出核能,D正确。

跟踪练习

1.BC

[解析]$^{4}_{2}He$核的结合能约为4×7=28MeV,A错。平均结合能越大,原子核越稳定,故B正确。两个H核结合成核$^{4}_{2}He$时比结合能增大,释放能量,故C正确。由图可看出$^{235}_{92}U$核中核子的平均结合能比$^{89}_{36}Kr$核大,故D错误。

2.ABC

[解析]原子核的结合能等于核子结合成原子核所释放的能量,也等于将原子核分解成核子所需要的最小能量,A正确;重核的比结合能比中等核小,因此重核衰变时释放能量,衰变产物的结合能之和大于原来重核的结合能,B项正确;原子核的结合能是该原子核的比结合能与核子数的乘积,虽然铯原子核($^{133}_{55}Cs$)的比结合能稍大于铅原子核($^{208}_{82}Pb$)的比结合能,但铯原子核($^{133}_{55}Cs$)的核子数比铅原子核($^{208}_{82}Pb$)的核子数少得多,因此其结合能小,C项正确;比结合能越大,要将原子核分解成核子平均需要的能量越大,因此原子核越稳定,D错;自由核子组成原子核时,其质量亏损所对应的能量等于该原子核的结合能,E错。

【典例3】吸收能量　1.2 MeV

[解析]反应前总质量：$M_N+M_{He}=$ 18.011 40 u，反应后总质量：$M_O+M_H=$ 18.012 69 u。

可以看出：反应后总质量增加，故该反应是吸收能量的反应。吸收的能量利用$\Delta E=\Delta mc^2$来计算，若反应过程中质量增加1 u，就会吸收931.5 MeV的能量，故$\Delta E=(18.01269-18.011 40)\times 931.5\text{ MeV}\approx 1.2\text{ MeV}$。

【典例4】B

[解析]反应前的质量总和为m_1+m_3，质量亏损$\Delta m=m_1+m_3-m_2$，核反应释放的能量$\Delta E=(m_1+m_3-m_2)c^2$，选项B正确。

跟踪练习

3.(1)$^{222}_{86}Rn\rightarrow^{218}_{84}Po+^{4}_{2}He$　(2)$\frac{111mv_0^2}{218c^2}$

[解析](1)衰变的核反应方程为：$^{222}_{86}Rn\rightarrow^{218}_{84}Po+^{4}_{2}He$；

(2)由动量守恒定律得$0=mv_0-Mv$，其中$\frac{m}{M}=\frac{4}{218}$，$\Delta mc^2=\frac{1}{2}mv_0^2+\frac{1}{2}Mv_0^2$，

解得$\Delta m=\frac{111mv_0^2}{218c^2}$。

第4节　核裂变与核聚变

自主学习

1.新原子核　核能

2.3$^{1}_{0}n$

3.其他铀核

4.最小体积

5.核反应堆

(1)铀棒

(2)慢中子　石墨　重水　普通水

(3)镉棒

6.裂变

7.循环流动

8.水泥层　放射性　深埋地下

9.质量较大　能量　$^{1}_{0}n$

10.(1)10^{-15}m(2)温度　热核反应

11.原子弹

12.热核反应堆

13.(1)效率高(2)丰富(3)安全、清洁

14.(2)磁约束　惯性约束　环流器

【典例1】A

[解析]根据电荷数守恒和质量数守恒可得：$A=235+1-90-10=136$，电荷数为$Z=92-54=38$，故A正确，B错误；质量亏损$\Delta m=m_U-m_{Sr}-m_{Xe}-9m_n$，根据质能方程可得释放的核能$\Delta E=\Delta mc^2=(m_U-m_{Sr}-m_{Xe}-9m_n)c^2$，故C、D错误。

【典例2】C

[解析]铀核裂变反应过程中，质量数守恒，X的质量数235+1-89-3=144，可知X原子核中含有144个核子；电荷数守恒，92-36=56，所以X中的中子数为144-56=88，即X原子核中含有88个中子，在核反应的过程中，质量数是守恒的。总质量数既不减小，也不增加，存在质量亏损，故C正确，A、B、D错误。

跟踪练习

1.C

[解析]核反应方程为$^{235}_{92}U+^{1}_{0}n\rightarrow^{139}_{54}Xe+^{94}_{38}Sr+3^{1}_{0}n$，故C正确。

2.D

[解析]发生核反应过程中，核子数保持守恒，中子未消失，故A错误；能量来自于原子核内部，因重核分裂为中等质量的核时，比结合能增加而释放出能量，D正确。

【典例3】AC

[解析]由质量数守恒可知有3个中子放出，故A正确。铀块的体积和纯度都对链式反应的发生产生影响，故B错误。核反应堆的铀核链式反应可人工控制，放射性元素的半衰期由核本身决定，故C正确，D错误。

【典例4】C

[解析]镉棒并不能释放中子，也不能使中子减速，对铀核裂变也没有阻碍作用，而是利用对中子吸收能力强的特点，控制中子数量的多少而控制核反应速度，故C正确。

跟踪练习

3.AC

[解析]目前核电站都是用核裂变释放能源的，它的原料是铀，在不发生核泄漏的情况下，核能属于比较清洁的能源。

【典例5】B

[解析]在一次聚变反应中释放的能量不一定比裂变反应多，故A错误；由于聚变反应中释放出巨大的能量，则比结合能一定增加，质量发生亏损，故C、D错误。

跟踪练习

4.BCD

[解析]轻核结合成质量较大的核，释放出核能的反应，称为核聚变。故B、C、D正确。

第5节　"基本"粒子

自主学习

1.(1)原子(2)基本粒子(3)粒子

2.(1)相同　相反　正电子

(2)①强相互作用　质子和中子②强相互作用　电子③传递　光子

(3)夸克

【典例1】B

[解析]质子$^{1}_{1}H$所带的电荷量为

$2\times\frac{2}{3}e+(-\frac{1}{3}e)=e$，中子 ${}_0^1n$ 所带的电荷量为 $\frac{2}{3}e+2\times(-\frac{1}{3}e)=0$，结合不同夸克的带电荷量可知，B正确。

跟踪练习

1.ABC

[解析]根据粒子的分类、粒子与反粒子的描述知A、B、C正确；光子属于规范玻色子，D错误。

2.B

[解析]反氢原子由1个带负电荷的反质子和1个带正电荷的正电子构成，故B正确。

章末总结提升

【典例1】A

跟踪练习

1.BD

[解析]α粒子为氦原子核 ${}_2^4He$，根据核反应方程遵守电荷数守恒和质量数守恒，可知A选项中的 X_1 为 ${}_2^3He$，B选项中的 X_2 为 ${}_2^4He$，C选项中的 X_3 为中子 ${}_0^1n$，D选项中的 X_4 为 ${}_2^4He$。故B、D正确。

【典例2】C

[解析]γ射线不带电，在电场和磁场中它都不受力的作用，只能射到 a 点，选项D错误；调整 E 和 B 的大小，既可以使带正电的α射线沿直线前进，也可以使带负电的β射线沿直线前进，沿直线前进的条件是电场力与洛伦兹力平衡，即 $qE=qBv$。已知α粒子的速度比β粒子的速度小得多，当α粒子沿直线前进时，速度较大的β粒子向右偏转；当β粒子沿直线前进时，速度较小的α粒子也向右偏转，故选项C正确，A、B错误。

跟踪练习

2.A

[解析]γ射线在电场、磁场中不受力，所以沿直线前进；α射线在电场、磁场中受到一对平衡力而沿直线运动，即向右的电场力和向左的洛伦兹力大小相等、方向相反，$Bqv=Eq$，所以 $v=\frac{E}{B}$；而β射线中电子速度远大于α粒子速度，所以β射线受到的向左的电场力远小于向右的洛伦兹力，β粒子向右偏，A正确。

【典例3】D

[解析]原子核的衰变过程满足动量守恒，粒子与反冲核的速度方向相反，根据左手定则判断得知，粒子与反冲核的电性相反，则知粒子带负电，所以该衰变是β衰变。由动量守恒定律可得两带电粒子动量大小相等，方向相反，就动量大小而言有：$m_1v_1=m_2v_2$，由带电粒子在匀强磁场中做圆周运动的半径公式 $r=\frac{mv}{qB}$，可知 r 与 q 成反比。由题意，大圆与小圆的直径之比为7∶1，半径之比为7∶1，则粒子与反冲核的电荷量之比为1∶7。所以反冲核的电荷数是7，其符号为 ${}_7^{14}N$，所以碳14的衰变方程为

${}_6^{14}C\rightarrow{}_{-1}^{0}e+{}_7^{14}N$，故D正确，A、B、C错误。

跟踪练习

3.B

48个铁原子在铜的表面排列成直径为1.43×10^{-8} m的圆周而组成的。由此可以估算出铁原子的直径约为______ m(结果保留两位有效数字)。

(3)在配制油酸酒精溶液时，若不小心把酒精倒多了一点，导致油酸酒精溶液的实际浓度比计算值小一些，会导致算出的油酸分子直径比实际值______(填“偏大”或“偏小”)。

3.为了减小用油膜法估测油酸分子的大小的实验误差，下列方法可行的是(　　)

A.用注射器取1 mL配制好的油酸酒精溶液，共N滴，则每滴中含有油酸$\frac{1}{N}$ mL

B.把浅盘水平放置，在浅盘里倒入一些水，使水面离盘口距离小一些

C.先在浅盘中撒些爽身粉，再用注射器把油酸酒精溶液多滴几滴在水面上

D.实验时先将一滴油酸酒精溶液滴入水中，再把爽身粉撒在水面上

4.利用油膜法可粗略地测定分子的大小和阿伏加德罗常数。若已知n滴油酸的总体积为V，一滴油酸形成的油膜面积为S，油酸的摩尔质量为μ，密度为ρ，则每个油酸分子的直径d和阿伏加德罗常数N_A分别为$\left(球的体积公式为V=\frac{4}{3}\pi R^3\right)$(　　)

A.$d=\frac{V}{nS}, N_A=\frac{\mu n}{\rho V}$

B.$d=\frac{V}{nS}, N_A=\frac{6\mu n^3S^3}{\pi\rho V^3}$

C.$d=\frac{V}{S}, N_A=\frac{6\mu n^3S^3}{\pi\rho V^3}$

D.$d=\frac{V}{S}, N_A=\frac{6\mu n^3S^3}{\rho V^3}$

第3节 分子运动速率分布规律

学习目标

1.初步了解什么是“随机事件”和“统计规律”。

2.知道气体分子运动的特点。

3.知道分子运动速率的统计分布规律。

4.理解气体压强的微观解释,知道气体压强大小的决定因素。

重点、难点

气体压强的微观解释,气体压强大小的决定因素。

自主学习

一、随机性与统计规律

大量随机事件的整体往往会表现出一定的规律性,这种规律就叫作______规律。热现象与大量分子热运动的统计规律有关。

二、气体分子运动的特点

1.运动的自由性:气体分子间的距离大约是分子直径的______倍,因此分子间的作用力很弱,通常认为,气体分子除了相互碰撞或者跟器壁碰撞外,不受力而做匀速直线运动,气体充满______空间。

2.运动的无序性:分子的运动______,在某一时刻,向着任何一个方向运动的分子都有,而且向各个方向运动的气体分子数目______。

三、分子运动速率分布图像

1.一定温度下,分子的速率呈“______”的分布;温度越高,速率大的分子比例越______,分子的平均速率越______。

2.温度______,分子的热运动越剧烈。

四、气体压强的微观解释

1.气体压强的形成原因

气体对容器的压强是大量气体分子不断撞击器壁的结果。对于单个分子来说,这种撞击是______的、______的,但是对于大量分子总的作用来说,就表现为______的和______的了。器壁单位面积上受到的______,就是气体的压强。

2.气体压强的决定因素

(1)若某容器中气体分子的平均速率越大,单位时间内、单位面积上气体分子与器壁的碰撞对器壁的作用力就越______。

(2)若容器中气体分子的数密度大,在单位时间内,与单位面积器壁碰撞的分子数就______,平均作用力也会较大。

【思考】

夏天烈日下的轮胎比较容易爆胎,如何从分子动理论的角度解释呢?

提示:烈日照射下,轮胎内的空气吸热温度升高,速率较大的空气分子数目增多,分子的平均速率增大,对轮胎壁的平均撞击力增大,宏观上看表现为轮胎内空气的压强增大,从而比较容易引起爆胎。

核心突破

要点1　气体分子运动的特点及分子运动速率分布图像

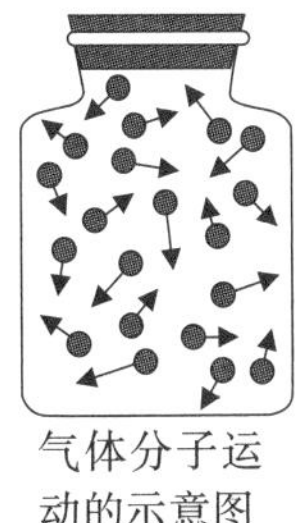
气体分子运动的示意图

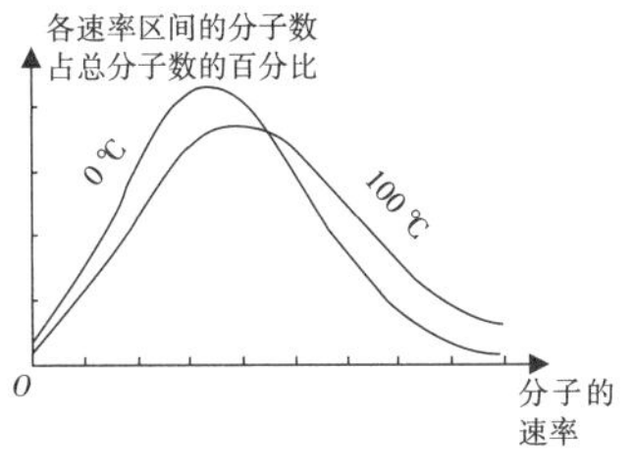

氧气分子的速率分布图像

1.统计规律:由于物体是由数量极多的分子组成的,这些分子并没有统一的运动步调。单独看来,各个分子的运动都是不规则的,带有偶然性,但从总体来看,大量分子的运动却有一定的规律,这种规律叫作统计规律。

2.气体分子沿各个方向运动的机会(概率)相等。

3.大量分子的速率分布呈现“中间多(中等速率的分子占比多)、两头少(速率较大或较小的分子占比少)”的规律。

当温度升高时,“中间多”的这一“高峰”向速率大的方向移动,分子的平均速率增大,分子的热运动更剧烈。但具体到某一个分子,速率可能变大也可能变小,无法确定。

【典例1】在一定温度下,某种气体的分子速率分布应该是(　　)

A.每个气体分子速率都相等

B.每个气体分子速率一般都不相等,速率很大和速率很小的分子数目很少

C.每个气体分子速率一般都不相等,但在不同速率范围内,分子数的分布是均匀的

D.每个气体分子速率一般不相等,速率很大和速率很小的分子数目很多

跟踪练习

1.某种气体在不同温度下的气体分子速率分布曲线如图所示,图中$f(v)$表示v处单位速率区间内的分子数百分率。Ⅰ、Ⅱ、Ⅲ所对应的温度分别为$T_Ⅰ$、$T_Ⅱ$、$T_Ⅲ$,则(　　)

A.$T_Ⅰ>T_Ⅱ>T_Ⅲ$

B.$T_Ⅲ>T_Ⅱ>T_Ⅰ$

C.$T_Ⅱ>T_Ⅰ$,$T_Ⅱ>T_Ⅲ$

D.$T_Ⅰ=T_Ⅱ=T_Ⅲ$

要点2　气体压强的微观解释

1.气体压强决定因素的微观解释

一方面,若某容器中气体分子的平均速率越大,单位时间内、单位面积上气体分子与器壁的碰撞对器壁的作用力就越大;另一方面,若容器中气体分子的数密度大,在单位时间内,与单位面积器壁碰撞的分子数就多,平均作用力也会较大。

2.气体的压强与大气压强

(1)因密闭容器中的气体密度一般很小,由气体自身重力产生的压强极小,可忽略不计,故气体压强由气体分子碰撞器壁产生,大小由气体的分子数密度和温度决定,与地球的引力无关,气体对上下左右器壁的压强都是大小相等的。

(2)大气压是由于空气受到重力作用紧紧包围地球而对浸在它里面的物体产生的压

强。大气最终还是通过分子碰撞实现对放入其中的物体产生压强。

影响气体压强的宏观因素和微观因素要分清,不可交叉考虑,宏观因素是体积和温度,微观因素是单位体积内分子个数(分子数密度)和平均速率(平均撞击力)。

【典例2】对于一定质量的气体,下列四个论述中正确的是(　　)

A. 当分子热运动变剧烈时,压强必增大

B. 当分子热运动变剧烈时,压强可以不变

C. 当分子间平均距离变大时,压强必变大

D. 当分子间平均距离变大时,压强必变小

【思路点拨】

气体压强的分析技巧

(1)明确气体压强产生的原因——大量做无规则运动的气体分子对器壁频繁、持续地碰撞。压强就是大量气体分子作用在器壁单位面积上的平均作用力。

(2)明确气体压强的决定因素——气体分子的密集程度与平均速率。只有知道了这两个因素的变化情况,才能确定压强的变化,任何单个因素的变化都不能决定压强的变化。

跟踪练习

2. 对于一定质量的气体,下列叙述中正确的是(　　)

A. 如果体积减小,气体分子在单位时间内对单位面积器壁的碰撞次数一定增多

B. 当温度一定时,如果压强增大,气体分子在单位时间内对单位面积器壁的碰撞次数一定增多

C. 如果温度升高,气体分子在单位时间内对单位面积器壁的碰撞次数一定增多

D. 如果分子数密度增大,气体分子在单位时间内对单位面积器壁的碰撞次数一定增多

第4节　分子动能和分子势能

学习目标

1. 知道什么是分子动能，知道温度是分子热运动的平均动能的标志。

2. 知道什么是分子势能，知道分子势能与分子间距离和物体体积的关系。

3. 知道什么是物体的内能，知道决定物体内能大小的因素。

重点、难点

决定物体内能大小的因素。

自主学习

一、分子动能

1. 定义：分子由于______________而具有的动能。

2. 分子热运动的平均动能：所有______的动能的______。

3. 温度的微观含义：温度是______的平均动能的标志。

二、分子势能

1. 定义：分子间存在着相互作用力，可以证明分子间的作用力所做的功与路径____，分子组成的系统具有分子势能。

2. 分子势能的大小：分子间的作用力做正功，分子势能____；分子间的作用力做负功，分子势能____；当$r=r_0$时，分子势能____。

3. 分子势能的决定因素

(1)微观上：分子势能的大小由分子间的______决定。

(2)宏观上：分子势能与物体的______有关。

三、物体的内能

1. 定义：物体中所有分子的热运动____与____的总和。

2. 决定因素

(1)分子热运动的平均动能与____有关。

(2)分子势能与物体的____有关。

(3)物体的内能由____、____、____共同决定。

【思考】

类比弹性势能，分析为什么分子势能与物体的体积有关。

提示：物体的体积变化时，分子间的距离变化，分子力做功，弹簧弹力做功时弹性势能变化，类似地，分子力做功时分子势能也会变化。

核心突破

要点1　分子动能

1. 单个分子的动能

由于分子运动的无规则性，在某时刻物体内部各个分子的动能大小不一，就是同一个分子,在不同时刻的动能也是不同的,所以研究单个分子的动能意义不大。

2.分子热运动的平均动能

(1)热现象研究的是大量分子运动的宏观表现,重要的是物体内所有分子热运动的平均动能。

(2)温度是分子热运动的平均动能的标志,这是温度的微观意义。在相同温度下,各种物质分子热运动的平均动能都相同,由于不同物质分子的质量不一定相同,因此相同温度下不同物质分子热运动的平均速率不一定相同。

【典例1】当物体的温度升高时,下列说法中正确的是( )

A.每个分子的温度都升高

B.每个分子的热运动都加剧

C.每个分子的动能都增大

D.物体内分子的平均动能增大

跟踪练习

1.关于分子动能,下列说法正确的是( )

A.某物体的温度是0 ℃,说明物体中分子热运动的平均动能为零

B.物体温度升高时,每个分子的动能都增大

C.物体温度升高时,速率小的分子数目减少,速率大的分子数目增多

D.物体的运动速度越大,则物体的温度越高

要点2 分子势能 物体的内能

1.分子势能与分子间距离有关

分子势能的大小随分子间距离的变化规律,在平衡位置($r=r_0$)两侧是有所不同的:

(1)当$r>r_0$时,分子间作用力表现为引力,随着r的增加,需不断克服分子间引力做功,分子势能增大;

(2)当$r<r_0$时,分子间作用力表现为斥力,随着r的减小,需不断克服分子间斥力做功,分子势能增大;

(3)当$r=r_0$时,分子间作用力为零,分子势能有最小值。

分子势能随分子间距离的变化类似于弹簧,弹簧在原长的基础上无论拉伸还是压缩,弹性势能都会增大。

分子势能曲线如图所示,规定:无穷远($r\to\infty$)处,分子势能为零。从曲线上可看出,当$r<r_0$时,曲线比较陡,这是因为分子间的斥力随分子间距离的减小而增加得很快,分子势能的增加也就很快;当$r>r_0$时,曲线比较缓,这是因为分子间的引力随分子间距离的增大而变化得较慢,分子势能的增加也就较慢。

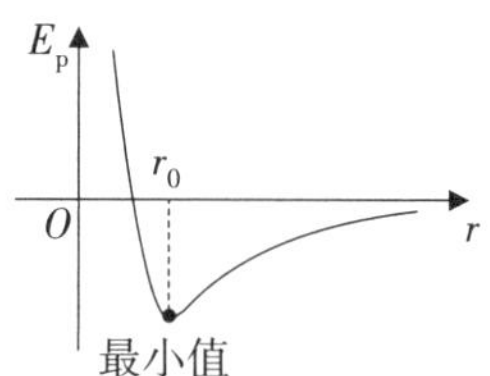

2.分子势能与物体的体积有关

物体的体积发生变化时,分子间的相对位置也发生变化,因而分子势能也随着发生变化。

由于物体分子间距离变化的宏观表现为物体的体积变化,所以微观的分子势能变化对应于宏观的物体体积变化。例如,同样是物体体积增大,有时体现为分子势能增大(在$r>r_0$范围内),有时体现为分子势能减小(在$r<$

r_0范围内);一般我们说,物体体积变化了,其对应的分子势能也变化了。

【特别提醒】

(1)分子间作用力做功是分子势能变化的唯一原因。

(2)势能的大小与物体间距离的关系有一个共同的规律:不论是重力势能、弹性势能、电势能,还是分子势能,当它们之间的距离发生变化时,它们之间的相互作用力如果是做正功,势能都要减小;如果是做负功,势能都要增大。

(3)分子势能最小与分子势能为零绝不是一回事,分子势能的正、负代表大小,如$E_p=-10$ J小于$E_p=5$ J。

3.内能的理解

(1)内能是物体内部所有分子无规则运动的动能和分子势能的总和。机械能是指物体机械运动的动能、重力势能和弹性势能的总和。一个物体可以同时具有内能和机械能。

(2)物体温度升高,内能不一定增加;温度不变,内能可能改变;温度降低,内能可能增加。

【典例2】甲、乙两分子相距较远(此时它们之间的分子力可以忽略),设甲固定不动,在乙逐渐向甲靠近直到不能再靠近的过程中,关于分子势能的变化情况,下列说法正确的是( )

A.分子势能不断增大

B.分子势能不断减小

C.分子势能先增大后减小

D.分子势能先减小后增大

跟踪练习

2.(多选)如图所示,甲分子固定在坐标原点O,乙分子位于x轴上,甲分子对乙分子的作用力与两分子间的距离的关系如图中曲线所示。$F>0$为斥力,$F<0$为引力。a、b、c、d为x轴上的四个特定的位置。现把乙分子从a处由静止释放,向左最远运动到d,则( )

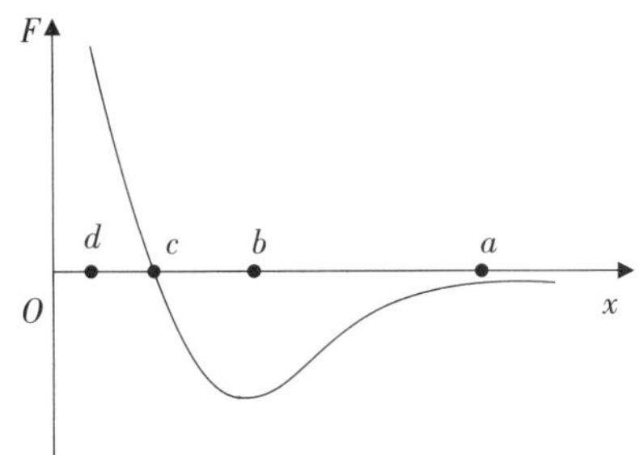

A.乙分子由a到b做加速运动,由b到c做减速运动

B.乙分子由a到c做加速运动,到达c时速度最大

C.乙分子由a到b的过程中,两分子间的分子势能一直减小

D.乙分子由b到d的过程中,两分子间的分子势能一直增大

【典例3】下列说法正确的是( )

A.分子动能与分子势能的和叫作这个分子的内能

B.物体的分子势能由物体的温度和体积决定

C.物体的速度增大时,物体的内能增大

D.物体的动能减小时,物体的温度可能增加

【规律点拨】

1.分子热运动的(平均)动能、分子势能、物体的内能对比

项目	定义	微观决定因素	宏观决定因素
分子(平均)动能	分子由于无规则运动所具有的能	分子无规则运动的剧烈程度	温度
分子势能	分子间由于存在相互作用力,因此分子系统具有由它们的相对位置所决定的能	分子间距离	物体的体积
物体的内能	物体内所有分子的热运动动能与分子势能的总和	分子数、分子热运动的剧烈程度和分子间距离	物质的量、温度、体积

2.内能和机械能的区别和联系

项目	内能	机械能
常见形式	分子动能、分子势能	物体动能、重力势能或弹性势能
存在原因	物体内大量分子的热运动和分子间存在相互作用力	物体做机械运动、物体发生弹性形变、被举高
影响因素	物质的量、物体的温度和体积	物体的质量、机械运动的速度、离地高度、弹性形变量、劲度系数
联系	在一定条件下可以相互转化	

跟踪练习

3.下列说法中正确的是(　　)

A.温度低的物体内能小

B.温度低的物体分子热运动的平均速率小

C.做加速运动的物体,由于速度越来越大,因此物体分子的平均动能越来越大

D.物体的体积改变,内能不一定改变

4.下列说法中正确的是(　　)

A.机械能大的物体,其内能一定很大

B.物体的机械能损失时,内能却可以增加

C.物体的内能损失时,机械能必然减少

D.物体的机械能为零时,分子动能总和也为零

章末总结提升

要点1 阿伏加德罗常数的相关计算

阿伏加德罗常数N_A是联系宏观物理量和微观物理量的桥梁。若物质的摩尔质量记为M,摩尔体积记为V,则有:

(1)分子的质量$m_0=\frac{M}{N_A}$。

(2)固体、液体中分子的体积:$V_0=\frac{V}{N_A}=\frac{M}{\rho N_A}$。

气体中分子所占的空间:$V_0=\frac{M}{\rho N_A}$。

(3)质量为m的物体所含分子数:$N=\frac{m}{M}N_A$。

体积为V'的物体所含分子数:$N=\frac{V'}{V}N_A$。

【典例1】空调在制冷过程中,室内空气中的水蒸气接触蒸发器(铜管)液化成水,经排水管排走,空气中水分越来越少,人会感觉干燥。某空调工作一段时间后,排出液化水的体积$V=1.0\times10^3\ cm^3$。已知水的密度$\rho=1.0\times10^3\ kg/m^3$、摩尔质量$M=1.8\times10^{-2}\ kg/mol$,阿伏加德罗常数$N_A=6.0\times10^{23}\ mol^{-1}$。试求:(结果均保留一位有效数字)

(1)该液化水中含有水分子的总数N;

(2)一个水分子的直径d。

跟踪练习

1.已知氧气分子的质量$m=5.3\times10^{-26}\ kg$,标准状况下氧气的密度$\rho=1.43\ kg/m^3$,阿伏加德罗常数$N_A=6.02\times10^{23}\ mol^{-1}$,(保留两位有效数字)求:

(1)氧气的摩尔质量;

(2)标准状况下氧气分子间的平均距离;

(3)标准状况下1 cm^3的氧气中含有的氧气分子的个数。

要点2 分子力曲线和分子势能曲线的比较和应用

分子力随分子间距离的变化图像与分子势能随分子间距离的变化图像非常相似,但却有着本质的区别。

1.分子力曲线

分子间作用力与分子间距离的关系曲线如图甲所示,纵轴表示分子力F;斥力为正,引力为负,正负表示力的方向;横轴表示分子间距离r,其中r_0为分子间的平衡距离,此时引力与斥力大小相等。

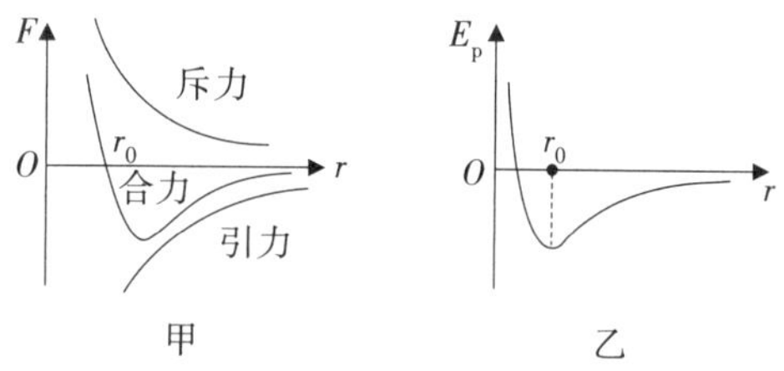

甲　　乙

2. 分子势能曲线

分子势能随分子间距离变化的关系曲线如图乙所示,纵轴表示分子势能E_p;分子势能有正负,但正负反映其大小,正值一定大于负值;横轴表示分子间距离r,其中r_0为分子间的平衡距离,此时分子势能最小。

3. 曲线的比较

若取$r \geq 10r_0$处,分子力为零,则该处分子势能为零。分子间距离$r=r_0$处,分子力为零,对应的是分子势能最小,但不为零。

【典例2】(多选)图甲、乙两图分别表示两个分子之间分子力和分子势能随分子间距离变化的图像。由图像判断以下说法中正确的是(　　)

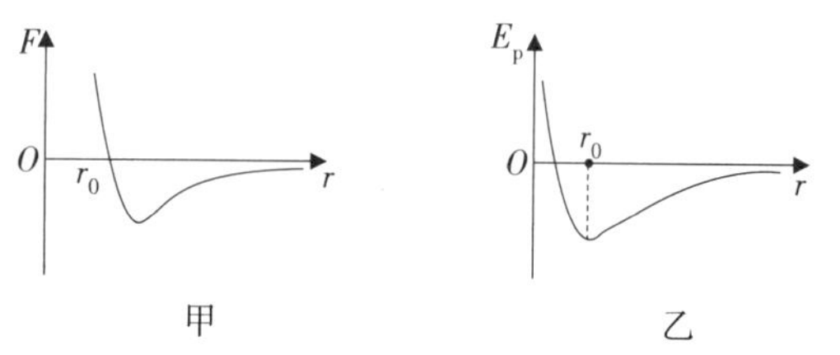

甲　　乙

A. 当分子间距离为r_0时,分子力和分子势能均最小且为零

B. 当分子间距离$r>r_0$时,分子力随分子间距离的增大而增大

C. 当分子间距离$r>r_0$时,分子势能随分子间距离的增大而增大

D. 当分子间距离$r<r_0$时,随着分子间距离逐渐减小,分子力和分子势能都逐渐增大

跟踪练习

2. 如图所示为两分子间距离与分子势能之间的关系图像,则下列说法中正确的是(　　)

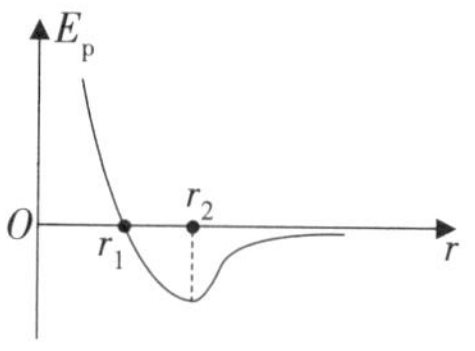

A. 当两分子间距离$r=r_1$时,分子势能为零,分子间相互作用的引力和斥力也均为零

B. 当两分子间距离$r=r_2$时,分子势能最小,分子间相互作用的引力和斥力也最小

C. 当两分子间距离$r<r_1$时,随着r的减小,分子势能增大,分子间相互作用的引力和斥力也增大

D. 当两分子间距离$r>r_2$时,随着r的增大,分子势能增大,分子间相互作用的引力和斥力也增大

要点3　分子热运动和物体的内能

1. 分子热运动:分子热运动是永不停息且无规则的,温度越高分子热运动越激烈。大量分子的运动符合统计规律。扩散现象能直接说明分子在做无规则热运动,而布朗运动能间接说明分子在做无规则热运动。

2. 物体的内能是指组成物体的所有分子的热运动动能与分子势能的总和。

(1)由于温度越高,分子平均动能越大,所以物体的内能与温度有关。

(2)由于分子势能与分子间距离有关,而分子间距离与物体体积有关,因此物体的内能与物体的体积有关。

(3)由于物体所含物质的量不同,分子数目不同,分子势能与分子动能的总和不同,所以物体的内能与物质的量也有关系。

总之，物体的内能与物体的温度、体积和物质的量都有关系。

【典例3】下列关于分子热运动和热现象的说法正确的是(　　)

A.气体如果失去了容器的约束就会散开，这是因为气体分子之间存在斥力的缘故

B.一定量100 ℃的水变成100 ℃的水蒸气，其分子平均动能增加

C.一定量气体的内能等于其所有分子的热运动动能和分子势能的总和

D.如果气体温度升高，那么每一个分子热运动的速率都增加

跟踪练习

3.(多选)1 g 100 ℃的水和1 g 100 ℃的水蒸气相比较，下述说法正确的是(　　)

A.分子的平均动能相同

B.分子的总动能相同

C.它们的内能相同

D.分子的势能相同

第二章 气体、固体和液体

第1节 温度和温标

学习目标

1. 知道状态参量与平衡态。

2. 知道热平衡,理解热平衡定律及温度的意义。

3. 知道温标、摄氏温标和热力学温标,知道摄氏温度与热力学温度的转换关系。

重点、难点

1. 热平衡与平衡态的理解。

2. 温度和温标。

自主学习

1. 状态参量和平衡态

(1)状态参量:用来描述______的物理量,叫作系统的状态参量。

(2)平衡态:系统所有的______不再随时间变化,这种情况就说系统达到了平衡态。

2. 热平衡与温度

(1)热平衡:两个相互接触的热力学系统,最后系统的状态参量都不再______,这时两个系统具有共同的热学性质,我们就说这两个系统达到了__________。

(2)热平衡定律:如果两个系统分别与第三个系统达到热平衡,那么这两个系统彼此之间也必定处于______,这个结论称为热平衡定律,也叫热力学第零定律。

(3)温度:热平衡中具有的____________叫作温度。

3. 温度计与温标

(1)摄氏温标:一种常用的表示温度的方法,规定标准大气压下冰的熔点为______,水的沸点为______,在0 ℃和100 ℃之间均匀分成______等份,每份算作1 ℃。

(2)热力学温标:现代科学中用得更多的是热力学温标,热力学温标也叫________。热力学温标表示的温度叫________。用符号______表示,单位是______,符号为______。

(3)摄氏温度与热力学温度的关系为$T=$______。

核心突破

要点1 热平衡与平衡态的理解

1.平衡态

(1)热力学的平衡态是一种动态平衡,组成系统的分子仍在不停地做无规则运动,只是分子运动的平均效果不随时间变化,表现为系统的宏观性质不随时间变化。

(2)平衡态是一种理想情况,因为任何系统完全不受外界影响是不可能的。

(3)热力学系统的状态参量:体积V(系统的几何参量,它可以确定系统的空间范围);压强p(系统的力学参量,它可以描述系统的力学性质);温度T(系统的热学参量,它可以确定系统的冷热程度)。

2.热平衡与温度

(1)一切达到热平衡的物体都具有相同的温度。

(2)温度计的测温原理

若物体与A处于热平衡,它同时也与B达到热平衡,则A的温度等于B的温度,这就是温度计用来测量温度的基本原理。

【典例1】两个相互接触的物体没有发生热传递,这是因为它们具有相同的(　　)

A.质量　B.温度　C.内能　D.体积

【典例2】(多选)关于热平衡,下列说法正确的是(　　)

A.系统甲与系统乙达到热平衡就是它们的温度相同

B.标准状况下,冰水混合物与0 ℃的水未达到热平衡

C.量体温时温度计需和身体接触十分钟左右是为了让温度计与身体达到热平衡

D.冷热程度相同的两系统处于热平衡状态

跟踪练习

1.(多选)下列说法正确的是(　　)

A.两个系统处于热平衡时,它们一定具有相同的热量

B.如果两个系统分别与第三个系统达到热平衡,那么这两个系统也必定处于热平衡

C.温度是决定两个系统是否达到热平衡状态的唯一物理量

D.热平衡定律是温度计能够用来测量温度的基本原理

2.关于平衡态和热平衡,下列说法中正确的是(　　)

A.只要温度不变且处处相等,系统就一定处于平衡态

B.热平衡就是平衡态

C.如果两个系统彼此接触而不发生状态参量的变化,这两个系统又不受外界影响,那么这两个系统一定处于热平衡状态

D.两个处于热平衡状态的系统,温度可以有微小的差别

要点2 温度和温标

1.温度含义的两种说法

(1)宏观角度:表示物体的冷热程度。

(2)热平衡角度:两个处于热平衡的系统存在一个数值相等的物理量,这个物理量就是温度。

2.温度计测量原理

一切互为热平衡的系统都具有相同的温

度。温度计与待测物体接触,达到热平衡,其温度与待测物体相同。

3.温标要素

第一,选择测温物质;第二,了解测温物质随温度变化的函数关系;第三,确定温度零点和分度的方法。

4.热力学温度与摄氏温度的关系

(1)$T=t+273.15\ \text{K}$

(2)摄氏温标的1 ℃的分格与热力学温标1 K的分格是等价的,故用热力学温标表示的温度和摄氏温标表示的温度,虽然起点不同,但表示温度的温度差是相同的,即$\Delta T=\Delta t$。

【典例3】(多选)下列关于温度的说法正确的是(　　)

A.用摄氏温标和热力学温标表示温度是两种不同的表示方法

B.用两种温标表示温度的变化时,两者的数值相等

C.1 K就是1 ℃

D.当温度变化1 ℃时,也可以说成温度变化273.15 K

【典例4】(多选)下列关于热力学温度的说法中,正确的是(　　)

A.热力学温度的零度是-273.15 ℃

B.热力学温度的每一度的大小和摄氏度是相同的

C.绝对零度是低温的极限,永远达不到

D.不同温标表示的温度数值不同,则温度不同

跟踪练习

3.(多选)伽利略在1593年,制造了世界上第一个温度计——空气温度计,如图所示,一个细长颈的球形瓶倒插在装有红色液体的槽中,细管中的液面清晰可见,如果不考虑外界大气压的变化,就能根据液面的变化测出温度的变化,则(　　)

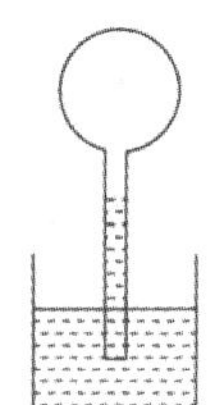

A.该温度计的测温物质是槽中的液体

B.该温度计的测温物质是细管中的液体

C.该温度计的测温物质是球形瓶中的空气

D.该温度计是利用测温物质的热胀冷缩性质制造的

4.实验室有一支读数不准确的温度计,在测冰水混合物的温度时,其读数为20 ℃;在测一标准大气压下沸水的温度时,其读数为80 ℃,下面分别是温度计示数为41 ℃时对应的实际温度和实际温度为60 ℃时温度计的示数,其中正确的是(　　)

A.41 ℃,60 ℃

B.21 ℃,40 ℃

C.35 ℃,56 ℃

D.35 ℃,36 ℃

第2节 气体的等温变化

学习目标

1. 知道气体的等温变化。

2. 在实验设计和数据处理过程中，体验科学探究过程，培养学生严谨的科学态度与实事求是的科学精神。

3. 了解玻意耳定律，能用气体等温变化规律解决简单的实际问题。

重点、难点

运用玻意耳定律对有关问题进行分析、计算。

自主学习

一、探究气体等温变化的规律

1. 气体的三个状态参量：________、________、________。

2. 等温变化：一定质量的某种气体，在温度不变的条件下其______与______的变化关系。

3. 实验探究

(1)实验器材：铁架台、______、压力表、刻度尺等。

(2)研究对象(系统)：注射器内被封闭的______。

(3)实验方法：控制气体______和______不变，研究气体压强与体积的关系。

(4)数据收集：压强由______读出，空气柱长度由______读出，空气柱长度与横截面积的乘积即为体积。

(5)数据处理：以压强p为纵坐标，以体积的倒数为横坐标作出p-$\frac{1}{V}$图像，图像结果：p-$\frac{1}{V}$图像是一条过原点的______。

(6)实验结论：压强跟体积的倒数成______，即压强与体积成______。

二、玻意耳定律

1. 内容：一定质量的某种气体，在______不变的情况下，压强p与体积V成______。

2. 公式

$pV=C$或______。

3. 条件

气体的______一定，______不变。

4. 气体等温变化的p-V图像

气体的压强p随体积V的变化关系如图所示，图线的形状类似于______，它描述的是温度不变时的p-V关系，称为______。一定质量的气体，不同温度下的等温线是不同的。

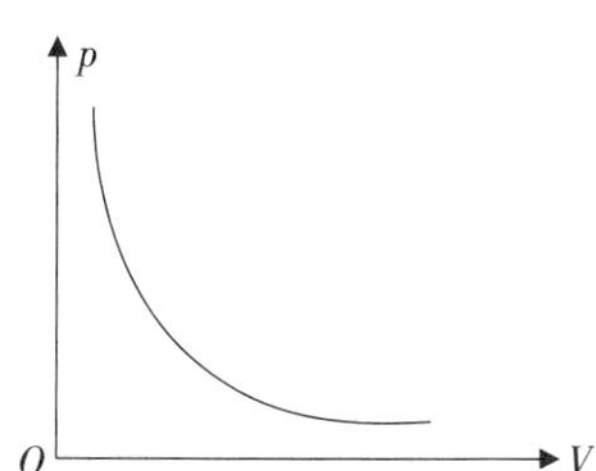

核心突破

要点1 封闭气体压强的计算

1.容器静止或匀速运动时封闭气体压强的计算

(1)取等压面法:同种液体在同一深度各个方向的压强相等,在连通器中,灵活选取等压面,利用同一液面压强相等求解气体压强。如图甲所示,同一液面C、D两处压强相等,故$p_A=p_0+p_h$;如图乙所示,M、N两处压强相等,从左侧管看有$p_B=p_A+p_{h_2}$,从右侧管看,有$p_B=p_0+p_{h_1}$。

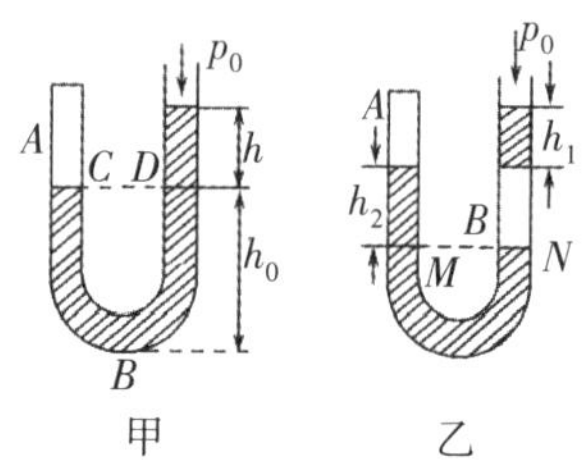

甲　　乙

(2)力平衡法:选与封闭气体接触的液体(或活塞、汽缸)为研究对象进行受力分析,由平衡条件列式求气体压强。如图甲所示,缸套和活塞间无摩擦,活塞横截面积为S,大气压强为p_0,以缸套为研究对象,由力平衡条件得$pS+Mg=p_0S$,封闭气体的压强$p=p_0-\frac{Mg}{S}$;如图乙所示,以液柱a为研究对象,由力平衡条件得$p_AS+\rho gh_1S=p_0S$,故$p_A=p_0-\rho gh_1$,以液柱b为研究对象,由力平衡条件得$p_BS+\rho gh_2S=p_AS$,故$p_B=p_0-\rho gh_1-\rho gh_2$。

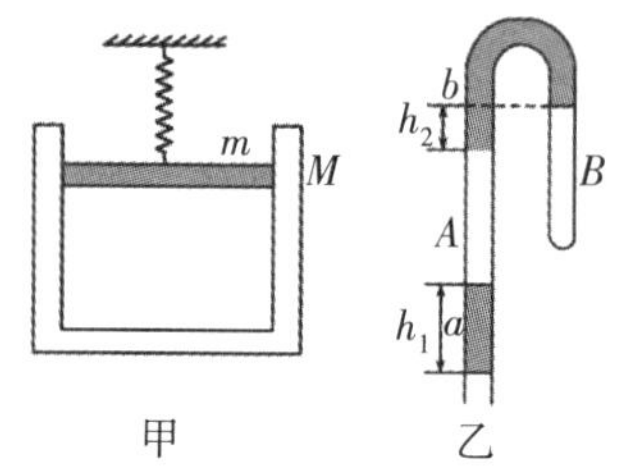

甲　　乙

2.容器加速运动时封闭气体压强的计算

当容器加速运动时,通常选与气体相关联的液柱、汽缸或活塞为研究对象,并对其进行受力分析,然后由牛顿第二定律列方程,求出封闭气体的压强。

如图所示,当竖直放置的玻璃管向上加速运动时,对液柱受力分析有:

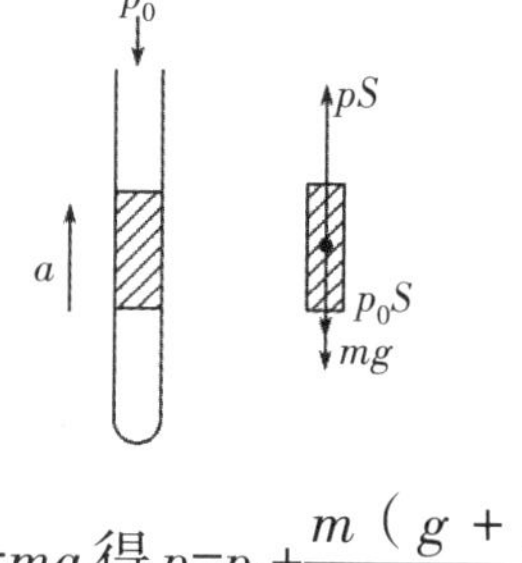

$pS-p_0S-mg=ma$得$p=p_0+\frac{m(g+a)}{S}$。

【典例1】竖直平面内有如图所示的均匀玻璃管,内用两段水银柱封闭两段空气柱a、b,各段水银柱高度如图所示,大气压强为p_0,重力加速度为g,求空气柱a、b的压强各多大。

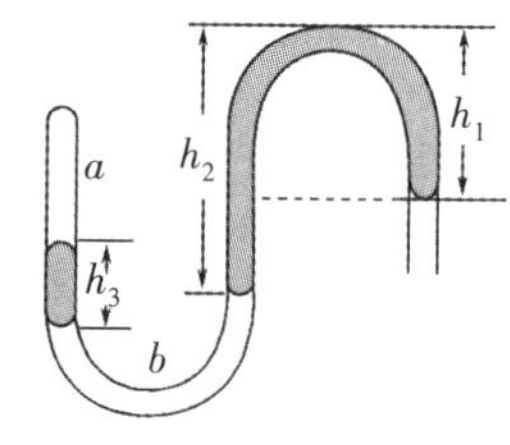

【典例2】如图所示，一个横截面积为S的圆筒形容器竖直放置，活塞A的上表面是水平的，下表面是倾斜的，下表面与水平面的夹角为θ，圆块的质量为M，不计圆块与容器内壁之间的摩擦，若大气压强为p_0，则被圆块封闭在容器中的气体的压强p为（　　）

A.$p_0+\dfrac{Mg\cos\theta}{S}$

B.$\dfrac{p_0}{\cos\theta}+\dfrac{Mg}{S\cos\theta}$

C.$\dfrac{p_0}{\cos\theta}+\dfrac{Mg\cos 2\theta}{S}$

D.$p_0+\dfrac{Mg}{S}$

跟踪练习

1.求图中被封闭气体A的压强。其中甲、乙、丙图中的玻璃管内都装有水银，丁图中的小玻璃管浸没在水中。大气压强$p_0=76\ \text{cmHg}$。($p_0=1.01\times10^5\ \text{Pa}$，$g=10\ \text{m/s}^2$，$\rho_水=1\times10^3\ \text{kg/m}^3$)

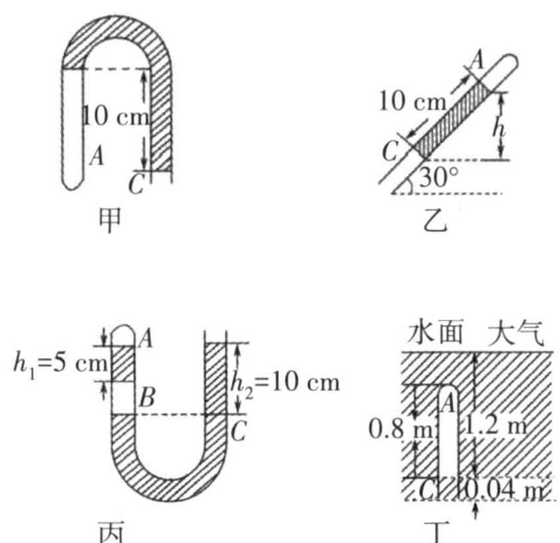

2.如图所示，汽缸置于水平地面上，汽缸横截面积为S，活塞质量为m，汽缸与活塞之间无摩擦且活塞处于静止状态，设大气压强为p_0，重力加速度为g，试求封闭气体的压强。

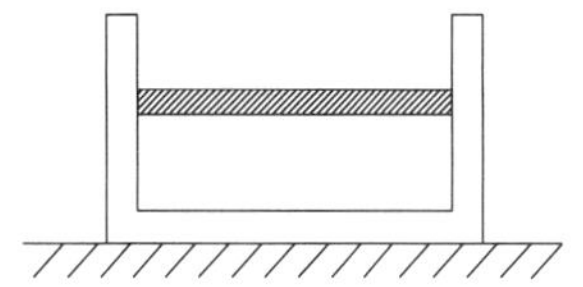

【典例3】有一段12 cm长的汞柱，在均匀玻璃管中封住一定质量的气体。若管口向上将玻璃管放置在一个倾角为30°的光滑斜面上（如图所示），在下滑过程中被封闭气体的压强（设大气压强为p_0=76 cmHg）为（　　）

A.76 cmHg

B.82 cmHg

C.88 cmHg

D.70 cmHg

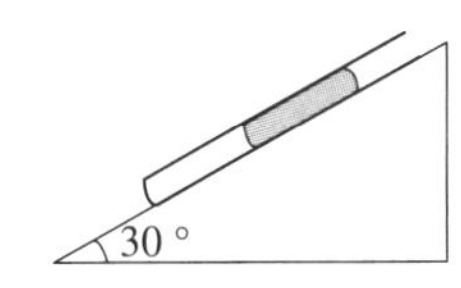

【规律总结】

1.在考虑与气体接触的液柱所产生的附加压强$p=\rho gh$时，应特别注意h表示液柱竖直高度，不一定是液柱长度。

2.特别注意大气压强的作用，不要漏掉大气压强。

要点2 玻意耳定律的理解及应用

$p_1V_1=p_2V_2=C$，该常量C与气体的种类、质量、温度有关，对一定质量的气体，温度越高，该常量C越大。

【特别提醒】

应用玻意耳定律解题时应注意的两个问题：

(1)应用玻意耳定律解决问题时，一定要先确定好两个状态的体积和压强。

(2)确定气体压强或体积时，只要初、末状态的单位统一即可，没有必要都化成国际单位。

【典例4】如图所示，在长为57 cm且一端封闭、另一端开口向上的竖直玻璃管内，用4 cm高的水银柱封闭着51 cm长的理想气体，管内外气体的温度相同。现将水银从管侧壁缓慢地注入管中，直到水银面与管口相平。外界大气压强p_0=76 cmHg，且温度不变。求此时管中封闭气体的压强。

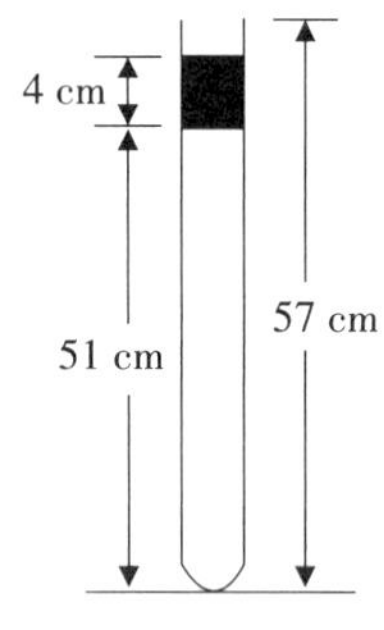

【典例5】汽缸长为L=2 m，固定在水平面上，汽缸中有横截面积为S=50 cm^{2}的光滑活塞封闭了一定质量的理想气体。已知环境温度为t=27 ℃，大气压强为p_0=1×10^5 Pa，气柱长为L_0=0.5 m。汽缸和活塞的厚度忽略不计，导热性能良好。现用水平拉力向右缓慢拉动活塞。

(1)求活塞到达缸口时缸内气体压强；

(2)求活塞到达缸口时水平拉力的大小。

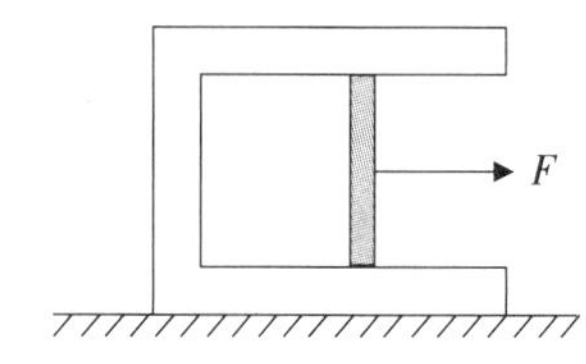

【典例6】消毒是防止病毒传播的重要环节，肩背式手动消毒喷雾器原理如图所示，储液桶上端进气孔用细软管与带有单向阀门K_1的打气筒相连，下端出水口用细软管与带阀门K_2的喷头相连。已知储液桶容积V=16.0 L，打气筒每打一次能将V_1=0.3 L的外界空气压入储液桶内。现向储液桶内注入V_2=10.0 L的消毒液，拧紧桶盖和喷头开关K_2，设大气压强p_0=1.0 atm、喷雾器内外温度均为t=27 ℃，打气过程中温度保持不变。某次消毒时，打气筒连续打气使储液桶内的气体压强增加到p_1=4.0 atm，停止打气。打开阀门K_2，喷雾消毒后气体压强又降至p_2=1.6 atm，上述过程温度不变。求打气筒打气的次数n和储液桶内剩余消毒液的体积V_3。

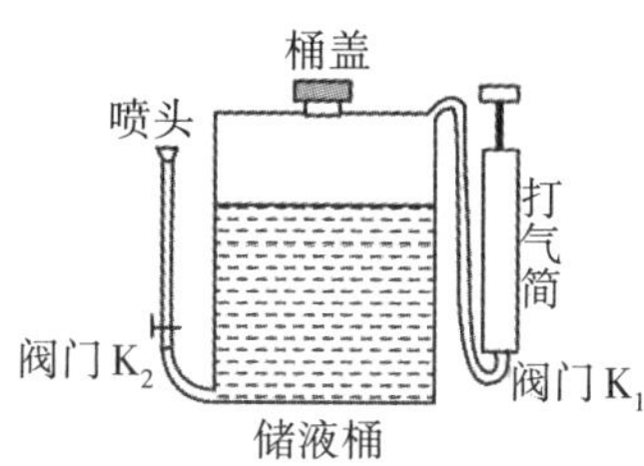

跟踪练习

3. 如图，粗细均匀的U形玻璃管竖直放置，右管上端封闭，左管上端开口且足够长，管内一段水银柱在右管内封闭一段气柱A，稳定时左、右两管中水银液面相平，气柱A长12 cm。现在左管中沿内壁缓慢倒入水银，再次稳定后气柱A长9 cm，管内气体温度不变，左管足够长，大气压强为75 cmHg，倒入水银后，求：

(1)气柱A中气体的压强；

(2)左管中倒入的水银柱长度。

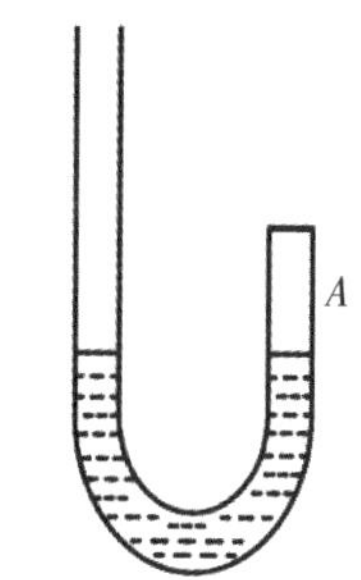

4. 图甲为某家转椅公司生产的一气压升降椅，其简要原理图如图乙所示，升降椅中间有一个开口向上，导热性能良好的汽缸，汽缸内封闭有压强为p_0(与外界标准大气压相同)、体积为V_0的气体，某同学坐上座椅后，座椅连带活塞缓慢下降，气体被压缩，最终静止时气体体积为$\frac{2}{3}V_0$。已知活塞截面积为S，与汽缸间摩擦不计，活塞和与其连接的部件质量可忽略不计，环境温度不变，环境气压为标准大气压p_0，汽缸不漏气。重力加速度为g，汽缸内气体可看成理想气体。求：

(1)该同学坐上座椅稳定后,汽缸内气体的压强p;

(2)该同学的质量m。

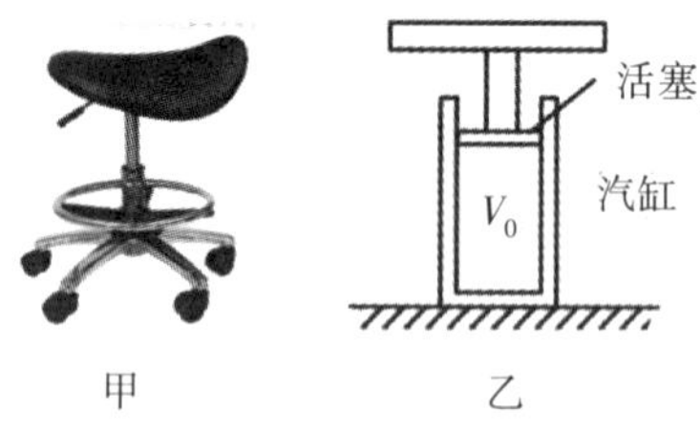

5. 如图所示,在倾角$\theta=37°$的光滑斜面上,放置一个带有活塞A的导热汽缸B,当活塞A用轻弹簧拉住时活塞到汽缸底部的距离为l_1;当让汽缸B开口向下、汽缸底部被轻弹簧拉住时,活塞到汽缸底部的距离为l_2,并测得$l_2=0.8l_1$。已知活塞的质量为m,重力加速度为g,大气压强p_0与汽缸横截面积S的乘积$p_0S=8mg$,操作过程中环境温度不变,轻弹簧平行于斜面,sin37°=0.6。则汽缸的质量M为(　　)

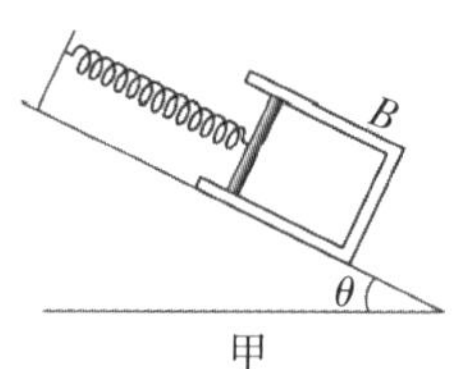

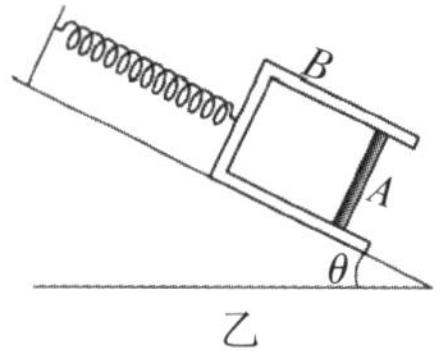

A.2.4m　B.2.6m　C.3.5m　D.3.9m

6. 水火箭的简化图如图所示,容器内气体的体积V_1=2 L,内装有少量水,容器口竖直向下,用轻橡胶塞塞紧,放在发射架上,打气前容器内气体的压强$p_0=1\times10^5$ Pa。用打气筒通过容器口的阀门向容器内缓慢打气,每次能向容器内打入压强也为p_0,体积ΔV = 100 mL的空气,当容器中气体的压强达到一定值时,水冲开橡胶塞,火箭竖直升空。已知橡胶塞与容器口的最大静摩擦力f=20 N,容器口的横截面积S=2 cm^2,不计容器内水产生的压强及橡胶塞受到的重力,打气过程容器内气体的温度和容积保持不变,求:

(1)火箭发射升空瞬间容器内气体的压强p(保留两位有效数字);

(2)打气筒需打气的次数n。

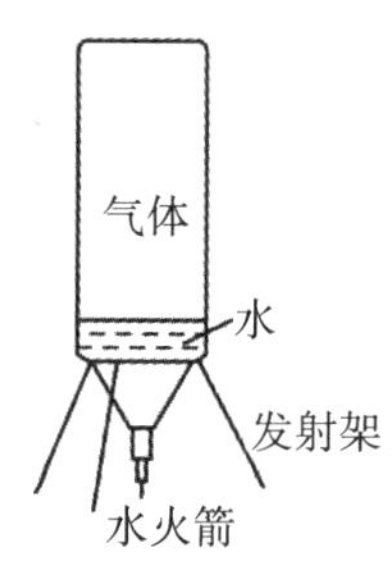

【规律总结】

应用玻意耳定律解题的一般步骤

1. 确定研究对象,并判断是否满足玻意耳定律的条件。

2. 确定初、末状态及状态参量(p_1、V_1,p_2、V_2)。

3. 根据玻意耳定律列方程求解。(注意统一单位)

4. 注意分析隐含条件,做出必要的判断和说明。

要点3　气体等温变化的$p-V$图像或$p-\frac{1}{V}$图像

1. $p-V$图像:一定质量的气体等温变化的$p-V$图像是双曲线的一支,双曲线上的每一个点均表示气体在该温度下的一个状态。而且同一条等温线上每个点对应的p、V坐标的乘积是相等的。一定质量的气体在不同温度下的等温线是不同的双曲线，且pV值越大，温度就越高，图中$T_2>T_1$。

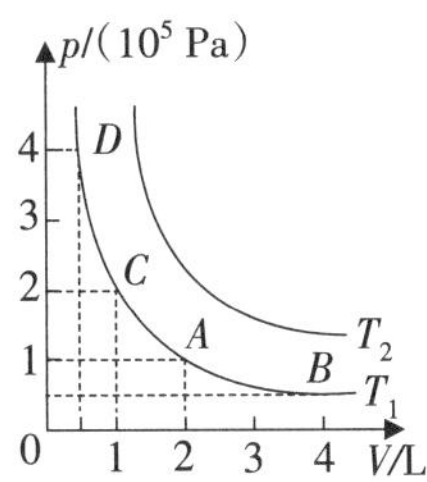

2.$p-\frac{1}{V}$图像：一定质量气体的等温变化过程，也可以用$p-\frac{1}{V}$图像来表示，如图所示．等温线是过原点的倾斜直线，由于气体的体积不能无穷大，所以原点附近等温线应用虚线表示，该直线的斜率$k=pV$，故斜率越大，温度越高，图中$T_2>T_1$。

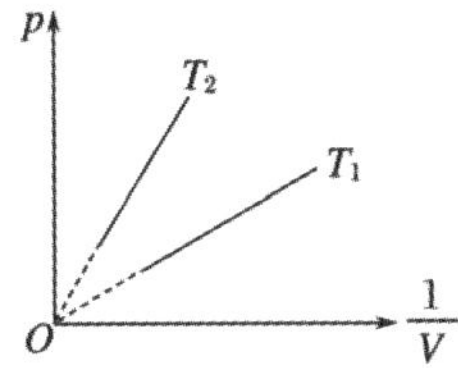

【典例7】在用DIS研究温度不变时气体的压强跟体积的关系实验中，缓慢推动活塞，注射器内空气体积逐渐减小，多次测量得到注射器内气体压强p、体积V变化的$p-V$图像，如图所示(其中实线是实验所得图线，虚线为一条等温线，实验过程中环境温度保持不变)，发现该图线与玻意耳定律明显不合，造成这一现象的可能原因是(　　)

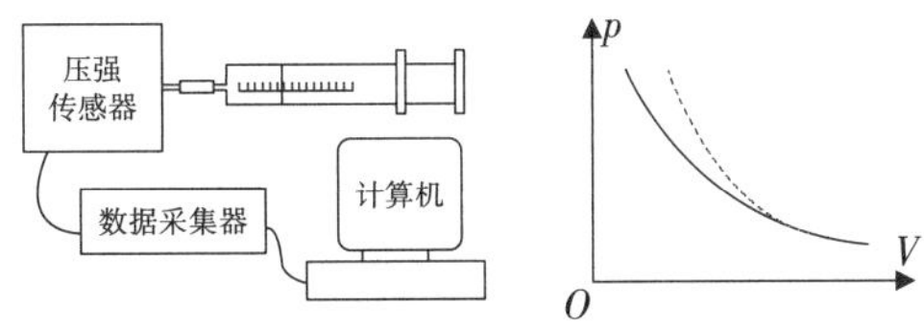

A.实验时用手握住注射器

B.实验时迅速推动活塞

C.注射器没有保持水平

D.推动活塞过程中有气体泄漏

【典例8】(多选)如图所示，$D\to A\to B\to C$表示一定质量的某种气体状态变化的一个过程，则下列说法正确的是(　　)

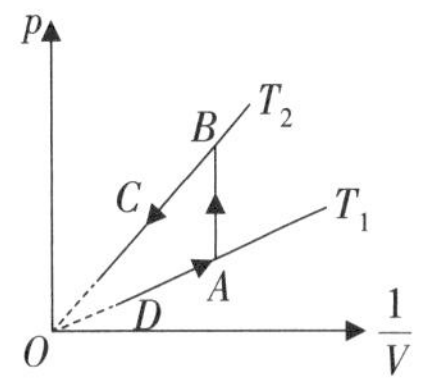

A.$D\to A$是一个等温过程

B.$A\to B$是一个等温过程

C.$T_A>T_B$

D.$B\to C$过程中，气体体积增大、压强减小、温度不变

跟踪练习

6.(多选)下图中，p表示压强，V表示体积，T为热力学温度，正确描述一定质量的气体发生等温变化的是(　　)

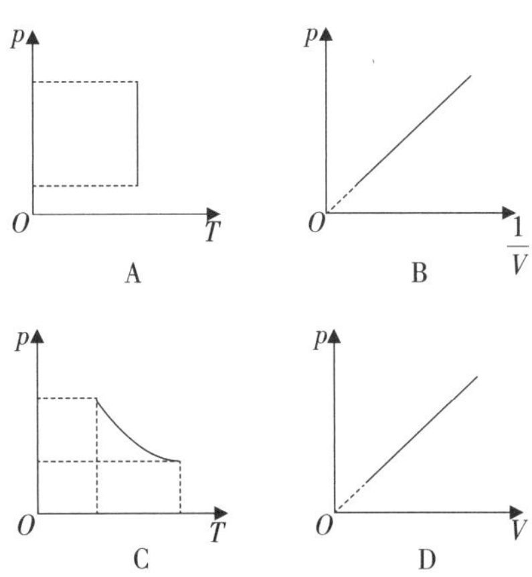

第3节　气体的等压变化和等容变化

学习目标

1. 知道气体的等压变化,了解盖-吕萨克定律并能应用于简单问题。

2. 知道气体的等容变化,了解查理定律并能应用于简单问题。

3. 了解理想气体模型,知道实际气体在什么情况下可以看成理想气体。

4. 能用分子动理论和统计观点解释气体实验定律。

重点、难点

用气体变化规律解决实际问题。

自主学习

一、气体的等压变化

1. 等压变化:一定质量的某种气体,在_____不变时,体积随温度变化的过程叫作气体的等压变化。

2. 盖-吕萨克定律

(1)内容:一定质量的某种气体,在压强不变的情况下,其体积 V 与热力学温度 T 成__________。

(2)表达式:$V=$______或 $\frac{V_1}{T_1}=\frac{V_2}{T_2}$。推论式:$\frac{V}{T}=\frac{\Delta V}{\Delta T}$。

(3)适用条件:气体的_____和_____不变。

二、气体的等容变化

1. 等容变化:一定质量的某种气体,在_____不变时,压强随温度的变化叫作等容变化。

2. 查理定律

(1)内容:一定质量的某种气体,在体积不变的情况下,压强 p 与热力学温度 T 成____。

(2)表达式:$p=$______或 $\frac{p_1}{T_1}=\frac{p_2}{T_2}$。推论式:$\frac{p}{T}=\frac{\Delta p}{\Delta T}$

(3)适用条件:气体的_____和_____不变。

三、理想气体

1. 理想气体

(1)定义:在任何温度、压强下都遵从______________的气体叫作理想气体。

(2)实际气体可视为理想气体的条件:实际气体在温度不太________(相对室温)、压强不太_______(相对大气压)时,可以当成理想气体。

2. 理想气体的状态方程

(1)内容:一定质量的某种理想气体,在从一个状态变化到另一个状态时,压强 p 与体积 V 的乘积与热力学温度 T 的比值________。

(2)公式:_______(C 为常量)或________。

(3)适用条件:一定_____的_____气体。

四、气体实验定律的微观意义

1. 一定质量的某种理想气体,温度保持不变时,分子的平均动能是_____的。在这种情况下，体积减小时，分子的______，单位时间、单位面积上碰撞器壁的分子数就______，气体的压强就______。这就是对玻意耳定律的微观解释。

2. 一定质量的某种理想气体，体积保持不变时，分子的数密度______。在这种情况下，温度升高时，分子的平均动能______，气体的压强就______。这就是对查理定律的微观解释。

3. 一定质量的某种理想气体，温度升高时，分子的平均动能______；只有气体的体积同时______，使分子的密集程度______，才能保持压强不变。这就是盖-吕萨克定律的微观解释。

核心突破

要点1 气体的等压变化

1. 盖-吕萨克定律及推论

盖-吕萨克定律 $\frac{V_1}{T_1}=\frac{V_2}{T_2}$ —推论→ $\frac{V}{T}=\frac{\Delta V}{\Delta T}$ 或 $\Delta V=\frac{V}{T}\Delta T$

表示一定质量的某种气体从初状态(V、T)开始发生等压变化，其体积的变化量ΔV与温度的变化量ΔT成正比。

2. V-T图像和V-t图像

(1) V-T图像：一定质量的某种气体，在等压变化过程中，气体的体积V随热力学温度T变化的图线是延长线过原点的倾斜直线，如图甲所示，且$p_1<p_2$，即压强越大，斜率越小。

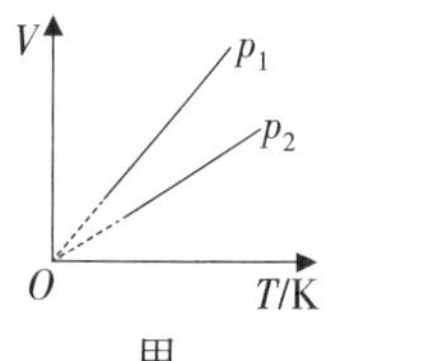

甲

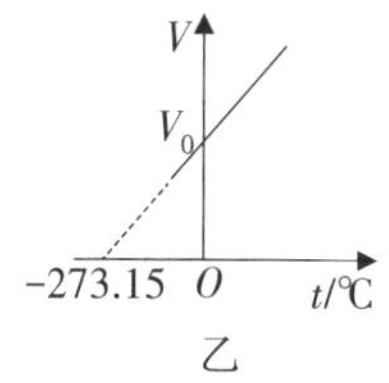

乙

(2) V-t图像：一定质量的某种气体，在等压变化过程中，体积V与摄氏温度t是一次函数关系，不是简单的正比例关系，如图乙所示，等压线是一条延长线通过横轴上 −273.15 ℃的倾斜直线，且斜率越大，压强越小，图像纵轴的截距V_0是气体在0 ℃时的体积。

【特别提醒】

一定质量的气体，在压强不变时，其体积与热力学温度成正比，而不是与摄氏温度成正比。

【典例1】 如图所示，绝热的汽缸内封有一定质量的气体，缸体质量$M=200$ kg，厚度不计的活塞质量$m=10$ kg，活塞横截面积$S=100\ \text{cm}^2$。活塞与汽缸壁无摩擦且不漏气。此时，缸内气体的温度为27 ℃，活塞位于汽缸正中间，整个装置都静止。已知大气压恒为$p_0=1.0\times10^5$ Pa，重力加速度为$g=10\ \text{m/s}^2$。求：

(1)缸内气体的压强p_1；

(2)缸内气体的温度升高到多少℃时，活塞恰好会静止在汽缸缸口AB处。

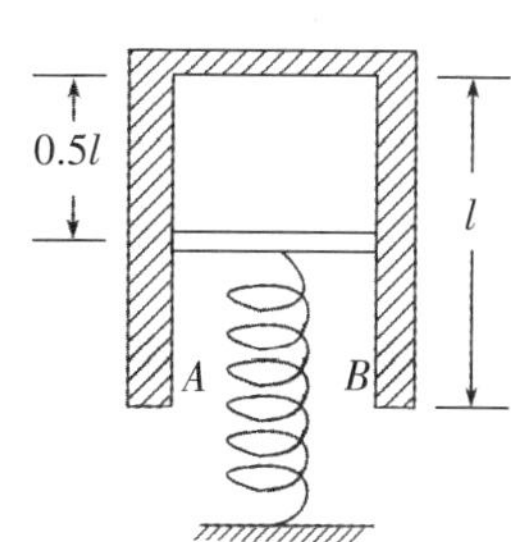

跟踪练习

1. 如图所示，空的饮料罐中插入一根粗细均匀的透明吸管，罐口处密封，吸管内注入一小段油柱（长度可以忽略），制成简易气温计，已知饮料罐的容积为V，吸管内部横截面积为S，罐口外吸管长度为L_0。当温度为T_1时，油柱与罐口相距L_1，不计大气压的变化。

（1）简要说明吸管上标示的气温刻度是否均匀。

（2）求气温计能测量的最高温度T_m。

【规律总结】

应用盖-吕萨克定律解题的一般步骤

1. 确定研究对象，即被封闭的气体。

2. 分析被研究气体在状态变化时是否符合定律的适用条件：质量一定，压强不变。

3. 确定初、末两个状态的温度、体积。

4. 根据盖-吕萨克定律列式求解。

5. 得出结果并分析、检验。

要点2　气体的等容变化

1. 查理定律及推论

查理定律 $\frac{p_1}{T_1}=\frac{p_2}{T_2}$ —推论→ $\frac{p}{T}=\frac{\Delta p}{\Delta T}$ 或 $\Delta p=\frac{p}{T}\Delta T$

表示一定质量的某种气体从初状态（p、T）开始发生等容变化，其压强的变化量Δp与温度的变化量ΔT成正比。

【特别提醒】

一定质量的某种气体在体积不变的情况下，压强p跟热力学温度T成正比，而不是与摄氏温度成正比。

2. $p-T$图像和$p-t$图像

（1）$p-T$图像：一定质量的某种气体，在等容变化过程中，气体的压强p和热力学温度T的图线是延长线过原点的倾斜直线，如图甲所示，且$V_1<V_2$，即体积越大，斜率越小。

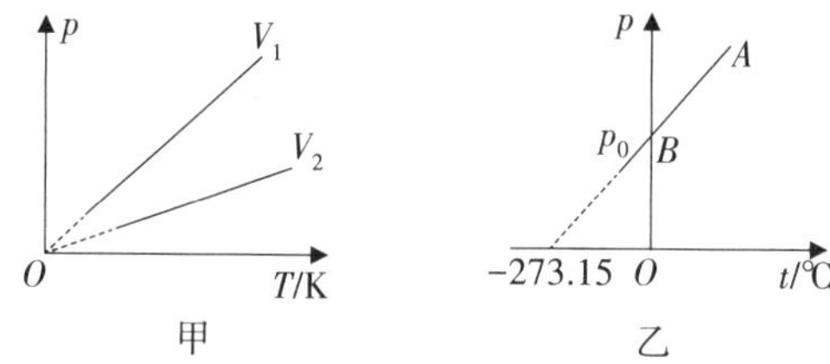

（2）$p-t$图像：一定质量的某种气体，在等容变化过程中，压强p与摄氏温度t是一次函数关系，不是简单的正比例关系，如图乙所示，等容线是一条延长线通过横轴上-273.15 ℃的倾斜直线，且斜率越大，体积越小。图像纵轴的截距p_0是气体在0 ℃时的压强。

【典例2】如图所示，圆柱形导热汽缸顶部有一卡环，横截面积为S、质量为m的活塞下方汽缸内密封有热力学温度为T_0的理想气体，此时活塞恰好与卡环接触而无作用力。现在活塞上方缓慢添加小石块（该过程中缸内气体的温度不变），当缸内气体的体积变为原来的$\frac{2}{3}$时停止添加石块，大气压强$p_0=\frac{5mg}{S}$（g为重力加速度的大小），不计一切摩擦。

（1）求所添加石块的质量M。

（2）若停止添加石块且系统稳定后，对缸内气体缓慢加热，求活塞返回卡环处且恰好与卡环间无作用力时缸内气体的热力学温度T。

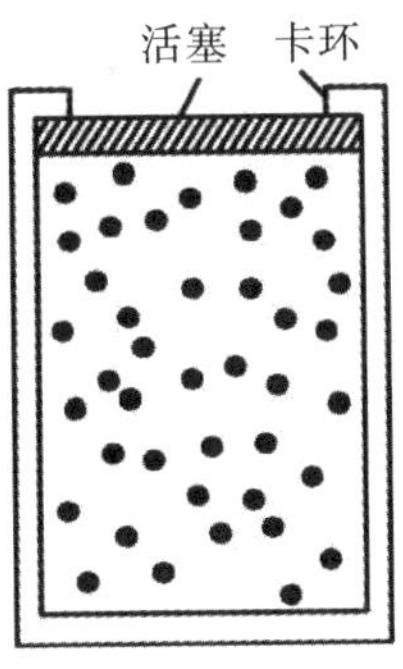

【规律总结】

应用查理定律解题的一般步骤

1.确定研究对象,即被封闭的气体。

2.分析被研究气体在状态变化时是否符合定律的适用条件:质量一定,体积不变。

3.确定初、末两个状态的温度、压强。

4.根据查理定律列式求解。

5.求解结果并分析、检验。

跟踪练习

2.如图,导热性能良好的U形容器,右管顶部封闭,容器的左、右两部分横截面积之比为1:2,容器内部封闭一部分水银。现测得右边部分的水银液面与容器顶端的高度差h=5 cm,左、右两部分容器的水银面的高度差H=15 cm,设大气压p_0=75 cmHg,外界环境温度t=27 ℃。

(1)向左边的容器部分缓慢注入水银,直到两边容器的水银柱恰好相平齐,求此时封闭气体的长度。

(2)当左、右两部分的水银柱相平齐后,将整个容器置于一温控室内,然后使温控室的温度缓慢升高,直到右边容器内被封闭的气体的长度为5 cm,求此时温控室内的温度。

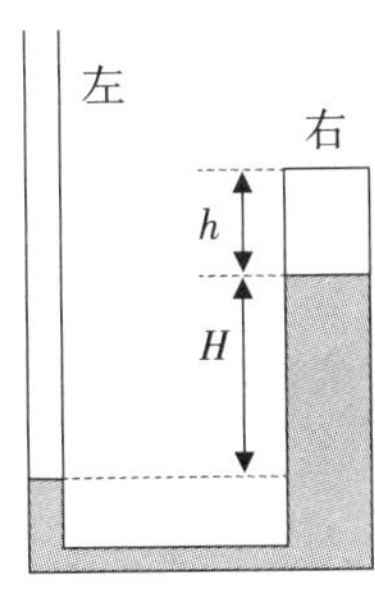

要点3 理想气体及状态方程

(1)理想气体:理想气体是对实际气体的一种科学抽象,就像质点模型一样,是一种理想模型,实际并不存在。

(2)特点

①严格遵守气体实验定律及理想气体状态方程。

②理想气体分子本身的大小与分子间的距离相比可忽略不计,分子不占空间,可视为质点。

③理想气体分子除碰撞外,无相互作用的引力和斥力。

④理想气体分子无分子势能,内能等于所有分子热运动的动能之和,只和温度有关。

(3)理想气体状态方程的应用

理想气体状态方程与气体实验定律的关系

$$\frac{p_1V_1}{T_1}=\frac{p_2V_2}{T_2}\Rightarrow\begin{cases}T_1=T_2\text{时},\ p_1V_1=p_2V_2\text{(玻意耳定律)}\\ V_1=V_2\text{时},\ \dfrac{p_1}{T_1}=\dfrac{p_2}{T_2}\text{(查理定律)}\\ p_1=p_2\text{时},\ \dfrac{V_1}{T_1}=\dfrac{V_2}{T_2}\text{(盖-吕萨克定律)}\end{cases}$$

【典例3】(多选)关于理想气体,下列说法正确的是( )

A.理想气体能严格遵守气体实验定律

B.实际气体在温度不太高、压强不太大的情况下,可看成理想气体

C.实际气体在温度不太低、压强不太大的情况下,可看成理想气体

D.所有的实际气体任何情况下,都可以看成理想气体

【典例4】 如图所示,一汽缸倒置悬挂,汽缸的横截面积 $S=10\ cm^2$,高度为 $H=16\ cm$,汽缸壁的厚度忽略不计,活塞质量为 $m=2\ kg$,厚度忽略不计,其中密封一定质量的理想气体,汽缸与活塞之间用一轻弹簧连接,弹簧的劲度系数 $k=5\ N/cm$。已知汽缸和活塞由绝热材料制成,密封性良好,汽缸内壁光滑,弹簧始终处于弹性限度内。外界大气压强 $p_0=1.0\times10^5\ Pa$,重力加速度 g 取 $10\ m/s^2$。开始时气体的温度为27 ℃,弹簧处于原长,活塞处于汽缸的中间位置。求:

(1)开始时汽缸内密封气体的压强;

(2)对汽缸内气体缓慢加热,使活塞与汽缸口平齐,此时汽缸内密封气体的温度。

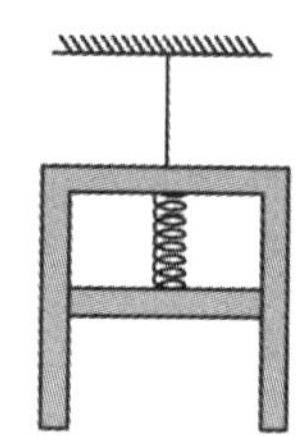

【思路方法】

应用理想气体状态方程解题的一般步骤

(1)明确研究对象,即一定质量的理想气体。

(2)确定气体在始末状态的参量 p_1、V_1、T_1 及 p_2、V_2、T_2。

(3)由理想气体状态方程列式求解。

(4)讨论结果的合理性。

跟踪练习

3.健身球上无人时,球内气体的体积为120 L,压强为1.5 atm,此时周围的环境温度为27 ℃。

(1)如图所示,某人趴在健身球上静止时,球内体积变为100 L,球内气体可看成理想气体且温度保持不变,求此时球内气体压强。

(2)把此球从温度为27 ℃的健身房放置到温度为−3 ℃的仓库,当球内气体与环境温度相同后,健身球体积变为108 L,求此时球内气体压强。

要点4 理想气体状态变化的图像问题

1.一定质量的理想气体不同图像的比较

名称		图像	特点
等温线	$p-V$	p, V, O, T_2, T_1, $T_2>T_1$	$pV=CT$(C为常量),即pV之积越大的等温线对应的温度越高,离原点越远
	$p-\frac{1}{V}$	p, $1/V$, O, T_2, T_1, $T_2>T_1$	$p=\frac{CT}{V}$,斜率$k=CT$,即斜率越大,对应的温度越高

续表

名称		图像	特点
等容线	$p-T$	$V_2<V_1$	$p=\frac{CT}{V}$，斜率 $k=\frac{C}{V}$，即斜率越大，对应的体积越小
	$p-t$	$V_2<V_1$	图线的延长线均过点$(-273,0)$，斜率越大，对应的体积越小
等压线	$V-T$	$p_2<p_1$	$V=\frac{CT}{p}$，斜率 $k=\frac{C}{p}$，即斜率越大，对应的压强越小
	$V-t$	$p_2<p_1$	V与t呈线性关系，但不成正比，图线延长线均过点$(-273,0)$，斜率越大，对应的压强越小

2.一般状态变化图像的处理方法

基本方法：化“一般”为“特殊”。如图是一定质量的某种气体的状态变化过程$A\to B\to C\to A$。在$V-T$图线上，等压线是一簇延长线过原点的直线，过A、B、C三点作三条等压线分别表示三个等压过程，$p_A'<p_B'<p_C'$，即$p_A<p_B<p_C$。

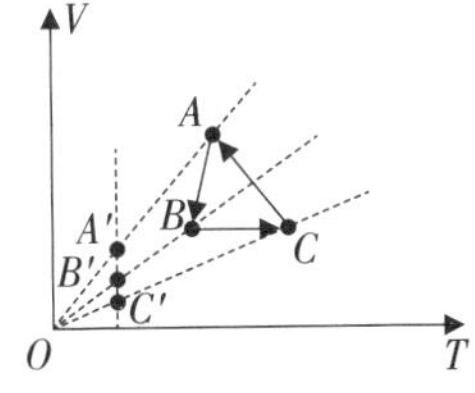

3.图像问题的解题技巧

(1)图像上的一个点表示一定质量气体的一个平衡状态，它对应着三个状态参量；图像上的某一条直线或曲线表示一定质量气体状态变化的一个过程。明确图像的物理意义和特点，区分清楚各个不同的物理过程是解决问题的关键。

(2)对于图像转换问题，首先在原图中由理想气体状态方程准确求出各状态的p、V、T，再在其他图像中描出各点。其次根据状态的变化规律确定在其他图像中的图线特点。

【典例5】(多选)一定质量的气体经历如图所示的一系列过程，ab、bc、cd和da这四个过程在$p-T$图上都是直线段，其中ab的延长线通过坐标原点O，bc垂直于ab，而cd平行于ab，由图可以判断(　　)

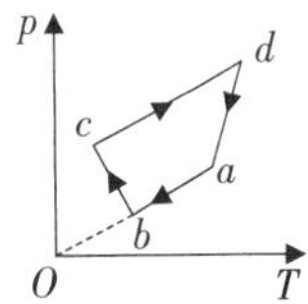

A.ab过程中气体体积不断减小

B.bc过程中气体体积不断减小

C.cd过程中气体体积不断增大

D.da过程中气体体积不断增大

【典例6】(多选)一定质量气体的状态变化过程的$p-V$图线如图所示，其中A是初始态，B、C是中间状态。AB为双曲线的一部分，BC与纵轴平行，CA与横轴平行。若将上述变化过程改用$p-T$图线和$V-T$图线表示，则正确的是(　　)

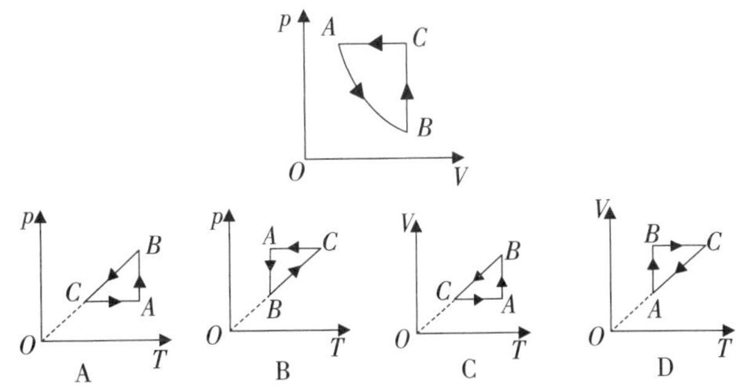

跟踪练习

4.(多选)一定质量的理想气体经历一系列状态变化，其$p-\frac{1}{V}$图线如图所示，变化顺序为$a\to b\to c\to d\to a$，图中ab段延长线过坐标原

点,cd线段与纵轴垂直,da线段与横轴垂直。则(　　)

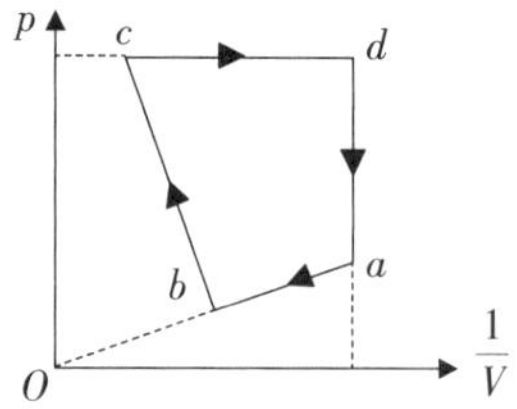

A.$a \to b$,压强减小、温度不变、体积增大

B.$b \to c$,压强增大、温度降低、体积减小

C.$c \to d$,压强不变、温度降低、体积减小

D.$d \to a$,压强减小、温度升高、体积不变

5.如图所示为一定质量的理想气体体积V随热力学温度T变化的图像,则下列说法正确的是(　　)

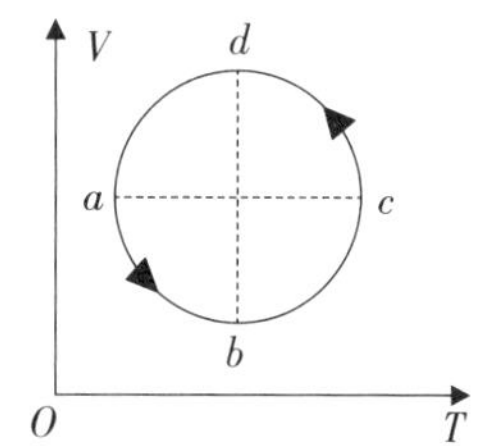

A.从状态a到状态c,气体分子密度先减小后增大

B.从状态a到状态c,气体分子的平均速率先增大后减小

C.在状态d与在状态b相比,单位时间内与器壁单位面积碰撞的分子数少

D.气体在状态a的压强大于气体在状态b的压强

专题 气体实验定律和理想气体状态方程的应用

一、封闭气体的多过程问题

【典例1】如图所示，导热性能极好的汽缸静止于水平地面上，缸内用横截面积为S、质量为m的活塞封闭着一定质量的理想气体。在活塞上放一砝码，稳定后气体温度与环境温度相同，均为T_1。当环境温度缓慢下降到T_2时，活塞下降的高度为Δh；现取走砝码，稳定后活塞恰好上升Δh。已知外界大气压强p_0保持不变，重力加速度为g，不计活塞与汽缸之间的摩擦，T_1、T_2均为热力学温度，求：

(1)气体温度为T_1时，气柱的高度；

(2)砝码的质量。

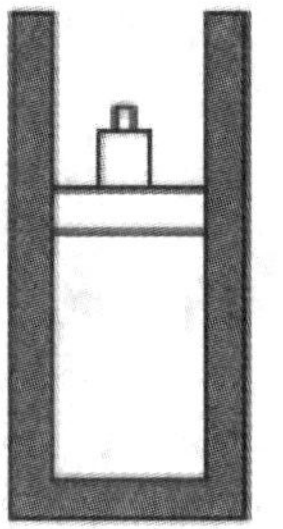

跟踪练习

1. 两位同学参加“充气碰碰球”的游戏。“充气碰碰球”用PVC薄膜充气膨胀成型，充气之后单个碰碰球内气体的体积$V_1=4\ m^3$，压强$p_1=1.5\times10^5\ Pa$。为保障游戏安全，球内气体的最大压强$p_m=2.0\times10^5\ Pa$。

(1)不考虑球内气体的温度变化，求游戏中单个球体积压缩量的最大值ΔV_1。

(2)假设球内气体温度始终与外界环境温度相等，若充气工作在早晨7 ℃环境下完成，求当环境温度上升到27 ℃时，单个球体积压缩量的最大值ΔV_2(结果保留一位有效数字)。

二、气体的关联问题

【典例2】用钉子固定的活塞把容器分成A、B两部分，其容积之比$V_A:V_B=2:1$，如图所示，起初A中空气温度为127 ℃、压强为$1.8\times10^5\ Pa$，B中空气温度为27 ℃、压强为$1.2\times10^5\ Pa$。拔去钉子后，使活塞可以无摩擦地移动但不漏气，由于容器壁缓慢导热，最后都变成室温27 ℃，活塞也停住，求最后A、B中气体的压强。

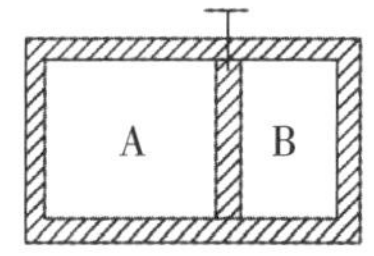

跟踪练习

2. 一U形玻璃管竖直放置,左端开口,右端封闭,左端上部有一光滑的轻活塞。初始时,管内汞柱及空气柱长度如图所示。用力向下缓慢推活塞,直至管内两边汞柱高度相等为止。求此时右侧管内气体的压强和活塞向下移动的距离。已知玻璃管的横截面积处处相同;在活塞向下移动的过程中,没有发生气体泄漏;大气压强p_0 = 75.0 cmHg,环境温度不变。

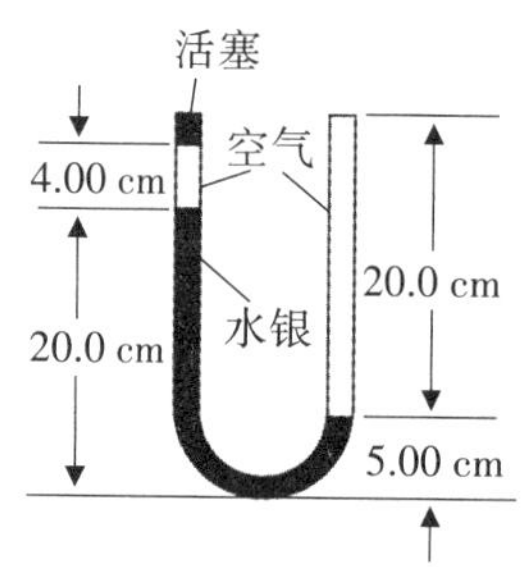

三、动态问题

【典例3】如图所示,一端封闭粗细均匀的直玻璃管下端插入水银槽,管内水银柱上方有空气,若把玻璃管再稍向上提,管口仍未离开水银面,则管内外水银柱的高度差h和封闭气体的压强p的变化是(　　)

A. h增大,p增大

B. h增大,p减小

C. h变小,p增大

D. h变小,p减小

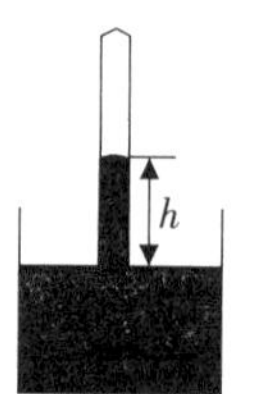

跟踪练习

3. 如图所示,开口向下的竖直玻璃管的末端有一段水银柱,当玻璃管从竖直位置转过45°时,开口端的水银柱将(　　)

A. 从管的开口端流出一部分

B. 不发生变化

C. 沿着管子向上移动一段距离

D. 无法确定其变化情况

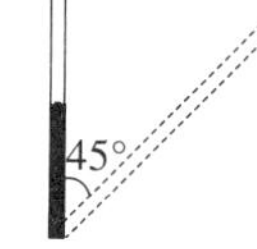

4. 两端封闭、内径均匀的直玻璃管水平放置,如图所示.$V_{左}<V_{右}$,温度均为20 ℃,现将右端空气柱温度降为0 ℃,左端空气柱温度降为10 ℃,则管中水银柱将(　　)

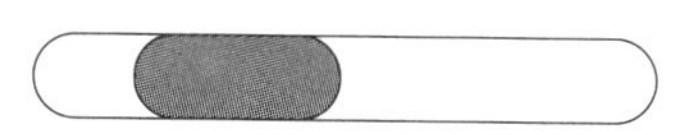

A. 不动　　B. 向左移动

C. 向右移动　　D. 无法确定是否移动

四、理想气体的变质量问题

【典例4】体积为40 L的氧气钢瓶储存在温度为-13 ℃的冷库中,测得钢瓶内氧气的压强为1.3×10^{7} Pa,现将其移动到温度为27 ℃的室外放置一段时间。

(1)试计算移动到室外后瓶中气体的压强。

(2)若要将该瓶氧气在室外用抽气机分装成体积为10 L、压强为4×10^{5} Pa的小瓶,要求大瓶内氧气的压强为2×10^{5} Pa时停止分装,分装过程氧气温度可视为不变,则该瓶氧气可以分装多少小瓶?

跟踪练习

5. 自行车轮胎气压如果过小不仅不好骑而且很容易损坏内胎，甚至使车轮变形，轮胎气压如果过大会使轮胎的缓冲性能下降，辐条易断裂或发生爆胎。某人用打气筒给闲置很久的自行车打气，自行车内胎的容积为2.0 L，胎内原来空气压强为$1×10^5$ Pa，设每一次可打入压强为$1×10^5$ Pa的空气240 cm^3。若自行车轮胎气压在室温情况下的标准压强为$2.8×10^5$ Pa，忽略车胎因膨胀而增大的体积和打气时车胎内气体温度的变化。

(1)求轮胎内气体在室温情况下达到标准压强时的打气次数。

(2)假设打气时轮胎内的气体温度为17 ℃，中午自行车在太阳下轮胎内的气体温度升到27 ℃，求此时轮胎内气体的压强(结果保留三位有效数字)。

6. 在工业测量过程中，经常会用到充气的方法较精确地测定异形容器的容积和密封程度。为测量某香水瓶的容积，将香水瓶与一带活塞的容器相连，容器和香水瓶内压强均为p_0，容器体积为V_1，推动活塞将容器内所有气体缓慢推入香水瓶，测得此时压强为p。

(1)求香水瓶容积V_0。

(2)若密封程度合格标准为：漏气质量小于原密封气体质量的1%。将香水瓶封装，使温度从T增加到$1.2T$，测得其内部压强由p_0变为$1.15p_0$，试判断该香水瓶封装是否合格。

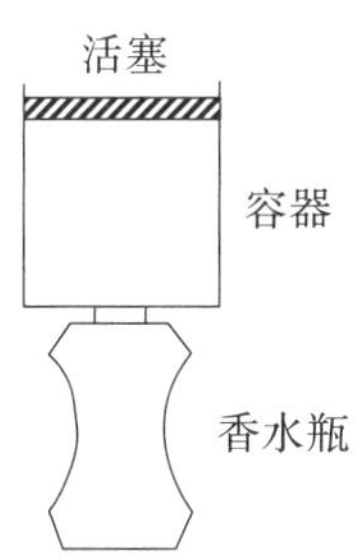

7."拔火罐"是我国传统医学的一种治疗手段。操作时，医生用点燃的酒精棉球加热小罐内的空气，随后迅速把小罐倒扣在需要治疗的部位，冷却后小罐便紧贴在皮肤上。如今火罐医疗已风靡全球，也成为国际著名运动员最为青睐的疗伤手段之一。在2022年北京冬季奥运会期间，某次给运动员拔罐时，罐的容积为60 cm^3，室温为27 ℃，大气压$p_0=1.0×10^5$ Pa，罐导热性能良好。罐内封闭气体可视为理想气体。

(1)拔罐过程中，罐内空气被加热到57 ℃，求此时罐内空气质量与室温下罐内空气质量的比。

(2)罐倒扣到治疗部位后，罐内空气从57 ℃降温到室温，罐的容积由于皮肤变形减少3 cm^3，求降温之后罐内气体的压强(结果保留两位有效数字)。

第4节 固体

学习目标

1. 知道固体分为晶体和非晶体两大类，知道它们物理性质的区别。

2. 知道晶体分为单晶体和多晶体，知道它们物理性质的异同。

3. 了解晶体的微观结构，知道晶体的微观结构决定了晶体的宏观性质。

重点、难点

晶体和非晶体的特点及区别。

自主学习

一、晶体和非晶体

1. 固体可以分为______和______两类。晶体又可以分为______晶体与______晶体。

2. 石英、云母、明矾、食盐、硫酸铜、蔗糖、味精等是______，玻璃、蜂蜡、松香、沥青、橡胶等是______。

3. 晶体和非晶体的区别

分类		宏观外形	物理性质
非晶体		没有天然规则的几何形状	①没有确定的熔点；②导电、导热、光学性质表现为各向同性
晶体	单晶体	有天然规则的几何形状	①有确定的熔点；②导电、导热、光学等某些物理性质表现为各向异性
	多晶体	没有天然规则的几何形状	①有确定的熔点；②导电、导热、光学性质表现为各向同性

二、晶体的微观结构

1. 在各种晶体中，原子(或分子、离子)都是按照一定的______排列的，具有空间上的______。

2. 有的物质在不同条件下能够生成不同的晶体。那是因为组成它们的微粒能够按照______在空间分布，例如碳原子按不同结构可分为______和______。

3. 同一种物质也可能以______和______两种不同的形态出现。有些非晶体在一定条件下也可以转为______。

核心突破

要点1 晶体与非晶体

1. 区分晶体与非晶体的方法：看其有无确定的熔点，晶体具有确定的熔点，而非晶体没有确定的熔点。仅从各向同性或者几何形状不能判断某一固体是多晶体还是非晶体。

2. 区分单晶体和多晶体的方法：看其是否具有各向异性，单晶体表现出各向异性，而多晶体表现出各向同性。

3. 在物理性质上，单晶体各向异性，而非晶体及多晶体则是各向同性的。

通常所说的物理性质包括弹性、硬度、导热性能、导电性能、光的折射性能等。

单晶体的各向异性是指单晶体在不同方

向上物理性质不同,也就是沿不同方向去测试单晶体的物理性能时测量结果不同。

【典例1】随着科技的发展,国家对晶体材料的研究越来越深入,尤其是对稀土晶体的研究,已经走在世界的前列。关于晶体和非晶体,下列说法正确的是(　　)

A.晶体都有规则的几何外形,非晶体则没有规则的几何外形

B.同种物质不可能以晶体和非晶体两种不同的形态出现

C.多晶体是由单晶体组合而成的,但单晶体表现为各向异性,多晶体表现为各向同性

D.石墨和金刚石都是晶体,但石墨是单晶体,金刚石是多晶体

【典例2】在甲、乙、丙三种固体薄片上涂上蜡,用烧热的针接触其背面一点,蜡熔化的范围如图(a)所示,而甲、乙、丙三种固体在熔化过程中温度随加热时间变化的关系如图(b)所示,则(　　)

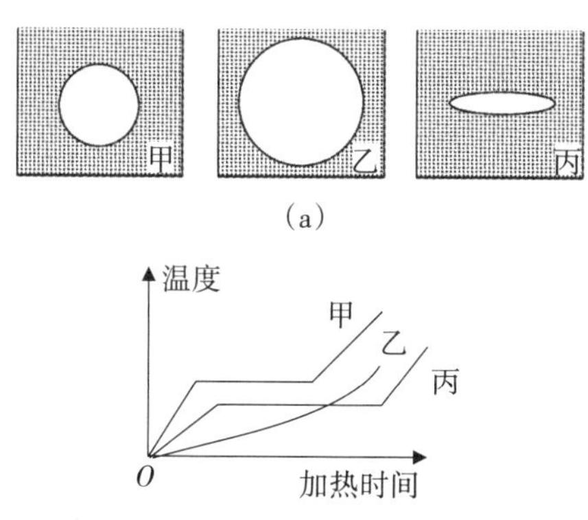

(a)

(b)

A.甲、乙是非晶体,丙是晶体

B.甲、丙是晶体,乙是非晶体

C.甲、丙是非晶体,乙是晶体

D.甲是非晶体,乙是多晶体,丙是单晶体

跟踪练习

1.关于一透明的正方体物块,下列说法正确的是(　　)

A.由于该物块有规则形状,所以它一定为晶体

B.由于该物块透明,所以它一定为晶体

C.若该物块为绝缘体,则它一定为非晶体

D.若该物块被加热到某一温度才开始熔化,且熔化的过程中温度保持不变,则它一定为晶体

2.一块厚度和密度都均匀分布的长方体被测样品,长AB是宽AD的两倍,如图所示。如果用多用电表的欧姆挡沿两个对称轴O_1O_1'和O_2O_2'方向测量,结果阻值均为R,则这块样品可能是(　　)

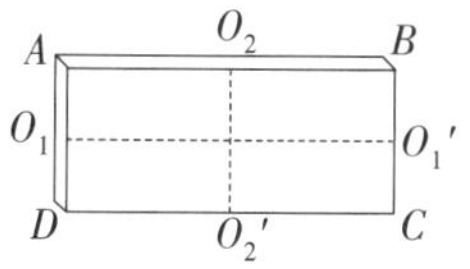

A.单晶体　　B.多晶体

C.非晶体　　D.普通金属

3.食盐是我们生活中不可缺少的调味品,中国人在上古时期就开始煮盐。通过研究,我们知道了食盐的微观结构如图所示,则下列说法正确的是(　　)

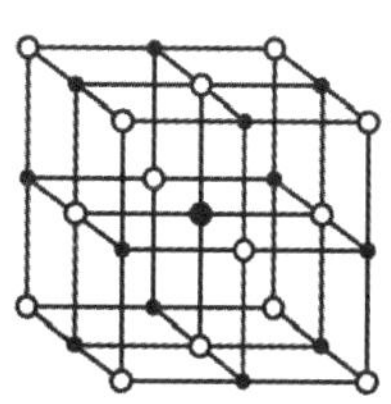

A.食盐晶体是正六面体形

B.食盐所有的物理性质都各向异性

C.食盐颗粒受潮粘连成食盐块时,形状不规则,是非晶体

D.食盐在熔化时,要吸收热量,温度保持不变,所以内能也不变

4.(多选)下列说法中正确的是(　　)

A.一定质量的晶体在熔化过程中,其温度不变,动能也一定保持不变

B.烧热的针尖接触涂有蜂蜡薄层的云母片背面,熔化的蜂蜡呈椭圆形,说明蜂蜡是单晶体

C.一块均匀薄片,沿各个方向对它施加拉力,发现其强度一样,则此薄片一定是非晶体

D.一个均匀固体球,如果沿其各条直径方向的导电性不同,则该球一定是单晶体

要点2　晶体的微观解释

1.单晶体、多晶体及非晶体的异同

<table>
<tr><th colspan="2" rowspan="2">分类</th><th rowspan="2">微观结构</th><th colspan="3">宏观表现</th></tr>
<tr><th>外形</th><th colspan="2">物理性质</th></tr>
<tr><td rowspan="2">晶体</td><td>单晶体</td><td>组成晶体的物质微粒(原子、分子、离子)在空间按一定规则排列——空间点阵</td><td>几何形状天然、有规则</td><td>某些物理性质各向异性</td><td rowspan="2">有确定的熔点</td></tr>
<tr><td>多晶体</td><td>由无数的晶体微粒(小晶粒)无规则排列组成</td><td rowspan="2">无天然、规则的几何外形</td><td rowspan="2">各向同性</td></tr>
<tr><td colspan="2">非晶体</td><td>内部物质微粒是无规则排列的</td><td>没有确定的熔点</td></tr>
</table>

2.对晶体的微观解释

(1)对单晶体各向异性的解释

图为在一个平面上单晶体物质微粒的排列情况。在沿不同方向所画的等长线段AB、AC、AD上物质微粒的数目不同。线段AB上物质微粒较多,线段AD上较少,线段AC上更少。因为在不同方向上物质微粒的排列情况不同,才引起单晶体在不同方向上物理性质的不同。

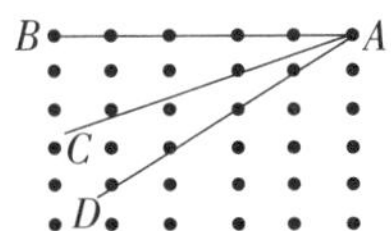

(2)对晶体具有确定熔点的解释

给晶体加热到一定温度时,一部分微粒有足够的动能克服微粒间的作用力,离开平衡位置,使规则的排列被破坏,晶体开始熔化,熔化时晶体吸收的热量全部用来破坏规则的排列,温度不发生变化。

【典例3】(多选)单晶体不同于非晶体,它具有规则的几何外形,在不同方向上物理性质不同,而且具有确定的熔点,下列哪些说法可以用来解释单晶体的上述特性(　　)

A.组成单晶体的物质微粒,在空间按一定的规律排成整齐的行列,构成特定的空间点阵

B.单晶体在不同方向上物理性质不同,是因为不同方向上微粒数目不同,微粒间距不同

C.单晶体在熔化时吸收热量,全部用来瓦解单晶体的空间点阵,转化为分子势能,因此,单晶体在熔化过程中保持一定的温度不变,只有空间点阵完全被瓦解,单晶体完全变为液体后,继续加热,温度才会升高

D.单晶体在熔化时吸收的热量,用来破坏空间点阵结构,增加分子势能,同时增加分子动能

跟踪练习

5.(多选)下列说法正确的是(　　)

A.将一块晶体敲碎后,得到的小颗粒是非晶体

B.固体可以分为晶体和非晶体两类,有

些晶体在不同方向上有不同的光学性质

C.由同种元素构成的固体,可能会由于原子的排列方式不同而成为不同的晶体

D.在合适的条件下,某些晶体可以转化为非晶体,某些非晶体也可以转化为晶体

6.下列关于晶体空间点阵的说法,不正确的是(　　)

A.构成晶体空间点阵的物质微粒,可以是分子,也可以是原子或离子

B.晶体的物质微粒之所以能构成空间点阵,是由于晶体中物质微粒之间相互作用很强,所有物质微粒都被牢牢地束缚在空间点阵的结点上不动

C.所谓空间点阵与空间点阵的结点,都是抽象的概念;结点是指组成晶体的物质微粒做永不停息的微小振动的平衡位置;物质微粒在结点附近的微小振动,就是热运动

D.相同的物质微粒,可以构成不同的空间点阵,也就是说同一种物质能够生成不同的晶体,从而能够具有不同的物理性质

7.(多选)下列叙述中正确的是(　　)

A.晶体的各向异性是由于它的微粒按空间点阵结构排列

B.单晶体具有规则的几何外形是由于它的微粒按一定规则排列

C.非晶体有规则的几何形状和确定的熔点

D.石墨的硬度比金刚石差得多,是由于它的微粒没有按空间点阵分布

第5节 液体

学习目标

1.知道液体的表面张力,了解表面张力形成的原因。

2.了解浸润和不浸润现象,知道毛细现象及形成的原因。

3.了解液晶的主要性质,知道液晶在显示技术中的应用。

重点、难点

液体表面张力产生的原因。

自主学习

一、液体的表面张力

1.液体的表面张力

(1)表面张力:表面层分子比较稀疏,分子间的作用力表现为_____力,使液体表面绷紧。

(2)方向:和液面_____,垂直于液面上的各条分界线,如图所示。

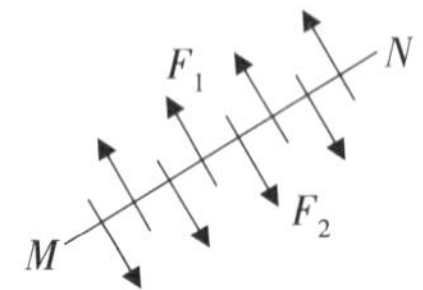

2.作用效果:使液面具有_____的趋势。

二、浸润和不浸润及毛细现象

1.浸润和不浸润

(1)浸润:一种液体会_____某种固体并_____在固体的表面上的现象。

(2)不浸润:一种液体不会_____某种固体,_____在这种固体的表面上的现象。

(3)浸润和不浸润是_____作用的表现。

2.毛细现象

(1)定义:浸润液体在细管中_____的现象,以及不浸润液体在细管中_____的现象。

(2)毛细管内外液面的高度差与毛细管的内径有关,毛细管内径越小,高度差越____。

三、液晶

1.液晶的概念:像液体一样具有_____性,其光学性质与某些晶体相似,具有_____的有机化合物,称为液晶。

2.液晶分子的排列特点

从某个方向看液晶分子排列比较整齐,但从另一个方向看,液晶分子的排列是杂乱无章的。

3.液晶的应用

(1)液晶显示器:用于电子手表、电子计算器、电脑等。

(2)利用温度改变时液晶颜色会发生改变的性质来探测温度。

(3)液晶在电子工业、航空工业、生物医学等领域有广泛应用。

核心突破

要点1 液体的微观结构、表面张力

1.液体表面张力的成因分析

(1)分子间距离特点:由于蒸发现象,液体表面层分子分布比内部稀疏。

(2)分子力特点:液体内部分子间引力、斥力基本上相等,而液体表面层分子之间距离较大,分子力表现为引力。

(3)表面特性:表面层分子之间的引力使液面产生了表面张力,使液体表面形成一层绷紧的膜。

2.表面张力及其作用

(1)表面张力使液体表面具有收缩趋势,使液体表面积趋于最小。而在体积相同的条件下,球形的表面积最小。例如,吹出的肥皂泡呈球形,滴在洁净玻璃板上的水银滴呈球形(但由于受重力的影响,往往呈扁球形,在完全失重条件下才呈球形)。

(2)表面张力的大小除了跟边界线长度有关外,还跟液体的种类、温度有关。

【典例1】关于液体的表面张力,下列说法正确的是(　　)

A.表面张力是液体内部各部分之间的相互作用力

B.液体表面层分子的分布比内部稀疏,分子力表现为引力

C.液体的表面张力随温度的升高而增大

D.表面张力的方向与液面垂直

【技巧规律】

分析表面张力问题的三点注意

1.表面张力是液体表面层中大量分子间引力的宏观表现。

2.表面张力的大小除了跟分界线长度有关外,还跟液体的性质和温度有关。一般情况下,温度越高,表面张力就越小。

3.表面张力的方向与液面相切。

【典例2】如图所示,金属框架的A、B间系一个棉线圈,先使框架布满肥皂膜,然后将P和Q两部分的肥皂膜刺破,线的形状将变成下列选项图中的(　　)

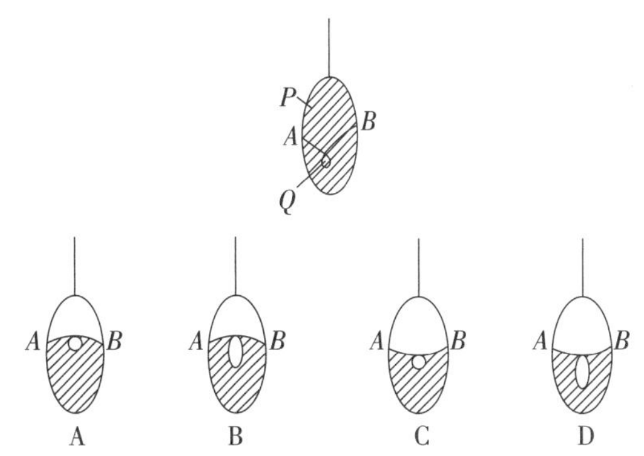

跟踪练习

1.关于液体表面的特征,下列说法正确的是(　　)

A.液体表面层的分子分布比内部密

B.液体有使其体积收缩到最小的趋势

C.液体表面层分子之间只有引力而无斥力

D.液体有使其表面积收缩到最小的趋势

2.下列说法正确的是(　　)

A.把一枚针轻放在水面上,它会浮在水面上,这是针与水分子间存在斥力的缘故

B.在处于失重状态的宇宙飞船中,一大滴水银会成球状,是因为液体内分子间有相互吸引力

C.将玻璃管道裂口放在火上烧,它的尖端就变圆,是熔化的玻璃在表面张力的作用下,表面要收缩到最小的缘故

D.漂浮在热菜汤表面上的油滴,从上面观察是圆形的,是油滴液体呈各向同性的缘故

3. 天宫二号太空授课引人注目,航天员们通过实验,展示了失重环境下许多神奇现象,其中的"液桥"现象,让我们认识了表面张力的魅力。下面关于表面张力的说法正确的是(　　)

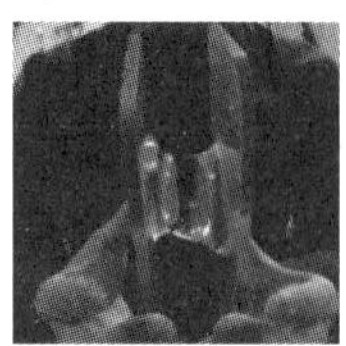

A."液桥"实验装置脱手后两液桥板最终合在一起,这是万有引力的作用

B.表面张力能让液面具有收缩趋势,在太空失重环境下,液滴呈球形

C.表面张力方向与液体表面垂直且向上

D.表面张力是由于液体表层分子间距离小于液体内部分子间距离,且小于分子平衡距离,表层液体分子作用力表现为斥力

4.(多选)下列说法中正确的是(　　)

甲

乙

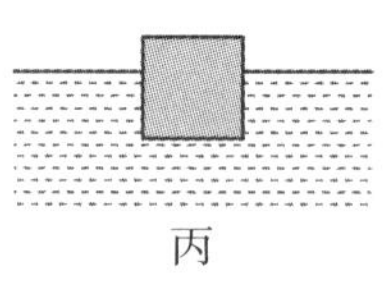
丙

A.图甲所示,雨水没有透过布雨伞是因为液体表面存在张力

B.图乙所示,夏天荷叶上小水珠呈球状是由于液体表面张力使其表面积具有收缩到最小的趋势

C.液体分子的热运动没有长期固定的平衡位置

D.图丙所示,小木块能够浮于水面上是液体表面张力与其重力平衡的结果

要点2　浸润和不浸润及毛细现象

1.浸润和不浸润的形成原因

(1)浸润的成因

当液体和与之接触的固体的相互作用比液体分子之间的相互作用强时,液体能够浸润固体。

(2)不浸润的成因

当液体和与之接触的固体的相互作用比液体分子之间的相互作用弱时,液体不浸润固体。

(3)浸润和不浸润是发生在两种材料(液体与固体)之间的,与这两种物质的性质都有关系,不能单说哪一种材料浸润或不浸润。例如:水能浸润玻璃,但不能浸润石蜡;水银不能浸润玻璃,但能浸润铅。

2.毛细现象的产生原因

毛细现象的产生与表面张力及浸润(包括不浸润)现象都有关系。

如图所示,甲是浸润情况,此时管内液面呈凹形,因为液体的表面张力的作用,液体会受到向上的作用力,因而管内液面要比管外高;乙是不浸润情况,管内液面呈凸形,表面张力的作用使液体受到向下的力,因而管内液面比管外低。

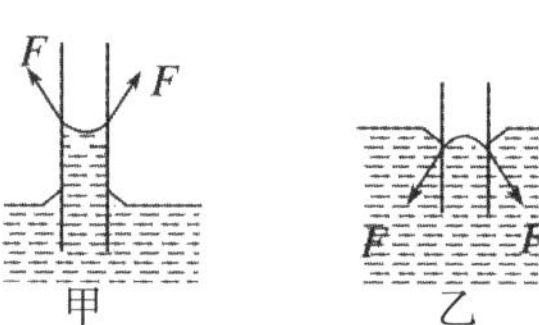

甲　　乙

【典例3】(多选)下列关于浸润(不浸润)现象与毛细现象的说法正确的是(　　)

A.水可以浸润玻璃但不能浸润蜂蜡

B.浸润液体和不浸润液体都有可能发生毛细现象

C.浸润液体都能发生毛细现象,不浸润液体都不能发生毛细现象

D.浸润液体和不浸润液体在细管中都上升

【典例4】下列说法正确的是(　　)

A.把一枚针轻放在水面上,它会浮在水面,这是由于针受到了浮力

B.水能在涂有油脂的玻璃板上形成水珠,这是因为水在玻璃上不浸润

C.在围绕地球飞行的宇宙飞船中,自由飘浮的水滴呈球形,这是表面张力的结果

D.在毛细现象中,毛细管中液面有的升高,有的降低,这只与液体的种类有关,与毛细管的材料无关

跟踪练习

5.佩戴一次性医用外科口罩是预防新冠病毒的有效措施之一,合格的一次性医用外科口罩内侧所用材料对水都是不浸润的,图为水滴在一次性医用外科口罩内侧的照片,对此,以下说法正确的是(　　)

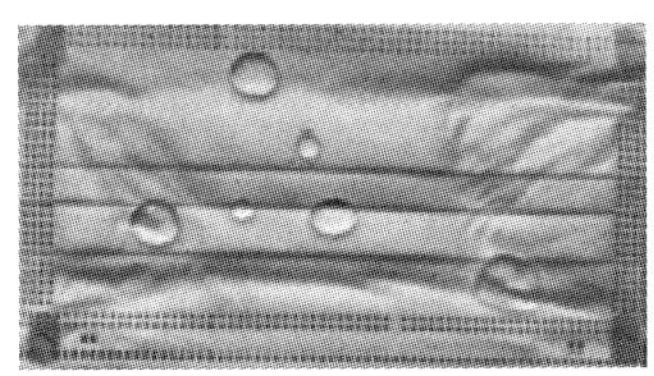

A.照片中的口罩和水滴发生了浸润现象

B.照片中水滴表面分子比水滴的内部密集

C.照片中水滴呈扁球状是液体表面张力和重力共同作用的结果

D.水对所有材料都是不浸润的

6.(多选)下列现象中属于毛细现象的有(　　)

A.粉笔把纸上的墨水吸干

B.水银温度计里液柱升高

C.托里拆利管内的水银面高于管外的水银面

D.植物根部的养分,能升到植物上部枝叶中

7.(多选)把极细的玻璃管分别插入水中与水银中,如图所示,正确表示毛细现象的是(　　)

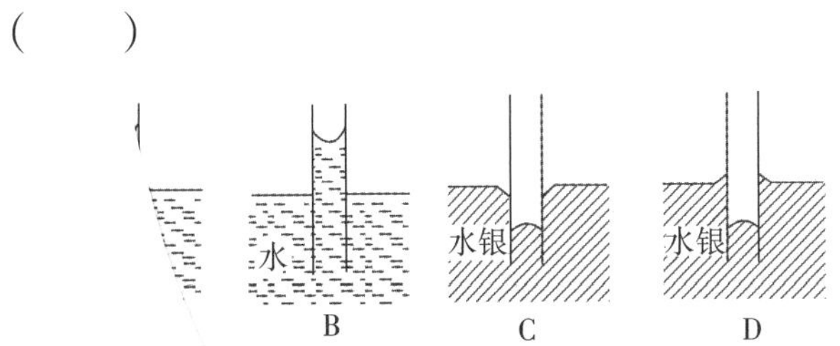

考点3　液晶

【典例5】(多选)关于液晶,下列说法中正确的有(　　)

A.液晶是一种晶体

B.液晶分子的空间排列是稳定的,具有各向异性

C.液晶的光学性质随温度的变化而变化

D.液晶的光学性质随外加电压的变化而变化

跟踪练习

8.关于液晶,下列说法中不正确的是(　　)

A.液晶是介于固态和液态之间的一种物质状态

B.液晶具有流动性

C.液晶表现出各向同性

D.液晶表现出各向异性

9.关于液晶,以下说法正确的是(　　)

A.液晶态只是物质在一定温度范围内才具有的存在状态

B.因为液晶在一定条件下发光,所以可以用来做显示屏

C.人体组织中不存在液晶结构

D.笔记本电脑的彩色显示器,是因为在液晶中掺入了少量多色性染料,液晶中电场强度不同时,它对不同色光的吸收强度不一样,所以显示出各种颜色

章末总结提升

气体、固体和液体
- 温度和温标
  - 状态参量与平衡态
  - 热力学温度 $T=t+273.15\ \mathrm{K}$
- 气体的等温变化
  - 玻意耳定律：$p_1V_1=p_2V_2$
  - 气体等温变化的 $p-V$ 图像
- 气体的等容变化和等压变化
  - 气体的等容变化：$\frac{p_1}{T_1}=\frac{p_2}{T_2}=\frac{\Delta p}{\Delta T}$
  - 气体的等压变化：$\frac{V_1}{T_1}=\frac{V_2}{T_2}=\frac{\Delta V}{\Delta T}$
- 理想气体的状态方程
  - 理想气体
  - 理想气体的状态方程：$\frac{p_1V_1}{T_1}=\frac{p_2V_2}{T_2}$
- 气体热现象的微观意义
  - 气体分子运动的特点
  - 气体压强的微观意义
  - 对气体实验定律的微观解释
- 晶体
  - 单晶体——各向异性（热、光、电等），有确定的熔点
  - 多晶体——各向同性（热、光、电等），有确定的熔点
  - 晶体的微观结构
- 非晶体——各向异性（热、光、电等），没有确定的熔点
- 液体
  - 液体的微观结构、液体的表面张力
  - 浸润和不浸润、毛细现象

要点1　封闭气体压强的计算方法

封闭气体压强的计算是应用气体实验定律的基础，大致可分为平衡状态封闭气体压强的计算和加速运动系统封闭气体压强的计算。

1.平衡状态下封闭气体压强的求法

力平衡法	选取与气体接触的液柱(或活塞)为研究对象进行受力分析，得到液柱(或活塞)的受力平衡方程，求得气体的压强
等压面法	在连通器中，同一种液体(中间不间断)同一深度处压强相等。液体内深 h 处的总压强 $p=p_0+\rho gh$，p_0 为液面上方的大气压强

2.加速运动系统中封闭气体压强的求法

选取与气体接触的液柱(或活塞)为研究对象，进行受力分析，利用牛顿第二定律列方程求解。

【典例1】如图所示，一导热良好的足够长的汽缸水平放置在光滑水平桌面上，桌面足够高，汽缸内有一活塞封闭了一定质量的理想气体。一足够长的轻绳跨过定滑轮，一端连接在活塞上，另一端挂一钩码，滑轮与活塞间的轻绳与桌面平行，不计一切摩擦。已知当地重力加速度为 g，大气压为 p_0，钩码质量为 m_1，活塞质量为 m_2，汽缸质量为 m_3，活塞横截面积为 S，则释放钩码，汽缸稳定运动过程中，汽缸内理想气体的压强为(　　)

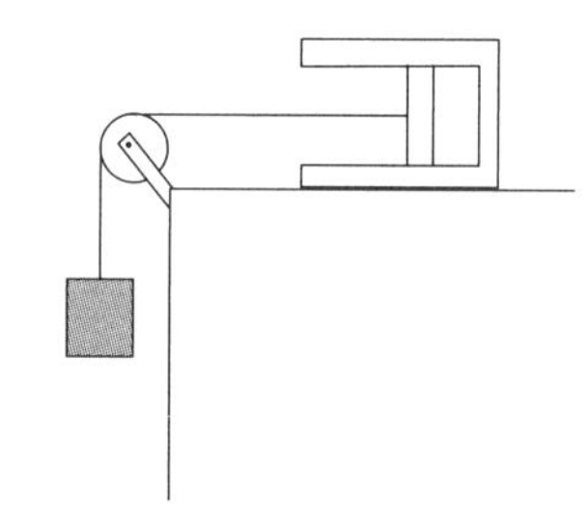

A.$p_0-\frac{m_1m_3g}{(m_1+m_2+m_3)S}$

B.$p_0-\frac{m_1m_3g}{(m_2+m_3)S}$

C.p_0

D.$p_0-\frac{m_1g}{S}$

要点2　气体状态变化的图像分析方法

一定质量的理想气体不同状态变化图像的比较

名称		图像	特点	其他图像
等温线	p-V	$T_2>T_1$	$pV=CT$(C为常量),即pV乘积越大的等温线对应的温度越高,离原点越远	$V_A<V_B$；$p_A<p_B$
	p-$\frac{1}{V}$	$T_2>T_1$	$p=\frac{CT}{V}$,斜率$k=CT$,即斜率越大,对应的温度越高	
等容线	p-T	$V_2<V_1$	$p=\frac{C}{V}T$,斜率$k=\frac{C}{V}$,即斜率越大,对应的体积越小	$T_A>T_B$；$p_A<p_B$
	p-t	$V_2<V_1$	图线的延长线均过点(−273.15,0),斜率越大,对应的体积越小	
等压线	V-T	$p_2<p_1$	$V=\frac{C}{p}T$,斜率$k=\frac{C}{p}$,即斜率越大,对应的压强越小	$T_A<T_B$；$V_A<V_B$
	V-t	$p_2<p_1$	V与t为线性关系,但不成正比,图线延长线均过点(−273.15,0),斜率越大,对应的压强越小	

【典例2】如图所示,为一定质量气体状态变化时的p-$\frac{1}{V}$图像,由图像可知,此气体的温度(　　)

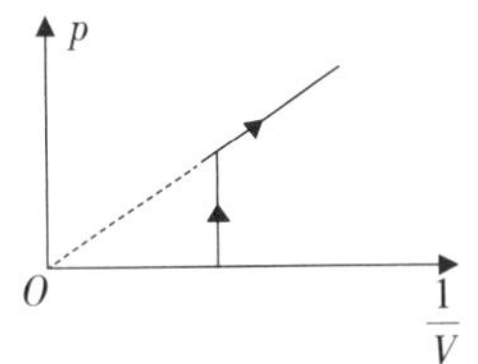

A.先不变后升高　　B.先不变后降低

C.先降低后不变　　D.先升高后不变

要点3　理想气体状态方程的应用

【典例3】如图,一容器由横截面积分别为$2S$和S的两个汽缸连通而成,容器平放在地面上,汽缸内壁光滑。整个容器被通过刚性杆连接的两活塞分隔成三部分,分别充有氢气、空气和氮气。平衡时,氮气的压强和体积分别为p_0和V_0,氢气的体积为$2V_0$,空气的压强为p。现缓慢地将中部的空气全部抽出,抽气过程中氢气和氮气的温度保持不变,活塞没有到达两汽缸的连接处,求:

(1)抽气前氢气的压强;

(2)抽气后氢气的压强和体积。

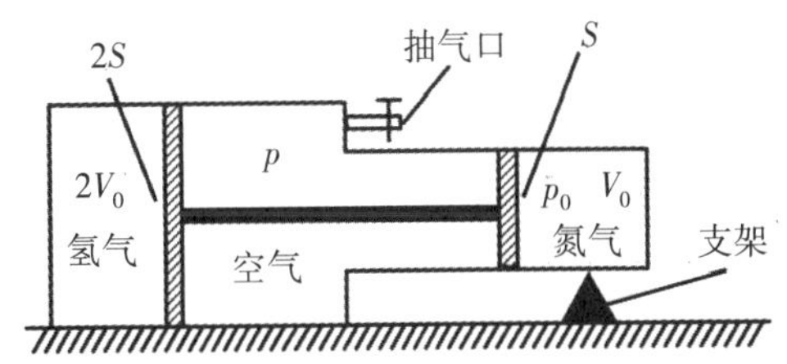

【典例4】孔明灯在中国有非常悠久的历史,其“会飞”原因是,灯内燃料燃烧使内部空气升温膨胀,一部分空气从灯内排出,使孔明灯及内部气体的总重力变小,空气浮力将其托起。如图所示,某盏孔明灯灯体(包括燃料)的质量 $m=0.2\ \text{kg}$,体积恒为 $V=1.0\ \text{m}^3$,点燃后孔明灯匀速升空。已知重力加速度 $g=10\ \text{m/s}^2$,大气密度 $\rho=1.2\ \text{kg/m}^3$,环境温度恒为 $t=27\ ℃$,忽略燃料的质量变化,大气压强不变。求:

(1)点燃燃料前灯内气体的质量 m_1;

(2)升空后灯内气体的质量 m_2;

(3)升空后灯内气体的温度。

第三章 热力学定律

第1节 功、热和内能的改变

学习目标

1. 了解焦耳的两个实验原理，知道做功和热传递的实质。

2. 知道做功和热传递是改变内能的两种方式，理解做功和热传递对改变系统内能是等效的，明确两种方式的区别。

3. 明确内能、功、热量、温度四个物理量的区别和联系。

4. 通过对焦耳实验的探究，培养科学探索精神。

重点、难点

做功和热传递的实质。

自主学习

一、焦耳的实验

1. 绝热过程：系统只由于外界对它做功而与外界交换能量，它不从外界______，也不向外界______。

2. 焦耳的代表性实验

(1)重物下落带动叶片搅拌容器中的水，引起水温______。

(2)通过电流的______给水加热。

3. 实验结论：要使系统状态通过绝热过程发生变化，做功的数量只由过程始末两个状态决定而与做功的方式无关。

二、功和内能

1. 内能：依赖于一个热力学系统______的物理量，是热力学系统的一种能量。

2. 绝热过程中做功与内能变化的关系：$\Delta U=W$。

三、热和内能

1. 热传递：热量总是从________物体向________物体传递。

2. 热量和内能

(1)关系描述：热量是在单纯的传热过程中________变化的量度。

(2)公式表达：$\Delta U=Q$。

核心突破

要点1 做功和内能变化的关系

1.做功与内能变化的关系

(1)做功改变物体内能的过程是其他形式的能(如机械能)与内能相互转化的过程。

(2)在绝热过程中,外界对物体做多少功,就有多少其他形式的能转化为内能,物体的内能就增加多少。

2.功与内能的区别

(1)功是过程量,内能是状态量。

(2)在绝热过程中,做功一定能引起内能的变化。

(3)物体的内能大,并不意味着做功多。在绝热过程中,只有内能变化越大时,相应地做功才越多。

【典例1】下列哪个实例说明做功改变了系统的内能(　　)

A.用热水袋取暖

B.用双手摩擦给手取暖

C.把手放在火炉旁取暖

D.用嘴对手呵气给手取暖

跟踪练习

1.景颇族的祖先发明的点火器如图所示,用牛角做套筒,木制推杆前端粘着艾绒,猛推推杆,艾绒即可点燃。对筒内封闭的气体,在此压缩过程中(　　)

A.气体温度升高,压强不变

B.气体温度升高,压强变大

C.气体对外界做正功,气体的内能增加

D.外界对气体做正功,气体的内能减少

要点2 热传递和内能变化的关系

1.在单纯传热过程中,系统从外界吸收多少热量,系统的内能就增加多少;系统向外界放出多少热量,系统的内能就减少多少。即$\Delta U=U_2-U_1=Q$。

2.传热改变物体内能的过程是物体间内能转移的过程。

【典例2】(多选)在下述现象中没有做功而使物体内能改变的是(　　)

A.电流通过电炉丝使温度升高

B.在阳光照射下水的温度升高

C.铁锤打铁块使铁块温度升高

D.在炉火上的水被烧开

跟踪练习

2.(多选)在外界不做功的情况下,物体的内能增加了50 J,下列说法中正确的是(　　)

A.一定是物体放出了50 J的热量

B.一定是物体吸收了50 J的热量

C.一定是物体分子动能增加了50 J

D.物体的分子平均动能可能不变

3.下列关于热传递的说法中,正确的是(　　)

A.热量是从含热量较多的物体传给含热量较少的物体

B.热量是从温度较高的物体传给温度较低的物体

C.热量是从内能较多的物体传给内能较少的物体

D.热量是从比热容大的物体传给比热容小的物体

要点3 做功与热传递的区别与联系

比较项	做功	传热
内能变化	外界对物体做功,物体的内能增加;物体对外界做功,物体的内能减少	物体吸收热量,内能增加;物体放出热量,内能减少
物理实质	其他形式的能与内能之间的转化。当机械能转化为内能时,必须通过物体的宏观运动才能实现	不同物体间或同一物体的不同部分之间内能的转移。物体间发生传热的必要条件是存在温度差
相互联系	做一定量的功或传递一定量的热量在改变内能的效果上是相同的	

【典例3】下列关于做功和热传递的说法中正确的是(　　)

A.做功和热传递的实质是相同的

B.做功和热传递在改变物体内能上是等效的

C.做功和热传递是对同一过程的两种说法

D.做功和热传递是不可能同时发生的

跟踪练习

4.(多选)下列说法中正确的是(　　)

A.做功和传热是改变物体内能的两种本质不同的物理过程,做功是其他形式的能和内能之间的转化,传热是物体内能的转移

B.外界对物体做功,物体的内能一定增大

C.物体向外界放热,物体的内能一定增大

D.物体内能发生了改变,可能是做功引起的,也可能是传热引起的,还可能是两者共同引起的

要点4 温度、热量和内能的区别与联系

1.热量和内能

区别:内能是状态量,热量是过程量,热量的概念在涉及能量传递时才有意义。热量对应物体状态变化的一个过程,而内能对应一个状态。

联系:在单纯传热的过程中,物体吸收热量,内能增加,物体放出热量,内能减少,热量是内能改变的量度

2.热量和温度

区别:热量是单纯的传递过程中系统内能变化的量度,而温度是系统内部大量分子做无规则热运动的剧烈程度的标志。虽然传热的前提是两个系统之间要有温度差,但是传递的是热量,不是温度。

联系:传热过程中放出的热量多少与温度差有一定的关系。

3.内能和温度

区别:从宏观看,温度表示的是物体的冷热程度;从微观看,温度反映了分子热运动的剧烈程度,是分子平均动能的标志。

联系:两者相比,温度高的物体内能不一定大;反过来内能大的物体,温度也不一定高。

【典例4】(多选)下列关于热量的说法,正确的是(　　)

A.温度高的物体含有的热量多

B.内能多的物体含有的热量多

C.热量、功和内能的单位相同

D.热量和功都是过程量,而内能是一个状态量

跟踪练习

5.关于温度、热量、功和内能,以下说法正确的是(　　)

A.热量、功、内能三个量的物理意义是等同的

B.热量和功二者可作为物体内能大小的量度

C.外界对系统做功,内能必定增加

D.发生热传递的条件是两物体之间存在温度差

第2节 热力学第一定律

学习目标

1.理解热力学第一定律,并掌握其表达式。

2.能运用热力学第一定律解释自然界能量的转化、转移问题,并进行具体的计算。

重点、难点

热力学第一定律的应用。

自主学习

1.改变内能的两种方式:做功与传热。

联系:两者在改变系统内能方面是_____的,一定数量的功与确定数量的热相对应。

区别:做功是内能与其他形式能量的相互_____,而传热只是不同物体(或一个物体的不同部分)之间内能的_____。

2.热力学第一定律

(1)内容:一个热力学系统的内能增量_____外界向它传递的热量与外界对它所做的功的_____。

(2)表达式:______________。

核心突破

热力学第一定律的理解和应用

1.对公式 $\Delta U=Q+W$ 中 ΔU、Q、W 符号的规定

符号	Q	W	ΔU
+	物体吸收热量	外界对物体做功	内能增加
−	物体放出热量	物体对外界做功	内能减少

2.几种特殊情况

(1)若过程是绝热的,即 $Q=0$,则 $\Delta U=W$,物体内能的增加量等于外界对物体做的功。

(2)若过程中不做功,即 $W=0$,则 $\Delta U=Q$,物体内能的增加量等于物体从外界吸收的热量。

(3)若过程的始末状态物体的内能不变,即 $\Delta U=0$,则 $W=-Q$(或 $Q=-W$),外界对物体做的功等于物体放出的热量(或物体吸收的热量等于物体对外界做的功)。

3.判断是否做功的方法

(1)若气体体积增大,表明物体对外界做功,$W<0$。

(2)若气体体积减小,表明外界对物体做功,$W>0$。

(3)若是液体或固体,在某一过程中,要判断其是否做功,则需要通过功的定义或功能关系或能量守恒来判断。

【典例1】密闭有空气的薄塑料瓶因降温而变扁,此过程中瓶内空气(不计分子势能)(　　)

A.内能减小,外界对其做功

B.内能减小,吸收热量

C.内能增大,对外界做功

D.内能增大,放出热量

【典例2】如图所示是密闭的汽缸，外力推动活塞P压缩气体，对缸内气体做功500 J，同时气体向外界放热100 J，缸内气体的(　　)

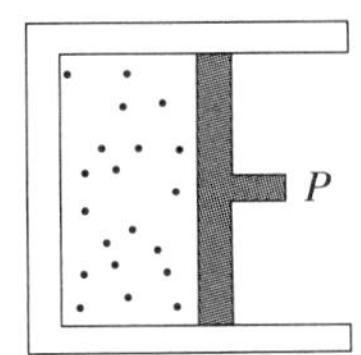

A.温度升高，内能增加400 J

B.温度升高，内能减少400 J

C.温度降低，内能增加600 J

D.温度降低，内能减少600 J

跟踪练习

1.下列说法正确的是(　　)

A.物体放出热量，其内能一定减小

B.物体对外做功，其内能一定减小

C.物体吸收热量，同时对外做功，其内能可能增加

D.物体放出热量，同时对外做功，其内能可能不变

2.如图所示的p-V图中，一定质量的理想气体由状态A经过程Ⅰ变至状态B时，从外界吸收热量420 J，同时做功300 J，当气体从状态B经过程Ⅱ回到状态A时，做功200 J，过程Ⅱ中气体吸收或放出的热量为(　　)

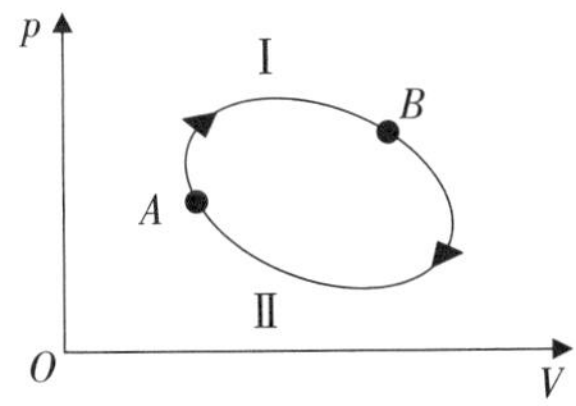

A.吸热80 J　　B.吸热220 J

C.放热520 J　　D.放热320 J

【典例3】绝热汽缸倒扣在水平地面上(汽缸顶部侧壁有一小口)，缸内装有一电热丝，缸内有一光滑的绝热活塞，封闭一定质量的理想气体，活塞下吊着一重力为G的重物，活塞重力为G_0，活塞的截面积为S，开始时封闭气柱的高为h，气体的温度为T_1，大气压强为p_0。现给电热丝缓慢加热，若气体吸收热量Q时，活塞下降了h，问：

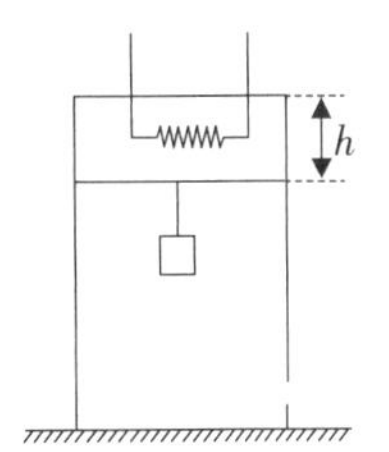

(1)气体的温度升高多少?

(2)气体的内能增加多少?

【典例4】如图所示，A、B是两个完全相同的球，分别浸没在水和水银的同一深度内，A、B两球用同一种材料制成，当温度稍微升高时，球的体积会明显变大，如果开始时水和水银的温度相同，且两液体温度同时缓慢升高同一值，两球膨胀后，体积相等，仍浸没在液体中，深度相同。则(　　)

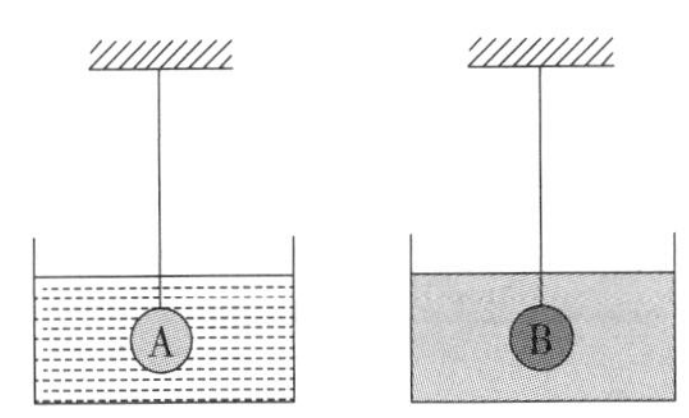

A.A球吸收的热量较多

B.B球吸收的热量较多

C.两球吸收的热量一样多

D.两球对外做的功一样多

跟踪练习

3. 如图所示，汽缸内封闭一定质量的理想气体，活塞通过定滑轮与一重物m相连并处于静止状态，此时活塞到缸口的距离$h=0.2\ \mathrm{m}$，活塞面积$S=10\ \mathrm{cm}^2$，封闭气体的压强$p=5\times10^4\ \mathrm{Pa}$，现通过电热丝对缸内气体加热，使活塞缓慢上升至缸口。在此过程中封闭气体吸收了$Q=60\ \mathrm{J}$的热量，假设汽缸壁和活塞都是绝热的，活塞质量及一切摩擦力不计，则在此过程中气体内能的增加量为(　　)

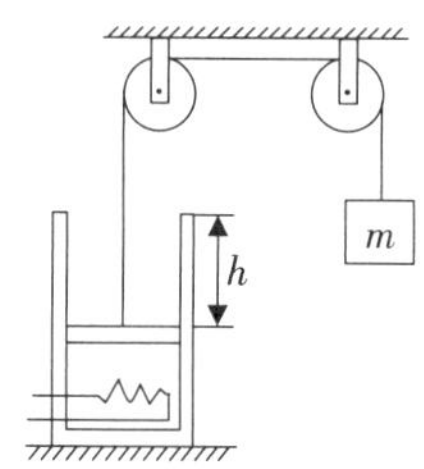

A.70 J　B.60 J　C.50 J　D.10 J

4. A、B两装置，均由一支一端封闭、一端开口且带有玻璃泡的管状容器和水银槽组成，除玻璃泡在管上的位置不同外，其他条件都相同。将两管抽成真空后，开口向下竖直插入水银槽中(插入过程没有空气进入管内)，水银柱上升至图示位置停止。假设这一过程水银与外界没有热交换，则下列说法正确的是(　　)

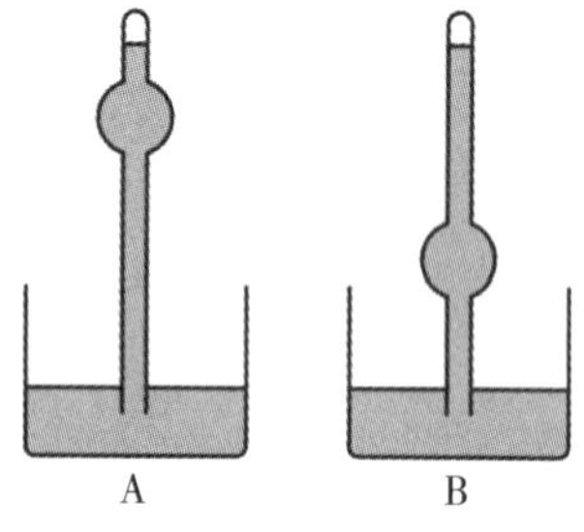

A. A中水银的内能增量大于B中水银的内能增量

B. B中水银的内能增量大于A中水银的内能增量

C. A和B中水银体积保持不变，故内能增量相同

D. A和B中水银温度始终相同，故内能增量相同

5. 有一种特殊材料，当温度升高时体积会迅速增加，增加的体积与升高的温度之间满足：$\Delta V=k\Delta T$，其中k叫膨胀系数，是一个确定的常数。现将用该材料做成的完全相同的两个小球用细线分别拴在两个完全相同的容器底部，一个容器内注入水，另一个容器内注入水银，两小球的球心到液面的距离相等，放在同一房间内，由于环境温度的升高，小球会吸热而膨胀。若忽略水和水银的膨胀，上述过程中小球均未露出液面且容器内液体均未溢出，则两小球增加的体积________(选填“相等”“不等”或“无法确定”)，浸没在水中的小球由于膨胀对外界做的功________(选填“大于”“小于”或“等于”)浸没在水银中的小球由于膨胀对外界做的功。

专题 理想气体状态方程和热力学第一定律的综合应用

理想气体的功、传热与内能的变化

1. 理想气体做功的判断：当气体的体积始终增大（或减少）时，气体对外（或外界对气体）做功。

2. 理想气体做功的计算：

（1）若气体发生等压膨胀（或压缩），则气体对外（或外界对气体）做功 $W=p\cdot\Delta V$，ΔV 为体积的变化量。

（2）若气体发生等容变化，则气体对外（或外界对气体）做功 $W=0$。

（3）若气体发生一般变化，则气体对外（或外界对气体）做功 W 的数值等于气体 $p-V$ 图像与坐标轴所围图像的面积，如图中阴影部分。

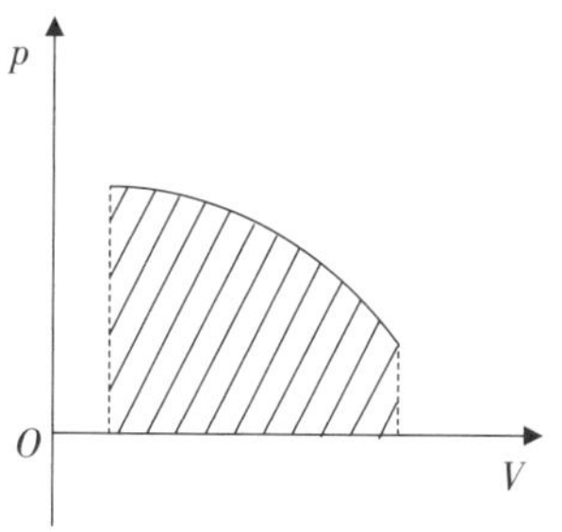

3. 理想气体的内能：只有分子动能，因此一定质量的理想气体的内能只与温度有关。温度升高（或降低），内能增加（或减小）；温度不变，内能不变。

4. 理想气体的传热：

（1）气体吸热或放热不能根据温度的升高或降低判断，气体吸热或放热的多少也不能根据 $Q=cm\Delta t$ 计算，应结合热力学第一定律判断。

（2）气体在绝热过程中 $Q=0$。

【典例1】如图，一定质量的理想气体，由状态 a 经过 ab 过程到达状态 b 或者经过 ac 过程到达状态 c。设气体在状态 b 和状态 c 的温度分别为 T_b 和 T_c，在过程 ab 和 ac 中吸收的热量分别为 Q_{ab} 和 Q_{ac}，则（　　）

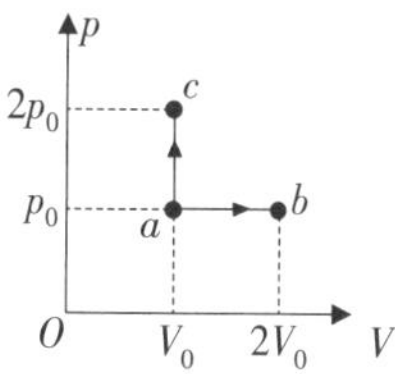

A. $T_b>T_c$，$Q_{ab}>Q_{ac}$　　B. $T_b>T_c$，$Q_{ab}<Q_{ac}$

C. $T_b=T_c$，$Q_{ab}>Q_{ac}$　　D. $T_b=T_c$，$Q_{ab}<Q_{ac}$

跟踪练习

1. 一定质量的理想气体状态变化如图所示，其中 $p_1=3p_2$，$V_2=4V_1$，状态1、2对应的温度分别为 T_1、T_2，由状态1变化到状态2（气体外界非真空）的过程中，下列说法正确的是（　　）

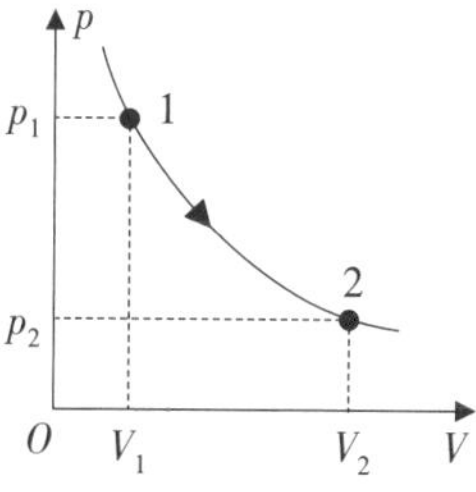

A. 气体对外做功，温度降低

B. 气体分子热运动的平均动能不变

C. 气体内能增加，一定从外界吸收热量

D. 在单位时间内，器壁单位面积上受分子撞击的次数增多

【典例2】如图所示是一定质量的某种理想气体状态变化的p-V图像，气体由状态A变化至状态B的过程中，该气体（　　）

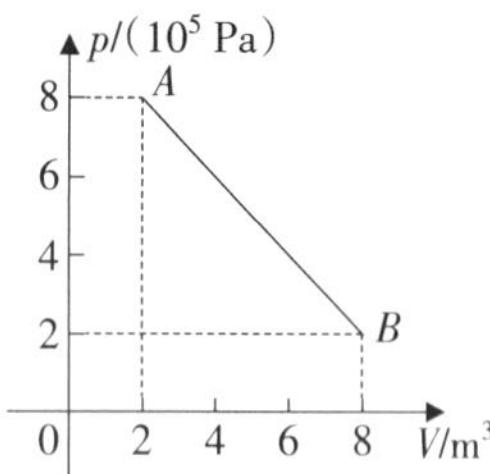

A. 内能不变

B. 对外做功为3×10^5 J

C. 吸收的热量小于3×10^6 J

D. 当气体体积为5 m^3时气体的内能最大

跟踪练习

2.（多选）一定质量的理想气体从状态A变化到状态B，再变化到状态C，最后变化到状态A，其变化过程的$p-T$图像如图所示，AB的反向延长线通过坐标原点O，BC平行于T轴，CA平行于p轴。已知该气体在状态B时的体积为4×10^{-3} m^3，在状态C时的体积为6×10^{-3} m^3，则下列说法正确的是（　　）

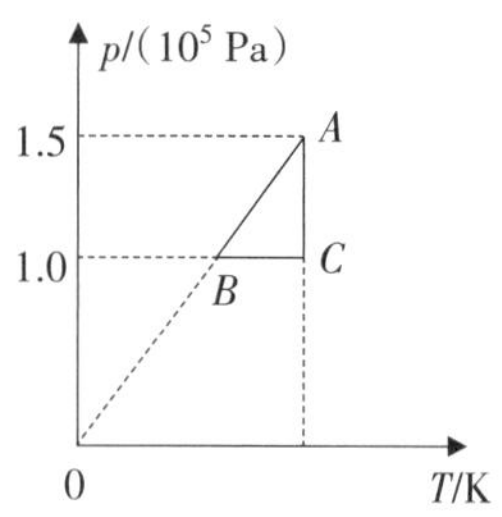

A. 从状态A到状态B过程中气体分子热运动的平均动能减小

B. 从状态B到状态C的过程中外界对气体做的功为200 J

C. 从状态A经状态B到状态C的过程中气体从外界吸收的热量为200 J

D. 从状态A经状态B和状态C，最后又回到状态A，在整个过程中气体从外界吸收的热量大于向外界放出的热量

3.（多选）如图所示，一定质量的理想气体在状态A时压强为2.0×10^5 Pa，经历$A\to B\to C\to A$的过程，整个过程中气体向外界放出61.8 J热量，下列说法正确的是（　　）

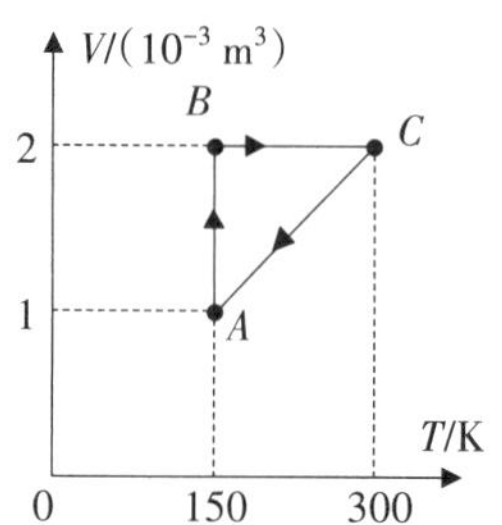

A. 整个过程中，气体对外界做的功为61.8 J

B. 在$C\to A$过程中，外界对气体做的功为200 J

C. 在$A\to B$过程中，气体从外界吸收的热量为138.2 J

D. 在$A\to B$、$B\to C$、$C\to A$三个过程中，气体内能变化大小相等

【典例3】如图所示，内壁光滑且长为L=50 cm的绝热汽缸固定在水平面上，汽缸内用横截面积为S=100 cm^2的绝热活塞封闭有温度为t_0=27 ℃的一定质量的理想气体，开始时处于静止状态的活塞位于距左侧缸底l=30 cm处。现用电热丝对封闭的理想气体加热，使活塞缓慢向右移动。（已知大气压强为p_0=1.0×10^5 Pa）

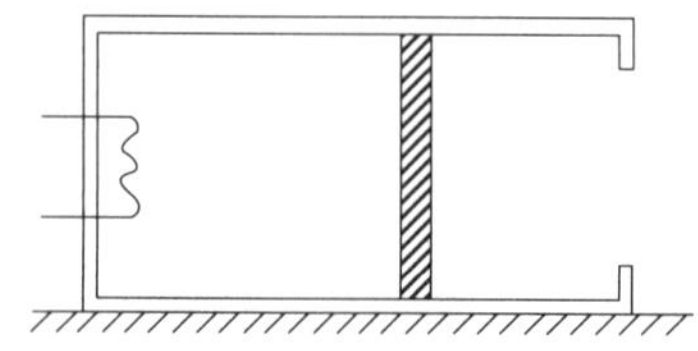

（1）试计算当温度升高到t=377 ℃时，缸内封闭气体的压强p；

（2）若汽缸内电热丝的电阻R=100 Ω，加热时电热丝中的电流为I=0.2 A，在此变化过

程中共持续了$t'=300$ s，不计电热丝由于温度升高而吸收的热量，试计算气体增加的内能ΔU。

跟踪练习

4. 如图所示，左边圆柱形容器的横截面积为S。上端是一个可以在容器内无摩擦滑动的质量为m的活塞；右边圆柱形容器上端封闭，高为H，横截面积为$S/2$。两容器由装有阀门的极细管道相连，容器、活塞和细管都是绝热的。开始时阀门关闭，左边容器中装有理想气体，平衡时活塞到容器底的距离为H，右边容器内为真空。现将阀门打开，活塞缓慢下降，直至系统达到新的平衡，此时气体的热力学温度增加到原来热力学温度的1.3倍。已知外界大气压强为p_0，求：

(1)系统达到新的平衡时活塞到容器底的距离x；

(2)此过程中容器内的气体内能的增加量ΔU。

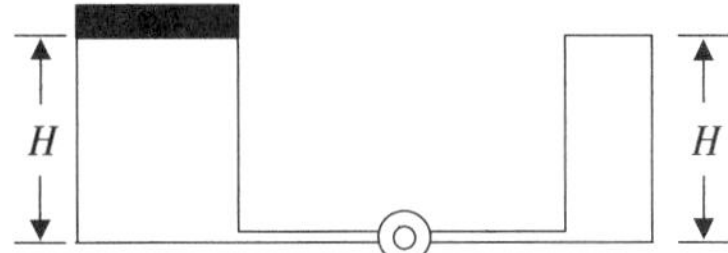

第3节 能量守恒定律

学习目标

1. 理解能量守恒定律,知道能量守恒定律是自然界普遍遵循的基本规律。

2. 会用能量守恒定律分析解决有关问题。

3. 知道什么是第一类永动机及其不可能制成的原因。

重点、难点

应用能量守恒定律分析解决有关问题。

自主学习

一、能量守恒定律

1. 内容:能量既不会凭空产生,也不会凭空消失,它只能从一种形式______为其他形式,或者从一个物体______到别的物体,在转化或转移的过程中,能量的______保持不变。

2. 意义

(1)能量守恒定律告诉我们,各种形式的能量可以相互______。

(2)各种互不相关的物理现象——力学的、热学的、电学的、磁学的、光学的、化学的、生物学的等可以用______定律联系起来。

(3)机械能守恒定律、热力学第一定律,实际上是能量守恒定律在力学、热力学领域的具体表达形式。

二、永动机不可能制成

1. 第一类永动机:不需要任何动力或燃料,却能不断地____________________的机器。

2. 第一类永动机不可制成的原因:违背了__________。

核心突破

要点1 能量守恒定律的理解和应用

1. 能量的存在形式及相互转化

(1)各种运动形式都有对应的能:机械运动有机械能,分子的热运动有内能,还有电磁能、化学能、原子能等。

(2)各种形式的能,通过某种力做功可以相互转化。例如,利用电炉取暖或烧水,电能转化为内能;煤燃烧,化学能转化为内能;列车刹车后轮子温度升高,机械能转化为内能。

2. 能量守恒的两种表达

(1)某种形式的能减少,一定有其他形式的能增加,且减少量和增加量一定相等。

(2)某个物体的能量减少,一定存在其他物体的能量增加,且减少量和增加量一定相等。

【典例1】如图所示,直立容器的内部有被隔板隔开的A、B两部分气体,A的密度小,B的密度大。抽去隔板,加热气体,使两部分

气体均匀混合。设在此过程中气体吸热Q，气体内能的增量为ΔE，则(　　)

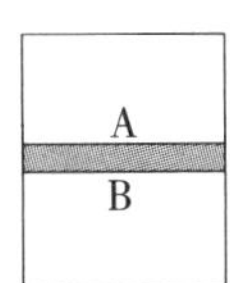

A.$\Delta E=Q$　　B.$\Delta E<Q$

C.$\Delta E>Q$　　D.$\Delta E=0$

跟踪练习

1.如图，容器A、B各有一个可以自由移动的轻活塞，活塞下面是水，上面是大气，大气压恒定。A、B的底部由带阀门K的管道相连，整个装置与外界绝热。原先A中水面比B中的高，打开阀门，使A中的水逐渐向B中流动，最后达到平衡。在这个过程中(　　)

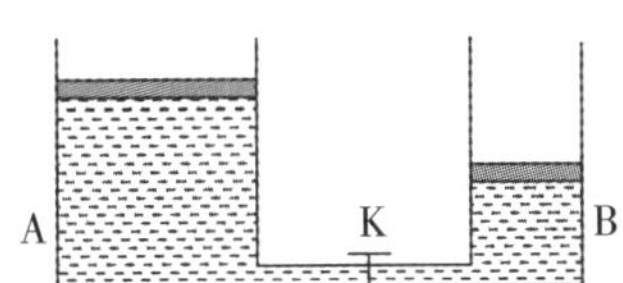

A.大气压对水不做功，水的内能减少

B.水克服大气压做功，水的内能减少

C.大气压对水不做功，水的内能不变

D.大气压对水不做功，水的内能增加

2.如图所示，密闭绝热容器内有一绝热的具有一定质量的活塞，活塞的上部封闭着气体，下部为真空，活塞与器壁间的摩擦忽略不计。置于真空中的轻弹簧一端固定于容器的底部，另一端固定在活塞上，弹簧被压缩后用绳拉紧，此时弹簧的弹性势能为E_p(弹簧处在自然长度时的弹性势能为零)。现绳突然断开，弹簧推动活塞向上运动，经过多次往复运动后活塞静止，气体达到平衡状态。经过此过程(　　)

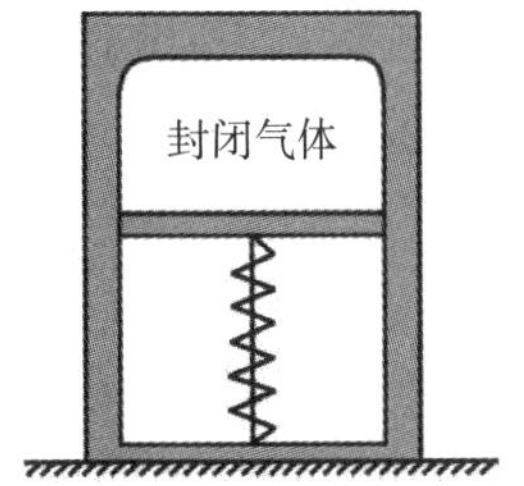

A.E_p全部转化为气体的内能

B.E_p一部分转化成活塞的重力势能，其余部分仍为弹簧的弹性势能

C.E_p全部转化成活塞的重力势能和气体的内能

D.E_p一部分转化成活塞的重力势能，一部分转化为气体的内能，其余部分仍为弹簧的弹性势能

3.水是一种清洁能源。某瀑布流量为6 000 m^3/s，而且一年四季流量稳定，瀑布落差为50 m。若利用这一资源发电，设其发电效率为50%，试估算发电机的输出功率。(g取10 m/s^2)

要点2　永动机不可能制成

1.第一类永动机

人们把设想中的不需要任何动力或燃料，却能不断地对外做功的机械叫作第一类永动机，第一类永动机是不可能制成的。

2.第一类永动机失败的原因

违背了能量守恒定律。

【典例2】(多选)约翰·维尔金斯设计了一种磁力“永动机”，如图所示，在斜坡顶上放一块强有力的磁铁，斜坡上端有一个小孔，斜面下有一个连接小孔直至底端的弯曲轨道。

维尔金斯认为:如果在斜坡底端放一个小铁球,那么由于磁铁的吸引,小铁球就会向上运动,当小球运动到小孔P处时,它就要掉下,再沿着斜面下的弯曲轨道返回斜坡底端Q,由于有速度而可以对外做功,然后又被磁铁吸引回上端,到小孔P处又掉下。关于维尔金斯"永动机",正确的认识应该是(　　)

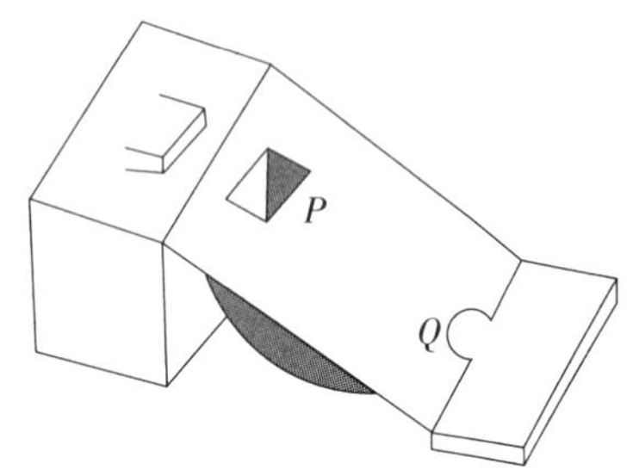

A.一定不可能实现

B.如果忽略斜面的摩擦,维尔金斯"永动机"一定可以实现

C.如果忽略斜面的摩擦,铁球质量较小,磁铁磁性又较强,则维尔金斯"永动机"可以实现

D.违背了能量守恒定律

跟踪练习

4."第一类永动机"是不可能制成的,这是因为它(　　)

A.不符合能量守恒定律

B.做功产生的热量太少

C.由于有摩擦、热损失等因素的存在

D.找不到合适的材料和合理的设计方案

5有人设计了如图所示的"浮力永动机",永动机的传动绳上均匀地固定了许多密度小于水的小球,容器底部的管道内径与小球直径相等。设计者认为,左边容器里的小球受到浮力的作用向上运动,管道中的小球也将被带着向上运动,一旦这个小球要上升离开管道,其下的一个小球就会进入管道而不使水漏出,因此永动机将永不休止地顺时针转动。你认为该"浮力永动机"能否实现永动?为什么?

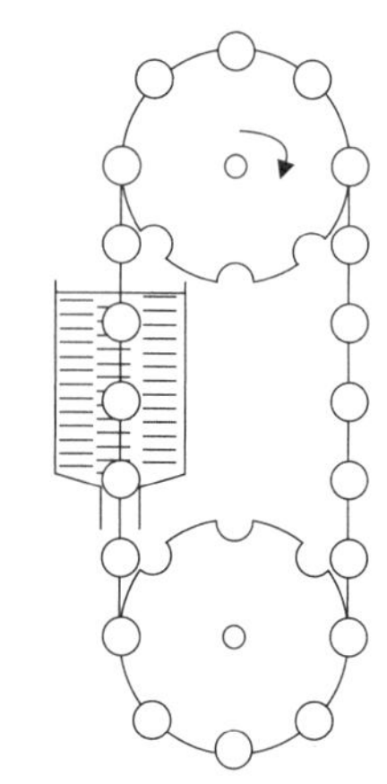

第4节 热力学第二定律

学习目标

1. 了解热传递、扩散现象、机械能与内能的转化等都具有方向性。知道具有方向性的过程为不可逆的。

2. 了解热力学第二定律的两种表述，并能用热力学第二定律解释第二类永动机不能制造成功的原因。

3. 能用热力学第二定律解释自然界中的能量转化、转移及方向性问题，并能解决一些实际问题。

4. 了解能量耗散、能源和环境。

重点、难点

热力学第二定律的两种表述，用热力学第二定律解释第二类永动机不能制造成功的原因。

自主学习

1. 热力学第二定律的一种表述

(1)热传导的方向性：一切与热现象有关的宏观自然过程都是__________。

(2)克劳修斯表述：德国物理学家克劳修斯在1850年提出，热量不能自发地从__________物体传到______物体。热力学第二定律的克劳修斯表述，阐述的是传热的__________。

2. 热力学第二定律的另一种表述

(1)热机工作的两个阶段：第一个阶段是燃烧燃料，把燃料中的_____变成工作物质的_____。第二个阶段是工作物质对外______，把自己的内能变成____________。

(2)热机的效率：热机输出的____与燃料产生的_____的比值。用公式表示为________。

(3)开尔文表述：不可能从单一热库吸收热量，使之______________，而不产生其他影响。(该表述阐述了机械能与内能转化的方向性)

(4)热力学第二定律的其他描述：

①一切宏观自然过程的进行都具有____。

②气体向真空的自由膨胀是________的。

③第二类永动机是不可能制成的。

3. 第二类永动机

(1)定义：只从单一热库吸收热量，使之完全变为功而不引起其他变化的热机。

(2)第二类永动机不可能制成的原因：虽然第二类永动机不违反_________，但大量的事实证明，在任何情况下，热机都不可能只有一个热库，热机要不断地把吸取的热量变为有用的功，就不可避免地将一部分热量传给低温热库。

核心突破

要点1 热力学第二定律

1.宏观自然过程的方向性

(1)传热具有方向性

两个温度不同的物体相互接触时,热量会自发地从高温物体传给低温物体,而低温物体不可能自发地将热量传给高温物体,要实现低温物体向高温物体传递热量,必须借助外界的帮助,因而产生其他影响。

(2)气体的扩散现象具有方向性

两种不同的气体可以自发地进入对方,最后成为均匀的混合气体,但这种均匀的混合气体,决不会自发地分开,成为两种不同的气体。

(3)机械能和内能的转化过程具有方向性

物体在地面上运动,因摩擦而逐渐停止下来,但绝不可能出现物体吸收原来传递出去的热量后,在地面上重新运动起来。

(4)气体向真空膨胀具有方向性

气体可自发地向真空容器内膨胀,但绝不可能出现气体自发地从容器中流出,使容器内变为真空。

2.对热力学第二定律的理解

(1)克劳修斯表述中"自发"的含义:当两个物体接触时,不需要任何第三者的介入,不会对任何第三者产生任何影响,热量就能从高温物体传到低温物体。"自发"的方向是从高温物体指向低温物体。

(2)开尔文表述中"不可能从单一热库吸收热量"的含义:不仅要从一个热库吸热,而且一定会向另一个热库放热。即热机工作时须有高温热库和低温热库。

(3)开尔文表述中"不产生其他影响"的含义:使发生的热力学宏观过程只在本系统内完成,对周围环境不产生热力学方面的影响,如吸热、放热、做功等。

【典例1】下列说法正确的是(　　)

A.机械能全部变成内能是不可能的

B.第二类永动机不可能制造成功是因为能量既不会凭空产生,也不会凭空消失,只能从一个物体转移到另一个物体,或从一种形式转化成另一种形式

C.根据热力学第二定律可知,热量不可能从低温物体传到高温物体

D.从单一热源吸收的热量全部变成功是可能的

跟踪练习

1.(多选)电冰箱能够不断地把热量从温度较低的冰箱内部传给温度较高的外界空气,这说明了(　　)

A.热量能自发地从低温物体传给高温物体

B.在一定条件下,热量可以从低温物体传给高温物体

C.热量的传递过程不具有方向性

D.在自发的条件下热量的传递过程具有方向性

要点2 热力学第一定律与热力学第二定律的比较

1.两个定律的区别:热力学第一定律是能量守恒定律在热力学中的具体表现形式,在转化的过程中,总的能量保持不变。热力

学第二定律是指在有限的时间和空间内，一切和热现象有关的物理过程具有不可逆性。

2.两个定律的联系：两定律都是热力学基本定律，分别从不同角度揭示了与热现象有关的物理过程所遵循的规律。二者既相互独立，又相互补充，都是热力学的理论基础。

【典例2】（多选）关于两类永动机和热力学两大定律，下列说法正确的是（　　）

A.热力学第一定律和热力学第二定律是相互独立的

B.热力学第二定律的两种表述是等效的

C.由热力学第一定律可知做功不一定改变内能，热传递也不一定改变内能，但同时做功和热传递一定会改变内能

D.由热力学第二定律可知热量从低温物体传向高温物体是可能的，从单一热库吸收热量，完全变成功也是可能的

跟踪练习

2.关于热力学第一定律和热力学第二定律，下列论述正确的是（　　）

A.热力学第一定律指出内能可以与其他形式的能相互转化，而热力学第二定律则指出内能不可能完全转化为其他形式的能，故这两条定律是相互矛盾的

B.内能可以全部转化为其他形式的能，只是会产生其他影响，故两条定律并不矛盾

C.两条定律都是有关能量的转化规律，它们不但不矛盾，而且没有本质区别

D.其实，能量守恒定律已经包含了热力学第一定律和热力学第二定律

要点3　热机的工作原理与效率

1.热机

（1）热机的工作原理

工作物质从热库吸收热量Q_1，推动活塞做功W，然后排出废气，同时把热量Q_2散发到冷凝器或大气中。

根据能量守恒定律有：$Q_1=W+Q_2$。

（2）热机的效率

把热机做的功W与它从热库中吸收的热量Q_1的比值叫作热机的效率，用η表示，有$\eta=\frac{W}{Q_1}$。因为$Q_1=W+Q_2$，所以$Q_1>W$，$\eta<1$。

【温馨提示】

①热机必须有热源和冷凝器。

②热机不能把它得到的内能全部转化为机械能。

③热机的效率不可能达到100%。

2.第二类永动机

（1）定义

只从单一热库吸收热量，使之完全变为有用的功而不引起其他变化的热机。

（2）第二类永动机不可能制成

这类机器虽然不违背能量守恒定律，但因为机械能和内能的转化过程是有方向性的，热机在工作过程中必然排出部分热量，即使没有任何漏气、摩擦、不必要机体热量损失，热机排出气体的温度总比周围空气的温度高，它会向空气散热，也总有$W<Q$，所以热机的效率总达不到100%，汽车发动机的效率一般在20%~30%，燃气轮机的效率较高，可达60%左右。

（3）热力学第二定律还可表述为第二类永动机不可能制成。

3.两类永动机的比较。

(1)分类:第一类永动机、第二类永动机。

(2)设计要求

第一类永动机:不消耗任何能量,可以不断做功(或只给予很小的能量启动后,可以永远运动下去)。

第二类永动机:将内能全部转化为机械能,而不引起其他变化(或只有一个热源,实现内能与机械能的转化)。

(3)不可能的原因

第一类永动机违背了能量守恒定律。

第二类永动机违背了热力学第二定律。

【典例3】(多选)关于第二类永动机,下列说法正确的是(　　)

A.没有冷凝器,只有单一的热源,能将从单一热源吸收的热量全部用来做功,而不引起其他变化的热机是第二类永动机

B.第二类永动机违反了能量守恒定律,所以不可能制成

C.第二类永动机不可能制成,说明机械能可以全部转化为内能,内能却不可能全部转化为机械能

D.第二类永动机不可能制成,说明机械能可以全部转化为内能,内能却不可能全部转化为机械能,同时不引起其他变化

跟踪练习

3.关于两类永动机和热力学的两个定律,下列说法正确的是(　　)

A.第一类永动机不可能制成是因为违反了热力学第二定律

B.第二类永动机不可能制成是因为违反了热力学第一定律

C.由热力学第一定律可知:做功不一定改变内能,传热也不一定改变内能,但同时做功和传热一定会改变内能

D.由热力学第二定律可知:热量从低温物体传向高温物体是可能的,从单一热库吸收热量,完全变成功也是可能的

要点4　能源和能量耗散

能源、能量与能量耗散

1.能源是能够提供高品质可利用能量的物质,如煤、石油、天然气、电能、光能、核能等,而内能相对来说是一种利用品质差些的能量。

2.能量是守恒的,无论在什么过程中,它既不会增加也不会减少。

3.能量耗散过程能量仍然守恒,但能量品质会降低,即能源减少,故我们要节约能源。

【典例4】(多选)下列关于能量耗散的说法,正确的是(　　)

A.能量耗散使能的总量减少,违背了能量守恒定律

B.能量耗散是指散失在环境中的内能很难再收集起来被人类利用

C.机械能可以全部转化为内能

D.能量耗散导致能量品质降低

跟踪练习

4.(多选)关于能源的开发和利用,下列观点正确的是(　　)

A.无节制地利用能源,是一种盲目的短期行为

B.根据能量守恒定律,能源是取之不尽、用之不竭的

C.开发和利用能源的同时,必须加强对环境的保护

D.开发新能源是缓解能源危机的途径之一

章末总结提升

要点1 热力学第一定律及其应用

1.公式和符号

(1)公式:$\Delta U=Q+W$。

(2)符号

①外界对物体做功,则W为正;物体对外界做功(多为气体膨胀),则W为负。

②物体从外界吸热,Q为正;物体放热,Q为负。

③物体内能增加,ΔU为正;物体内能减少,ΔU为负。

2.在气体的状态变化过程中应注意的问题

(1)只有绝热过程$Q=0$,$\Delta U=W$,用做功可判断内能的变化。

(2)只有在气体体积不变时,$W=0$,$\Delta U=Q$,用吸热、放热情况可判断内能的变化。

(3)在等温变化过程中,ΔU可能为零,也可能不为零。若$\Delta U=0$,W和Q不一定等于零,而是$W+Q=0$,功和热量符号相反,大小相等,因此判断内能变化问题一定要全面考虑。

(4)对于气体,做功W的正负一般要看气体体积变化,气体体积缩小,$W>0$;气体体积增大,$W<0$。

【典例1】(多选)一定量的理想气体从状态a开始,经历三个过程ab、bc、ca回到原状态,其p-T图像如图所示。下列判断正确的是(　　)

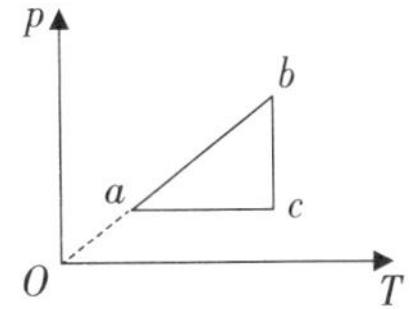

A.过程ab中气体一定吸热

B.过程bc中气体既不吸热也不放热

C.过程ca中外界对气体所做的功等于气体所放的热量

D.a、b和c三个状态中,状态a分子的平均动能最小

跟踪练习

1.(多选)一定量的理想气体从状态M可以经历过程1或者过程2到达状态N,其p-V图像如图所示。在过程1中,气体始终与外界无热量交换;在过程2中,气体先经历等容变化再经历等压变化。对于这两个过程,下列说法正确的是(　　)

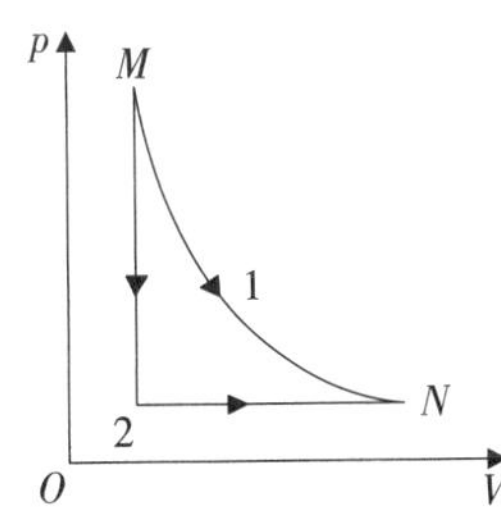

A.气体经历过程1,其温度不变

B.气体经历过程1的内能改变量与经历过程2的相同

C.气体在过程2中一直对外做功

D.气体在过程2中先放热后吸热

2.一定质量的理想气体,状态从$A\to B\to C\to D\to A$的变化过程可用如图所示的$p-V$图像描述,其中$D\to A$为等温线,气体在状态A时温度为$T_A=300\ K$。

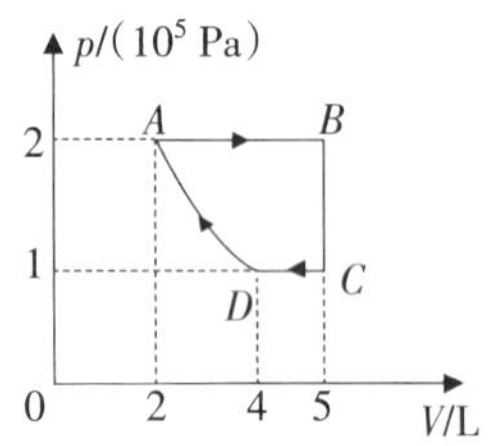

(1)求气体在状态C时的温度T_C。

(2)若气体在$A\to B$过程中吸热1 000 J,则在$A\to B$过程中气体内能如何变化?变化了多少?

要点2 热力学第二定律

1.热力学第二定律的表述

(1)克劳修斯表述:热量不能自发地从低温物体传到高温物体。

(2)开尔文表述:不可能从单一热库吸收热量,使之完全变成功,而不产生其他影响。

(3)用熵表述:在任何自然过程中,一个孤立系统的总熵不会减小。

2.热力学第二定律的微观解释

(1)一切自发过程总是沿着分子热运动的无序性增大的方向进行。

(2)掌握热力学第二定律时,要注意理解其本质,即热力学第二定律对宏观自然过程进行方向的说明。凡是对这种宏观自然过程进行方向说明的,都可以作为热力学第二定律的表述。热力学第二定律的表述很多,但这些不同的表述都是等价的。

【典例2】关于热力学定律,下列说法中正确的是(　　)

A.随着高科技的不断发展,绝对零度是可以达到的

B.热力学第二定律是热力学第一定律的推论

C.第二类永动机因为不违反能量守恒定律,所以它将会被制造出来

D.热量能够自发地从高温物体传递到低温物体,不能自发地从低温物体传递到高温物体

第四章 原子结构和波粒二象性

第1节 普朗克黑体辐射理论

学习目标

1.了解黑体和黑体辐射的概念。

2.了解黑体辐射的实验规律。

3.知道普朗克提出的能量子假说。

4.了解宏观物体和微观粒子能量变化特点。

重点、难点

1.黑体辐射的强度在不同温度下与波长的关系。

2.能量量子化假说。

自主学习

1.黑体与黑体辐射

(1)黑体:如果某种物体能够________入射的各种波长的电磁波而不发生________,这种物体就是绝对黑体,简称黑体。

(2)黑体不反射电磁波,却可以向外______电磁波,这样的辐射叫作黑体辐射。

(3)黑体辐射特点:电磁波的辐射强度按波长的分布只与黑体的________有关。

2.黑体辐射的实验规律

(1)黑体辐射的实验规律:随着温度的升高,一方面,各种波长的辐射强度都________;另一方面,辐射强度的极大值向波长较______的方向移动。如图所示:

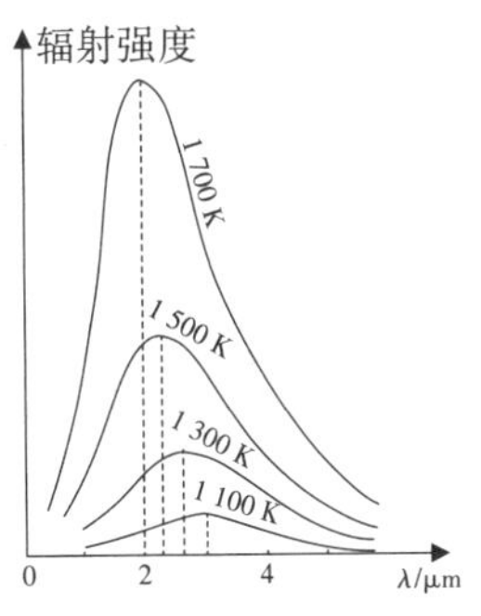

(2)对黑体辐射的解释:维恩公式在______区与实验非常接近,在________区则与实验偏离很大;瑞利公式在长波区与实验基本一致,但在短波区与实验严重不符。由于波长很小的辐射处在紫外线波段,故而由理论得出的这种荒谬结果被认为是物理学理论的灾难,当时称为“紫外灾难”。

(3)__________引入__________概念,得出与实验吻合得非常完美的黑体辐射公式。

3.能量子

(1)量子化假设

黑体由大量振子(振动着的带电微粒)组成,其能量只能是某一最小能量值ε的________,并以这个最小能量值为单位一份一份地________,这个不可再分的最小能量值ε叫作________。

(2)能量子大小:$\varepsilon=$________,其中ν是电磁波的频率,h称为普朗克常量。$h=6.626\times10^{-34}$ J·s(一般取$h=6.63\times10^{-34}$ J·s)。

(3)能量的量子化:在微观世界中能量是__________或者说微观粒子的能量是__________。

核心突破

要点1 黑体和黑体辐射的理解

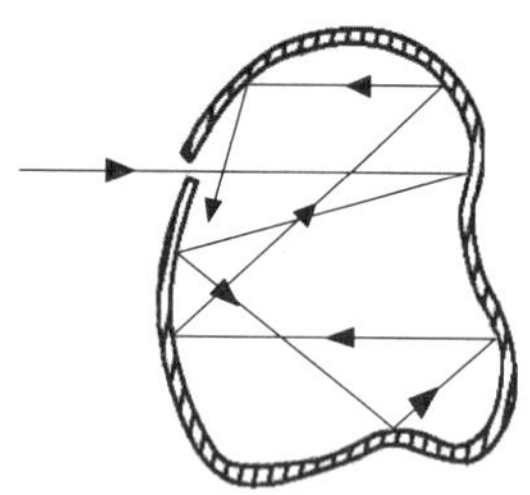

(1)对黑体的理解:绝对的黑体实际上是不存在的,但可以用某装置近似地代替。如图所示,如果在一个空腔壁上开一个小孔,那么射入小孔的电磁波在空腔内表面会发生多次反射和吸收,最终不能从空腔射出,这个小孔就近似为一个绝对黑体。

(2)对黑体辐射的理解:一般物体都具有不断辐射、吸收、反射电磁波的本领。黑体的特点是不反射电磁波,却可以向外辐射电磁波,这样的辐射叫作黑体辐射。

(3)一般物体与黑体的比较

	热辐射特点	吸收、反射特点
一般物体	辐射与温度有关,与表面状况有关,温度越高,辐射电磁波波长越短	既吸收,又反射,其能力与入射波长等因素有关,吸收能力强、反射能力弱的较黑
黑体	辐射强度按波长的分布只与温度有关,与表面无关	不反射,完全吸收各种入射电磁波

(4)现实生活中不存在绝对的黑体,实际的物体都能辐射红外线(电磁波),也都能吸收和反射红外线(电磁波),绝对黑体不存在,是理想化的模型。

(5)黑体辐射的实验规律

①温度一定时,黑体辐射强度随波长的分布有一个极大值。

②随着温度的升高,各种波长的辐射强度都会增加,辐射强度的极大值向波长较短的方向移动。

【典例1】(多选)下列叙述正确的是(　　)

A.一切物体都在辐射电磁波

B.一般物体辐射电磁波的情况只与温度有关

C.黑体辐射电磁波的强度按波长的分布只与黑体温度有关

D.黑体能够完全吸收入射的各种波长的电磁波

【典例2】(多选)在实验室或工厂的高温炉子上开一小孔,小孔可看作黑体,由小孔的热辐射特性,就可以确定炉内的温度。如图所示就是黑体的辐射强度与其辐射光波长的

关系图像，则下列说法正确的是(　　)

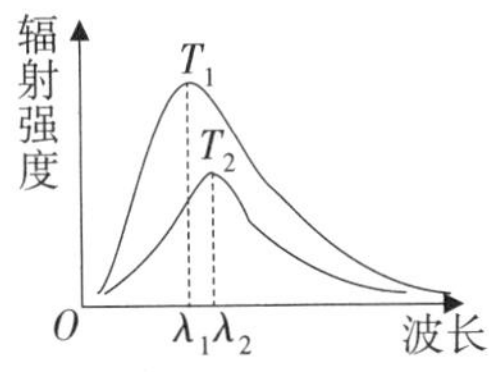

A.$T_1>T_2$

B.$T_1<T_2$

C.随着温度的升高，黑体的辐射强度都有所降低

D.随着温度的升高，辐射强度的极大值向波长较短方向移动

跟踪练习

1.(多选)根据黑体辐射的实验规律，以下判断正确的是(　　)

A.在同一温度下，波长越短的电磁波辐射强度越大

B.在同一温度下，辐射强度最大的电磁波的波长不是最大的，也不是最小的，而是处在最大与最小波长之间

C.温度越高，辐射强度的极大值就越大

D.温度越高，辐射强度最大的电磁波的波长越短

2.关于黑体辐射电磁波的强度与波长的关系，图中正确的是(　　)

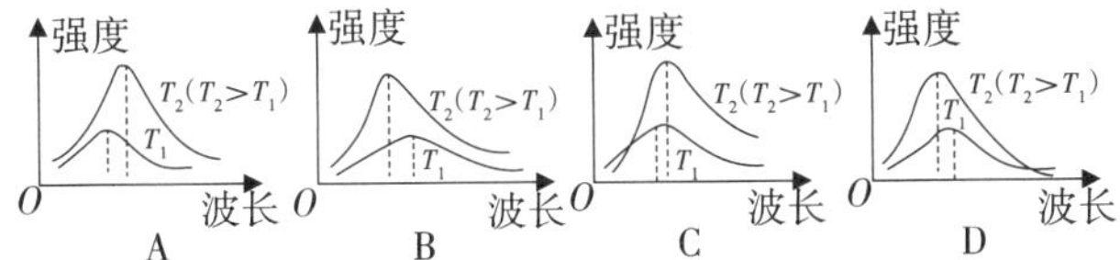

3.烟煤很接近黑体，其吸收率为99%，即投射到烟煤的辐射能量几乎全部被吸收，把一定量的烟煤置于阳光下照射，它的温度是否一直在上升?

要点2　能量子假说

(1)在微观世界，能量不能连续变化，只能取分立值，这种现象叫能量量子化。

(2)在宏观尺度内，物体的运动是连续的，能量变化是连续的，不必考虑量子化。

(3)普朗克能量量子化假设对黑体辐射的合理解释：

在能量量子化假设的基础上，普朗克得出了黑体辐射的强度按照波长分布的公式，根据公式得出的理论结果与实验结果吻合得非常完美。如图所示，曲线是根据普朗克公式得出黑体辐射强度按照波长分布的函数图像，小圆圈代表黑体辐射的实验值。从图像看出，两者符合性非常好。

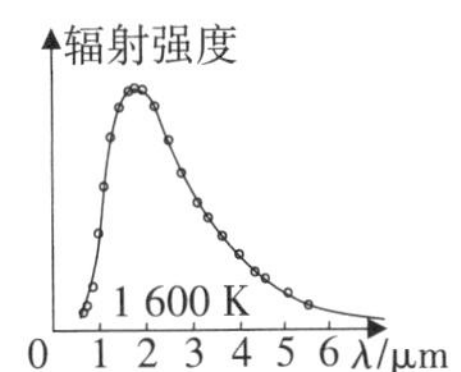

(4)普朗克的能量量子化假说的意义：普朗克的能量子假设，使人类对微观世界的本质有了全新的认识，对现代物理学的发展产生了革命性的影响，成为物理学发展史上一个重大转折点。

【典例3】第26届国际计量大会决定，质量单位“千克”用普朗克常量h定义，“国际千克原器”于2019年5月20日正式“退役”。h的数值为6.63×10^{-34} J·s，根据能量子定义，该单位用国际单位制中的力学基本单位表示，则为________。

【典例4】红外遥感卫星通过接收地面物体发出的红外辐射来探测地面物体的状况。地球大气中的水蒸气(H_2O)、二氧化碳(CO_2)能强烈吸收某些波长范围内的红外辐射，即地面物体发出的某些波长的电磁波,只有一部分能够通过大气层被遥感卫星接收。如图所示为水和二氧化碳对某一波段不同波长电磁波的吸收情况,由图可知,在该波段遥感卫星大致能够接收到的电磁波波长范围为(　　)

A.2.5~3.5 μm　　B.4~4.5 μm

C.5~7 μm　　D.8~13 μm

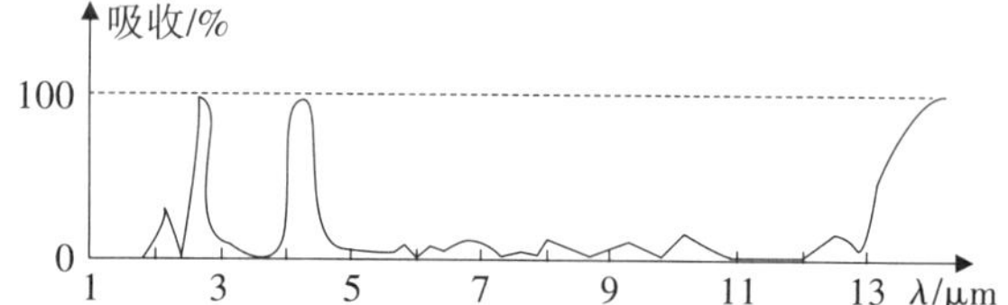

跟踪练习

4.能引起人的眼睛视觉效应的最小能量为 10^{-18} J,已知可见光的平均波长约为 60 μm,普朗克常量 $h=6.63\times10^{-34}$ J·s,则进入人眼的光子数至少为(　　)

A.1个　B.3个　C.30个　D.300个

5.以下宏观概念中,属于"量子化"的是(　　)

A.物体的长度　　B.物体所受的重力

C.物体的动能　　D.人的个数

第2节　光电效应

学习目标

1.通过实验了解光电效应的实验现象及其规律。

2.了解爱因斯坦光电效应理论及其意义,能通过爱因斯坦光电效应方程解释光电效应现象。

3.了解康普顿效应及其意义。

4.能够根据实验结论说明波粒二象性。

重点、难点

1.光电效应的实验现象及其规律。

2.光电效应方程对光电效应的解释。

3.康普顿效应。

自主学习

1.光电效应

(1)光电效应:照射到金属表面的光,能使金属中的__________从表面逸出的现象。

(2)光电子:光电效应中发射出来的_______,其本质还是电子。

(3)光电效应的实验规律

①存在着_______光电流:在光的颜色不变的情况下,入射光越强,饱和电流就越大,这表明对于一定颜色的光,入射光越强,单位时间内发射的光电子数越多。

②存在着遏止电压和_______频率:光电子的最大初动能与入射光的频率有关,而与入射光的强弱无关。当入射光的频率低于截止频率时不能发生光电效应。

③光电效应具有_______:光电效应几乎是瞬间发生的,从光照射到产生光电流的时间极短。

④逸出功:使电子脱离某种金属所做功的________。不同金属的逸出功不同。

2.爱因斯坦的光子说与光电效应方程

(1)光子说:光本身就是由一个个不可分割的____________组成的,这些能量子被称为______,频率为ν的光子的能量为________。

(2)光电效应方程

①表达式:__________________________。

②对光电效应方程的理解:能量为$\varepsilon=h\nu$的光子被某个电子所吸收,这些能量的一部分用来克服金属表面对它的吸引而做功,剩下的就是电子离开金属表面时的初动能。如果克服吸引力做功最少为W_0,电子离开金属表面时最大初动能为E_k,则根据能量守恒定律可知:$E_k=$________________。

3.康普顿效应

(1)光的散射:光在介质中与物体微粒相互作用,因而传播方向_____________的现象。

(2)康普顿效应:在光的散射中,除了与入射波λ_0______的成分外,还有波长_______λ_0的成分。

(3)康普顿效应解释:在康普顿效应中,

入射光子与晶体中电子碰撞时,把一部分动量转移给电子,光子的动量变小,由$p=$______,可知波长λ变大,因此有些光子散射后波长变大。

(4)康普顿效应的意义:康普顿效应表明光子除了具有能量之外,还具有________,深入揭示了光的________性的一面。

4.光的波粒二象性

光既具有______性又具有______性,即光具有______性。

核心突破

要点1　光电效应的规律

1.光电效应中易混淆的概念

光子和光电子	光子是指光在空间传播的每一份能量,光子不带电
	光电子是金属表面受到光照射时发射出来的电子,光子是光电效应的因,光电子是果
入射光强度与光子能量	入射光强度:单位时间内照射到金属表面单位面积上的总能量
	光子能量即每个光子的能量,光子总能量等于光子能量与入射光子数的乘积
光电子的动能与光电子的最大初动能	初动能:光照射金属时,从金属逸出时电子的动能; 大小满足$E_k=h\nu-E_{损}$,$E_{损}$为电子逸出时克服原子核和其他原子的阻碍而损失的能量
	最大初动能:光照射金属时,从金属逸出时电子动能的最大值。 (1)只有从金属表面逸出的电子的动能才最大; (2)满足光电效应方程$E_{km}=h\nu-W_0$

续表

光电流和饱和光电流	光电流:从金属板逸出的光电子到达阳极,回路中形成电流。 饱和光电流:光电流随所加正向电压的增大趋于一个饱和值。 (1)在光的频率不变时,饱和电流与所加电压大小无关; (2)在光的频率不变时,饱和电流随入射光强度的增大而增大
遏止电压、截止频率和逸出功	遏止电压:使光电流减小到零的反向电压。 (1)它的存在意味着光电子从金属表面逸出时具有一定的速度。 (2)同一金属,入射光的频率不变,遏止电压不变;入射光的频率改变,遏止电压改变
	截止频率:能使某种金属发生光电效应的入射光的最小频率。 (1)当光的频率低于截止频率时,即使不加反向电压也没有光电流。 (2)不同金属的截止频率不同
	逸出功:电子脱离某种金属所需做功的最小值。 (1)不同金属的逸出功不同。 (2)逸出功只与金属有关,与入射光的频率、所加电压无关

2.光电效应与经典电磁理论的矛盾

(1)矛盾之一:遏止电压由入射光频率决定,与光的强弱无关。

按照光的经典电磁理论,光越强,光电子的初动能应该越大,所以遏止电压应与光的强弱有关,而实验表明:遏止电压由入射光的频率决定,与光强无关。

(2)矛盾之二:存在截止频率

按照光的经典电磁理论,不管光的频率如何,只要光足够强,电子都可获得足够的能量从而逸出表面,不应存在截止频率,而实验表明:不同金属有不同的截止频率,入射光频率大于截止频率时才会发生光电效应。

(3)矛盾之三:具有瞬时性

按照光的经典电磁理论,如果光很弱,电子需几分钟到十几分钟的时间才能获得逸出表面所需的能量,而实验表明:无论入射光怎样微弱,光电效应几乎都是瞬时的。

【典例1】 利用光电管研究光电效应实验,如图所示,用频率为ν的可见光照射阴极K,电流表中有电流通过,则(　　)

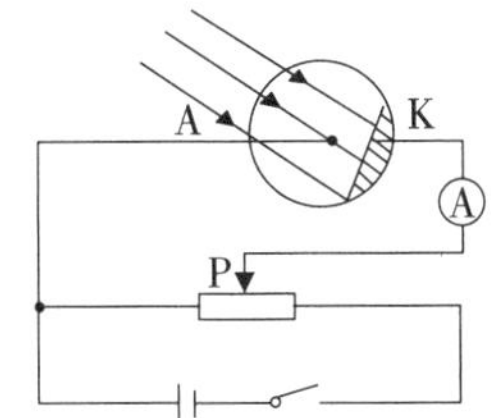

A.用紫外线照射,电流表不一定有电流通过

B.用红光照射,电流表一定无电流通过

C.用频率为ν的可见光照射K,当滑动变阻器的滑动触头移到左端时,电流表中一定无电流通过

D.用频率为ν的可见光照射K,当滑动变阻器的滑动触头向右端滑动时,电流表示数可能不变

跟踪练习

1.如图所示,把一块不带电的锌板用导线连接在验电器上,当用某频率的紫外线照射锌板时,发现验电器指针偏转一定角度,下列说法正确的是(　　)

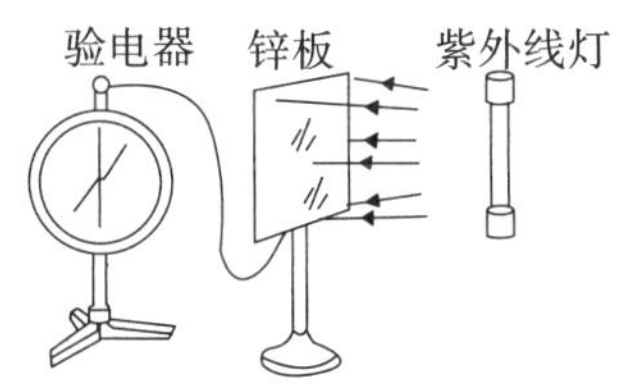

A.验电器带正电,锌板带负电

B.验电器带负电,锌板也带负电

C.若改用红光照射锌板,验电器的指针一定也会偏转

D.若改用同等强度频率更高的紫外线照射锌板,验电器的指针也会偏转

2.关于光电效应有如下几种陈述,其中正确的是(　　)

A.金属电子的逸出功与入射光的频率成正比

B.光电流强度与入射光强度无关

C.用不可见光照射金属一定比可见光照射金属产生的光电子的初动能要大

D.对任何一种金属都存在一个"最大波长",入射光的波长必须小于这个波长,才能产生光电效应

3.(多选)光电效应的实验结论是:对于某种金属(　　)

A.无论光强多强,只要光的频率小于极限频率就不能产生光电效应

B.无论光的频率多低,只要光照时间足够长就能产生光电效应

C.超过极限频率的入射光强度越弱,所产生的光电子的最大初动能就越小

D.超过极限频率的入射光频率越高,所产生的光电子的最大初动能就越大

要点2　光电效应方程的理解和应用

1.对光电效应方程$E_k=h\nu-W_0$的理解

(1)能量为$E=h\nu$的光子被电子吸收,电子把这些能量的一部分用来克服金属表面对它的吸引,另一部分就是电子离开金属表面时的动能。

(2)E_k为光电子的最大初动能,如果克服吸引力做功最少为W_0,则电子离开金属表面时动能最大为E_k,就某个光电子而言,其离开金属时的动能大小可以是零到E_k范围内的任何数值。

(3)方程$E_k=h\nu-W_0$实质上是能量守恒方程。

2.光子说与光电效应方程对光电效应的解释

(1)方程$E_k=h\nu-W_0$包含了产生光电效应的条件,即要产生光电效应,则$E_k=h\nu-W_0>0$,亦即$h\nu>W_0$,$\nu>\frac{W_0}{h}$,而$\nu_c=\frac{W_0}{h}$就是金属的极限频率。

(2)方程$E_k=h\nu-W_0$表明,光电子的最大初动能E_k与入射光的频率ν存在线性关系(如图所示),与光强无关。图中横轴上的截距是截止频率或极限频率,纵轴上的截距是逸出功的负值,图线的斜率为普朗克常量。

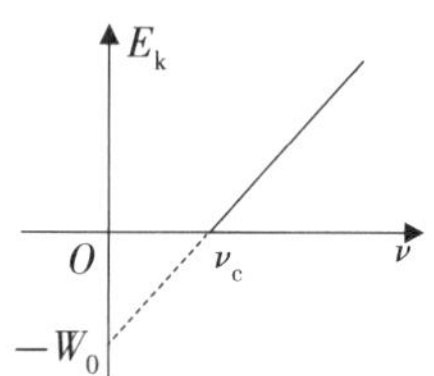

(3)饱和光电流随光强的增大而增大

对于同种频率的光,光较强时,单位时间内照射到金属表面的光子数较多,照射金属时产生的光电子较多,因而饱和光电流较大。

3.光电效应应用时的技巧和方法

抓住两条对应关系和三个关系式

(1)两条对应关系

①光强大→光子数目多→发射光电子多→光电流大。

②光子频率高→光子能量大→光电子的最大初动能大。

(2)三个关系式

①爱因斯坦光电效应方程:$E_k=h\nu-W_0$。

②最大初动能与遏止电压的关系:$E_k=eU_0$。

③逸出功与极限频率的关系:$W_0=h\nu_c$。

【典例2】(多选)爱因斯坦成功地解释了光电效应现象,提出了光子说,与光电效应有关的四个图像如图所示,下列说法正确的是(　　)

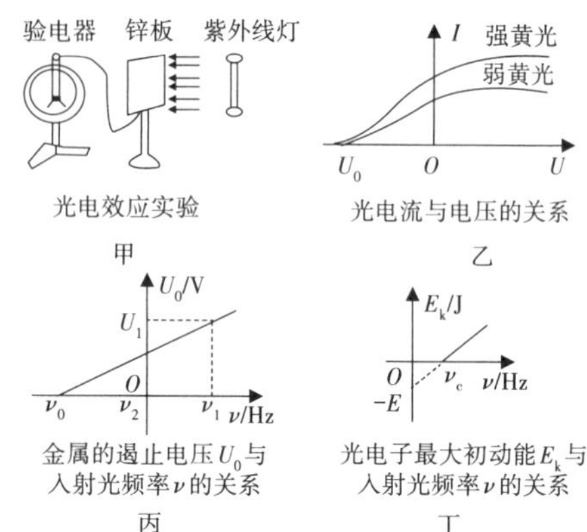

A.根据图甲装置,如果先让锌板带负电,再用紫外线照射锌板,则验电器的张角可能变小

B.根据图乙可知,黄光越强,饱和电流越大,说明光子的能量与光强有关

C.由图丙可知ν_2为该金属的截止频率

D.由图丁可知E等于该金属的逸出功

跟踪练习

4.(多选)现有a、b、c三束单色光,其波长关系为$\lambda_a>\lambda_b>\lambda_c$。用b光束照射某种金属时,恰能发生光电效应。若分别用a光束和c光束照射该金属,则可以断定(　　)

A.a光束照射时,不能发生光电效应

B.c光束照射时,一定能发生光电效应

C.a光束照射时,释放光电子数目最多

D.c光束照射时,释放光电子的最大初动能最小

5.(多选)如图所示的装置用来研究光电效应现象,当用光子能量为2.5 eV的光照射到光电管上时,电流表G的读数为0.2 mA,改变

滑动变阻器触头c的位置，当电压表的示数大于或等于0.7 V时，电流表示数为0，则(　　)

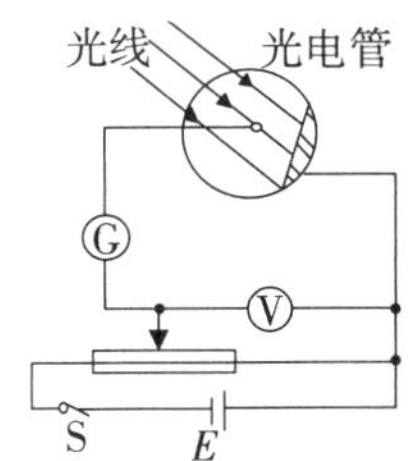

A.光电管阴极的逸出功为1.8 eV

B.开关S断开后，没有电流流过电流表G

C.改用光子能量为0.5 eV的光照射，电流表G也有电流，但电流较小

D.光电子的最大初动能为0.7 eV

6.用金属钙做光电效应实验时，得到的光电子的最大初动能E_{km}与入射光频率ν的关系如图所示。用其他金属做实验，得到的E_{km}-ν图线也为直线。表中列出了几种金属的截止频率和逸出功，下列判断正确的是(　　)

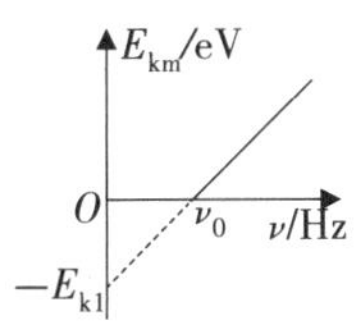

金属	钨	钙	钠
截止频率ν_0/(10^{14} Hz)	10.95	7.73	5.53
逸出功W_0/eV	4.54	3.20	2.29

A.如用金属钨做实验，得到的E_{km}-ν图线的斜率比图中直线的斜率大

B.如用金属钨做实验，得到的E_{km}-ν图线的斜率比图中直线的斜率小

C.如用金属钠做实验，得到的E_{km}-ν图线延长线与纵轴交点的坐标为$(0,-E_{k2})$，则$E_{k2}>E_{k1}$

D.如用金属钠做实验，得到的E_{km}-ν图线延长线与纵轴交点的坐标为$(0,-E_{k2})$，则$E_{k2}<E_{k1}$

要点3　康普顿效应和光子的动量

1.康普顿的光子模型:光子不仅具有能量，而且具有动量，光子的动量:$p=\dfrac{h}{\lambda}$。

2.解释康普顿效应

(1)经典物理的理论无法解释康普顿效应

按照经典物理的理论，由于光是电磁振动的传播，入射光将引起物质内部带电粒子的受迫振动，振动着的带电粒子从入射光吸收能量，并向四周辐射，这就是散射光。散射光的频率应该等于带电粒子受迫振动的频率，也就是入射光的频率。因而散射光的波长与入射光的波长应该相同，不应出现$\lambda>\lambda_0$的散射光。

(2)光子说对康普顿效应的解释

按照爱因斯坦的光子说，一个X射线光子不仅具有能量$\varepsilon=h\nu$，而且还具有动量$p=\dfrac{h}{\lambda}$，如图所示，这个光子与晶体中的电子发生碰撞时，光子的部分能量转移给了电子，由能量$h\nu$减小为$h\nu'$，因此频率减小，光子动量会变小，由$p=\dfrac{h}{\lambda}$，波长增大。同时，光子还使电子获得了一定动量，这样就圆满地解释了康普顿效应。

【典例3】康普顿效应证实了光子不仅具有能量，也有动量。如图给出了光子与静止电子碰撞后，电子的运动方向，则碰后光子(　　)

A.可能沿1方向，且波长变短

B.可能沿2方向,且波长变短

C.可能沿1方向,且波长变长

D.可能沿3方向,且波长变长

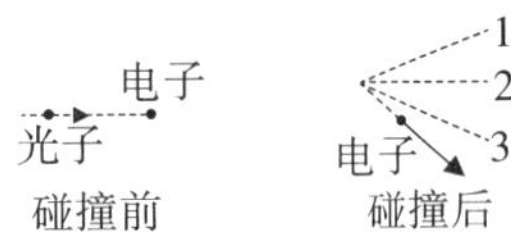

【思路方法】

对康普顿效应的三点认识:

(1)光电效应主要用于电子吸收光子的问题;而康普顿效应主要用于讨论光子与电子碰撞且没有被电子吸收的问题。

(2)假定X射线光子与电子发生弹性碰撞。光子和电子相碰撞时,光子有一部分动量传给电子,散射光子的动量减少,于是散射光的波长大于入射光的波长。

(3)康普顿效应进一步揭示了光的粒子性,也再次证明了爱因斯坦光子说的正确性。

跟踪练习

7.科学研究证明,光子有能量也有动量,当光子与电子碰撞时,光子的一些能量转移给了电子。假设光子与电子碰撞前的波长为λ,碰撞后的波长为λ',则碰撞过程中(　　)

A.能量守恒,动量守恒,且$\lambda=\lambda'$

B.能量不守恒,动量不守恒,且$\lambda=\lambda'$

C.能量守恒,动量守恒,且$\lambda<\lambda'$

D.能量守恒,动量守恒,且$\lambda>\lambda'$

8.下列说法中不正确的是(　　)

A.康普顿效应说明了光子具有动量和能量

B.康普顿效应进一步证实了光的粒子性

C.黑体辐射规律是爱因斯坦提出的

D.普朗克提出能量子假设

要点4　光的波粒二象性

(1)大量光子在传播过程中往往显示出波动性,如光的干涉、衍射、偏振现象。

(2)个别光子在与其他物质相互作用时是“一份一份”进行的,往往显示出粒子性,如光电效应和康普顿效应。

(3)光既具有波动性,又具有粒子性(不同于宏观观念的粒子,是“一份一份”的),即光具有波粒二象性。

跟踪练习

9.有关光的波粒二象性,下列说法正确的是(　　)

A.康普顿效应揭示了光具有波动性

B.个别光子只有粒子性,多数光子的作用效果才表现为波动性

C.只有波长较长的光子才表现出波动性

D.光电效应揭示了光具有粒子性,光的波长越短,其粒子性越显著

第3节 原子的核式结构模型

学习目标

1. 知道发现电子的意义，体会电子发现过程中所蕴含的科学方法。

2. 了解α粒子散射实验的实验器材、实验原理和实验现象。

3. 了解卢瑟福的原子核式结构模型的主要内容，知道原子核的大小和原子核半径的数量级。

4. 认识原子核式结构模型建立的科学推理与论证过程。

重点、难点

1. α粒子散射实验的实验器材、实验原理和实验现象。

2. 卢瑟福的原子核式结构模型的主要内容。

自主学习

1. 电子的发现

(1)汤姆孙的探究

①让阴极射线分别通过电场和磁场，根据偏转情况，证明它是带负电的粒子流并求出了它的比荷。

②使用不同材料的阴极做实验，所得比荷的数值都相同，证明这种粒子是构成各种物质的共有成分。

③用实验测得阴极射线粒子的电荷量，证明与氢离子的电荷量大致相同。

④进一步研究新现象，不论是正离子的轰击、紫外光的照射、金属受热还是放射性物质的自发辐射，都能发射同样的带电粒子——电子。由此可见，电子是原子的组成部分，是比原子更基本的物质单元。

(2)密立根“油滴实验”的主要贡献

①精确测定电子电荷、比荷。

②电荷是量子化的，即任何带电体的电荷只能是e的整数倍。

2. 电子的有关常量

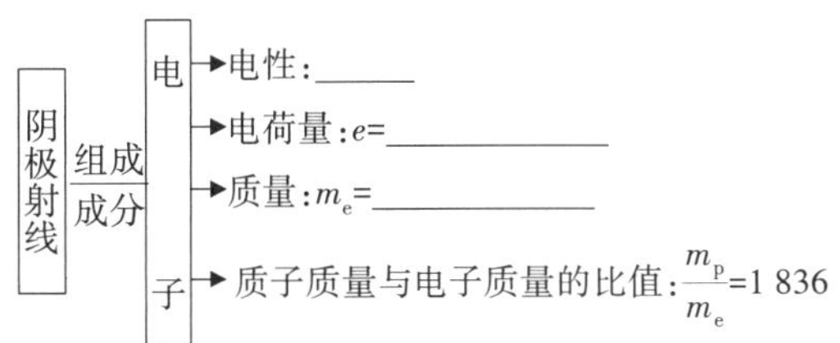

3. 汤姆孙的原子模型

汤姆孙于1898年提出了原子模型，他认为原子是一个球体，正电荷弥漫性地均匀分布在整个球体内，电子镶嵌其中。

汤姆孙的原子模型被称为西瓜模型或枣糕模型，该模型能解释一些实验现象，但后来被α粒子散射实验否定了。

4. 粒子散射实验

(1)α粒子

α粒子是从放射性物质中发射出来的快速运动的粒子，含有两个单位的正电荷，质量为氢原子质量的4倍。

(2)实验方法

用α粒子源发射的α粒子束轰击金箔,带有荧光屏的显微镜在水平面内不同方向对散射的α粒子进行观察,统计散射到各方向的α粒子所占的比例,可以推知原子中电荷的分布情况。

(3)实验装置

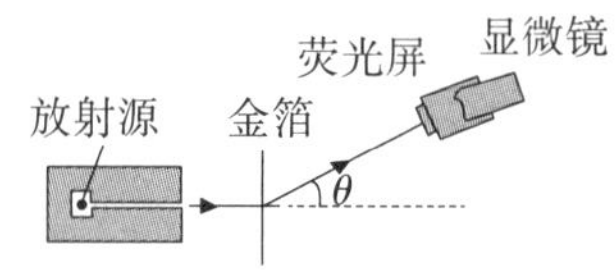

(4)实验现象

①绝大多数的α粒子穿过金箔后,基本上仍沿原来的方向前进。

②少数α粒子发生了大角度偏转;极少数偏转的角度甚至大于90°,它们几乎被"撞了回来"。

(5)实验意义

卢瑟福通过α粒子散射实验,否定了汤姆孙的原子模型,建立了核式结构模型。

5.卢瑟福的核式结构模型

(1)原子核式结构的内容是:在原子的中心有一个很小的核叫__________,原子的全部__________和几乎全部的__________都集中在核里,带负电的电子在核外空间绕核旋转。

(2)原子半径的数量级为__________m,原子核半径的数量级为__________m,两者相差十万倍,这就是原子内部绝大部分是空的的原因。

核心突破

要点1 阴极射线

1.对阴极射线的认识和理解

(1)阴极射线实际上就是电子流。

(2)阴极射线的来源:若真空度高,阴极射线的粒子主要来自阴极,少量粒子还来自管中残存气体分子被电离产生的电子。

(3)阴极射线的特点:轰击荧光物质能使其发光。

2.探究阴极射线带电性质的方法

(1)在阴极射线所经区域加上电场,通过打在荧光屏上的亮点的变化和电场的情况确定带电的性质。若沿着电场线方向偏转,则粒子带正电;若逆着电场线方向偏转,则粒子带负电。

(2)使阴极射线垂直进入磁场,根据亮点位置的变化和左手定则确定带电的性质。如果粒子按图示方向进入磁场,且做顺时针的圆周运动,则粒子带正电;若做逆时针的圆周运动,则粒子带负电。

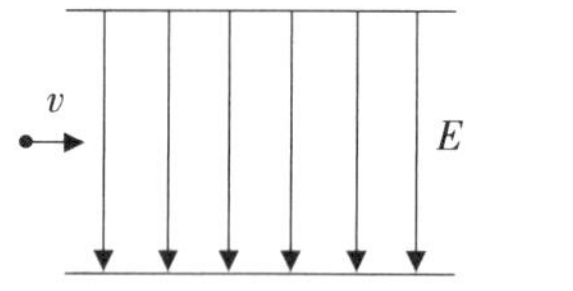

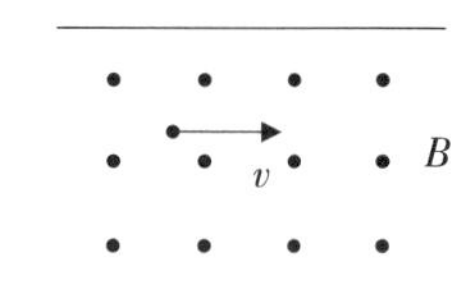

3.汤姆孙发现电子的实验事实

(1)利用电场,判断阴极射线的电性。

(2)利用电场、磁场(即速度选择器),计算阴极射线的带电粒子运动速度。

(3)利用磁场,得出阴极射线的比荷。

(4)提出假想,认为阴极射线粒子电荷量大小与氢离子一样,质量比氢离子小得多。

(5)实验验证假想,提出电子概念。

(6)探究更多现象,得出结论:电子是原子的组成部分。

4.电子发现的意义:原子不是组成物质的最小微粒,原子本身是有结构的。

【典例1】(多选)关于阴极射线的性质,判断正确的是(　　)

A.阴极射线带负电

B.阴极射线带正电

C.阴极射线的比荷比氢原子比荷大

D.阴极射线的比荷比氢原子比荷小

【典例2】图示为汤姆孙用来测定电子比荷的装置。当极板P和P'间不加偏转电压时，电子束打在荧光屏的中心O点处，形成一个亮点；加上偏转电压U后，亮点偏离到O'点，O'点到O点的竖直距离为d，水平距离可忽略不计。此时在P与P'之间的区域里再加上一个方向垂直于纸面向里的匀强磁场，调节磁感应强度，当其大小为B时，亮点重新回到O点。已知极板水平方向长度为L_1，极板间距为b，极板右端到荧光屏的距离为L_2。

(1)求打在荧光屏O点的电子速度的大小。

(2)推导出电子比荷的表达式。

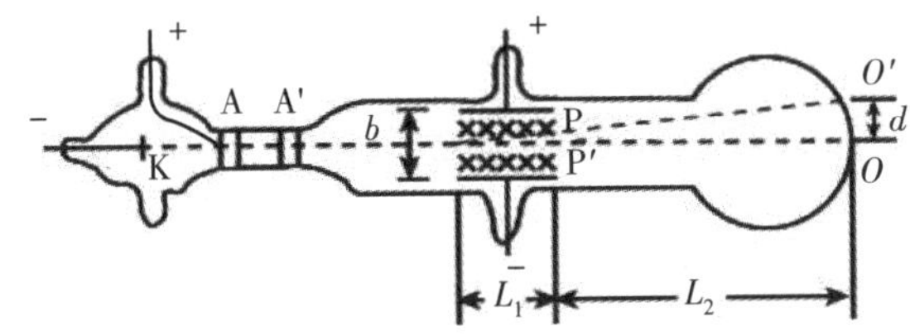

跟踪练习

1.(多选)下列说法中正确的是(　　)

A.汤姆孙精确地测出了电子电荷量$e=1.602\ 177\ 33\times10^{-19}$ C

B.电子电荷量的精确值是密立根通过“油滴实验”测出的

C.汤姆孙油滴实验更重要的发现是电荷量是量子化的，即任何电荷量只能是e的整数倍

D.通过实验测得电子的比荷及其电荷量e的值，就可以确定电子的质量

2.发射阴极射线的阴极射线管中的高电压的主要作用是(　　)

A.使管内气体电离

B.使管内产生自由电子

C.使管内障碍物的电势升高

D.使电子加速

3.(多选)如图所示是阴极射线显像管及其偏转线圈的示意图，显像管中有一个阴极，工作时它能发射阴极射线，荧光屏被阴极射线轰击就能发光。安装在管颈的偏转线圈产生偏转磁场，可以使阴极射线发生偏转。下列说法中正确的是(　　)

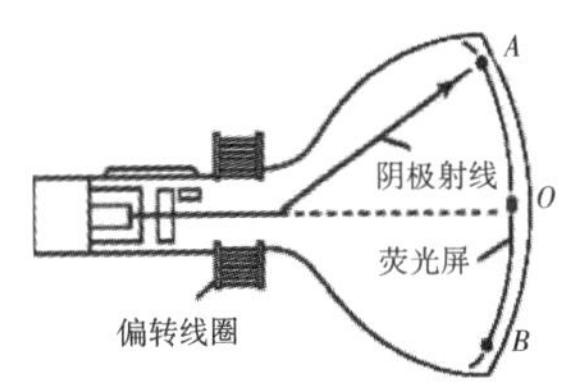

A.如果偏转线圈中没有电流，则阴极射线应该打在荧光屏正中的O点

B.要使阴极射线在竖直方向偏离中心，打在荧光屏上A点，则偏转磁场的方向应该垂直于纸面向里

C.要使阴极射线在竖直方向偏离中心，打在荧光屏上B点，则偏转磁场的方向应该垂直于纸面向里

D.要使阴极射线在荧光屏上的位置由B点向A点移动，则偏转磁场的磁感应强度应该先由小到大，再由大到小

要点2　原子核式结构模型

1.两种原子结构模型对α粒子散射现象的分析

(1)汤姆孙枣糕模型对α粒子散射现象的分析

①分布情况:正电荷弥漫性地均匀分布,在原子内电子镶嵌其中。

②受力情况:电子质量只有α粒子的$\frac{1}{7\,300}$,对α粒子的影响完全可以忽略,两侧正电荷对α粒子的排斥力有相当部分相互抵消,使α粒子偏转的库仑合力不会很大。

③偏转情况:不会发生很大偏转,更不会弹回。

④分析结论:汤姆孙模型的分析不符合α粒子散射的实际情况。

(2)卢瑟福核式结构模型对α粒子散射现象的分析

①分布情况:正电荷和几乎全部质量集中在原子核内,原子中绝大部分是空的。

②受力情况:少数α粒子靠近原子核时,受到的库仑力大;大多数α粒子离原子核较远,受到的库仑力较小。

③偏转情况:如图所示。

Ⅰ.少数α粒子发生大角度偏转,甚至被弹回;

Ⅱ.绝大多数α粒子运动方向不会发生明显变化(因为电子的质量相对于α粒子很小);

Ⅲ.如果α粒子几乎正对着原子核射来,偏转角度几乎达到180°,这种机会很少。

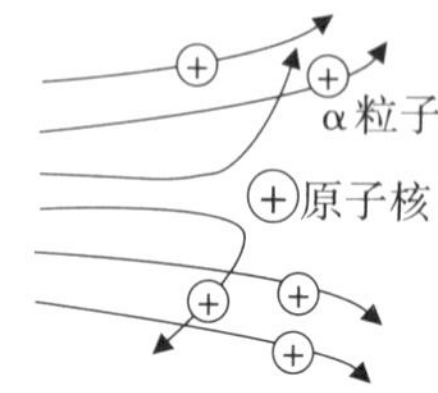

2.原子核的电荷与尺度

(1)原子内的电荷关系:各种元素的原子核的电荷数与原子内含有的电子数相等,非常接近它们的原子序数。

(2)原子核的组成:原子核是由质子和中子组成的,原子核的电荷数就等于原子核中的质子数。

(3)原子核的大小:原子核半径的数量级为10^{-15} m,而整个原子半径的数量级是10^{-10} m。因而原子内部十分“空旷”。

【典例3】如图所示为卢瑟福α粒子散射实验装置的示意图,图中的显微镜可在圆周轨道上转动,通过显微镜前相连的荧光屏可观察α粒子在各个角度的散射情况。下列说法中正确的是(　　)

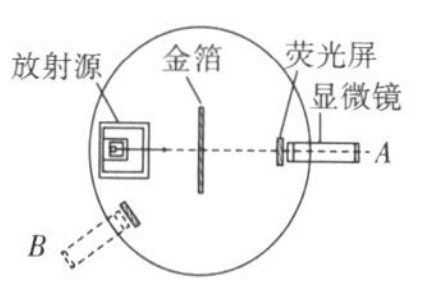

A.在图中的A、B两位置分别进行观察,相同时间内观察到屏上的闪光次数一样多

B.在图中的B位置进行观察,屏上观察不到任何闪光

C.卢瑟福选用不同重金属箔片作为α粒子散射的靶,观察到的实验结果基本相似

D.α粒子发生散射的主要原因是α粒子撞击到金原子后产生的反弹

【典例4】(多选)由α粒子的散射实验可以得出的正确结论有(　　)

A.原子中绝大部分是空的

B.原子中全部正电荷都集中在原子核内

C.原子的质量几乎全部都集中在原子核内

D.原子核中存在着带负电的电子

跟踪练习

4.在α粒子散射实验中,选用金箔的原因

下列说法不正确的是(　　)

A.金具有很好的延展性,可以做成很薄的箔

B.金原子核不带电

C.金原子核质量大,被α粒子轰击后不易移动

D.金原子核半径大,易形成大角度散射

5.卢瑟福预想到原子核内除质子外,还有中子的事实依据(　　)

A.电子数与质子数相等

B.原子核的质量大约是质子质量的整数倍

C.原子核的核电荷数比其质量数小

D.质子和中子的质量几乎相等

6.在α粒子散射实验中,某一α粒子经过某一原子核附近时的运动轨迹如图中实线所示。图中P、Q为轨迹上的点,虚线是过P、Q两点并与轨迹相切的直线,两虚线和轨迹将平面分为五个区域。不考虑其他原子核对该α粒子的作用,那么关于该原子核的位置,下列说法中正确的是(　　)

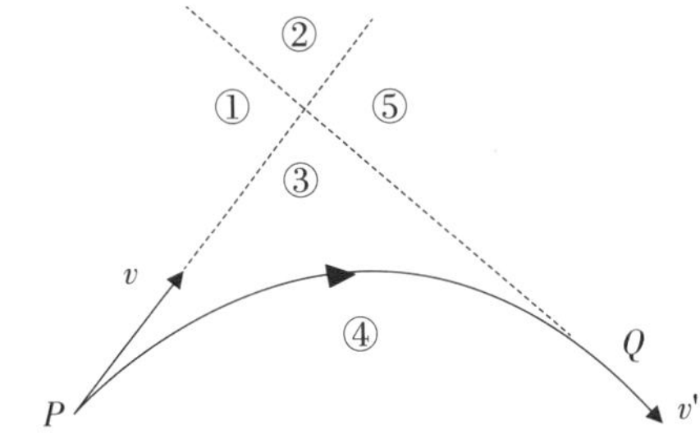

A.可能在①区域　　B.一定在②区域

C.可能在③④区域　　D.一定在⑤区域

7.密立根油滴实验进一步证实了电子的存在,揭示了电荷的非连续性。如图所示是密立根油滴实验的原理示意图,设小油滴的质量为m,调节两极板间的电势差U,当小油滴悬浮不动时,测出两极板间的距离为d。则可求出小油滴的电荷量q=________。

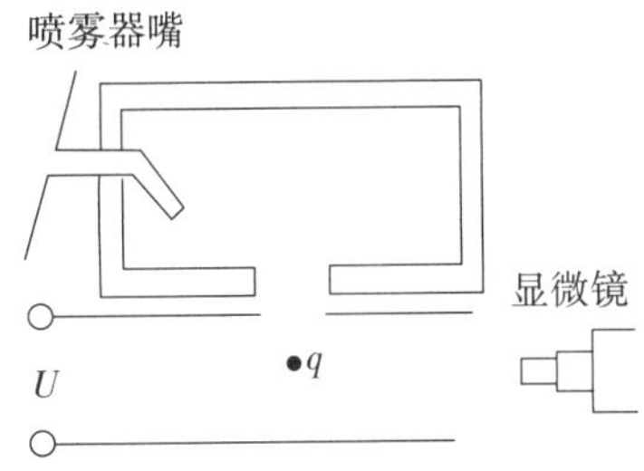

第4节　氢原子光谱和玻尔的原子模型

学习目标

1. 了解光谱、连续谱和线状谱等概念。知道氢原子光谱的实验定律。

2. 知道经典理论的困难在于无法解释原子的稳定性和光谱的分立特性。

3. 了解玻尔原子理论的基本假设的主要内容。能用玻尔原子理论解释氢原子能级图及光谱。

4. 认识玻尔的原子理论和卢瑟福的核式结构模型之间的继承和发展关系。了解玻尔模型的不足之处及其原因。

重点、难点

1. 原子光谱的分类,说出连续谱和线状谱的区别。

2. 玻尔原子理论的基本假设、电子的轨道量子化和原子的能量量子化。

3. 能级、定态、基态、激发态和跃迁的概念,根据能级图计算两个能级之差。

4. 玻尔理论对氢光谱的解释。

自主学习

1. 光谱和光谱分析

(1)光谱的定义:用光栅或棱镜可以把各种颜色的光按______展开,获得光的波长(频率)和强度分布的记录,即光谱。

(2)光谱的分类和比较

光谱分类		产生条件	光谱形式
发射光谱	连续谱	炽热固体、液体和高压气体发光形成	______分布,一切波长的光都有
	线状谱(原子光谱)	稀薄气体发光形成	一些______的亮线组成。不同元素谱线不同(又叫特征谱线)
吸收光谱		炽热的白光通过温度较低的气体后,某些波长的光被______后形成	用分光镜观察时,见到连续谱背景上出现一些______(与特征谱线对应)

(3)太阳光谱

①太阳光谱的特点:在连续谱的背景上出现一些不连续的________,是一种吸收光谱。

②产生原因:当阳光透过太阳的高层大气射向地球时,太阳高层大气中含有的元素会______它自己特征谱线的光,这就形成了连续谱背景下的________。

(4)光谱分析:由于每种原子都有自己的________,可以利用它来鉴别物质和确定物质的________,这种方法称为光谱分析。

①优点:灵敏度________,样本中一种元素的含量达到10^{-10} g时就可以被检测到。

②应用:a. 发现新元素;b. 鉴别物体的物质成分。

③用于光谱分析的光谱:____________________________。

2.氢原子光谱的实验规律

(1)巴耳末公式

$\frac{1}{\lambda}=R(\frac{1}{2^2}-\frac{1}{n^2})$,$n=3,4,5,\cdots$,式中$R$叫作里德伯常量,实验值为$R=1.10\times10^7\ \text{m}^{-1}$。

①公式特点:第一项都是$\frac{1}{2^2}$;

②巴耳末公式说明氢原子光谱的波长只能取________,不能取________。巴耳末公式以简洁的形式反映了氢原子的线状光谱,即辐射波长的________特征。

(2)其他公式

氢原子光谱在红外和紫外光区的其他谱线满足与巴耳末公式类似的关系式。如莱曼系在紫外光区,公式为$\frac{1}{\lambda}=R_\infty(\frac{1}{1^2}-\frac{1}{n^2})$,其中$n=2,3,4,\cdots$。

(3)经典理论的困难

①核式结构模型的成就:正确地指出了________的存在,很好地解释了________。

②困难:经典物理学既无法解释原子的________,又无法解释原子光谱的________。

3.对玻尔理论的理解

(1)玻尔原子模型的基本假设

①轨道量子化

a.轨道半径只能够是某些________的数值。

b.氢原子的电子最小轨道半径$r_1=0.053$ nm,其余轨道半径满足$r_n=$________,n为量子数,$n=$________。

②能量量子化

a.不同轨道对应不同的状态,在这些状态中,尽管电子做变速运动,却不辐射能量,因此这些状态是稳定的,原子在不同状态有不同的能量,所以原子的能量也是量子化的。

b.基态

原子________的能量状态称为基态,对应的电子在离核最________的轨道上运动,氢原子基态能量$E_1=$__________。

c.激发态

较高的能量状态称为激发态,对应的电子在离核较远的轨道上运动。

氢原子各能级的关系为:$E_n=\frac{1}{n^2}E_1$。($E_1=-13.6\ \text{eV}$,$n=1,2,3,\cdots$)

③能级跃迁与光子的发射和吸收

原子从一种定态跃迁到另一种定态时,它辐射或吸收一定频率的光子,光子的能量由这两种定态的能量差决定,即:

$$\text{高能级}E_m \underset{\text{吸收光子}h\nu=E_m-E_n}{\overset{\text{放出光子}h\nu=E_m-E_n}{\rightleftharpoons}} \text{低能级}E_n(m>n)$$

(2)玻尔理论对氢光谱的解释

①原子从一种能量态跃迁到另一种能量态时,吸收(或放出)能量为$h\nu$的光子(h是普朗克常量),这个光子的能量由前后两个能级的________决定,即$h\nu=$________$(m>n)$。若由$m\to n$,则________光子,若由$n\to m$,则________光子。

②根据氢原子的能级图可以推知,一群量子数为n的氢原子最后跃迁到基态时,可能发出的不同频率的光子数可用$N=C_n^2=\frac{n(n-1)}{2}$计算。

(3)玻尔理论的局限性

①玻尔理论的成功之处在于把________思想引入了原子结构理论,提出了________和跃迁的概念,成功地解释了氢原子光谱的实验规律。

②玻尔理论的不足之处在于保留了______的观念,把电子的运动仍看作经典力学描述下的轨道运动,没有彻底摆脱______理论的框架。

③电子云

原子中的电子没有确定的坐标值,我们只能描述电子在某个位置出现的______是多少,把电子这种在各个位置出现的概率用疏密不同的点表示时,这种图像就像云雾一样,故称电子云。

核心突破

要点1 对光谱有关问题的理解

(1)光谱的产生机理

许多情况下,光是由原子内部电子的运动产生的。

(2)连续谱、线状谱、光谱中的暗线

①连续谱

其光谱是连在一起的光带。例如钨丝白炽灯的光谱。

②线状谱

各种原子的发射光谱都是线状谱。不同元素的原子产生的线状谱是不同的,但同种元素原子产生的线状谱是相同的。

③光谱中的暗线

实验表明,各种原子的吸收光谱中的每一条暗线都跟该原子的线状谱中的一条亮线相对应。即某种原子发出的光与吸收的光的频率是特定的,因此吸收光谱中的暗线也是该元素原子的特征谱线。例如:太阳光谱就是典型的吸收光谱。

【典例1】 下列关于光谱和光谱分析的说法中,正确的是(　　)

A. 日光灯产生的光谱是连续谱

B. 太阳光谱中的暗线说明太阳上缺少与这些暗线相对应的元素

C. 我们能通过光谱分析鉴别月球的物质成分

D. 连续谱是不能用来做光谱分析的

【思路方法】

解决光谱和光谱分析问题应从分析光谱成因入手。

跟踪练习

1. 下列物质产生线状谱的是(　　)

A. 炽热的钢水

B. 发亮的白炽灯

C. 炽热的高压气体

D. 固体或液体汽化成稀薄气体后发光

2. 关于光谱,下列说法正确的是(　　)

A. 大量原子发出的光谱是连续谱,少量原子发出的光谱是线状谱

B. 线状谱由不连续的若干波长的光组成

C. 做光谱分析时只能用发射光谱,不能用吸收光谱

D. 做光谱分析时只能用吸收光谱,不能用发射光谱

要点2 氢原子光谱的实验规律和应用

1. 氢原子的光谱

从氢气放电管可以获得氢原子光谱,如图所示。

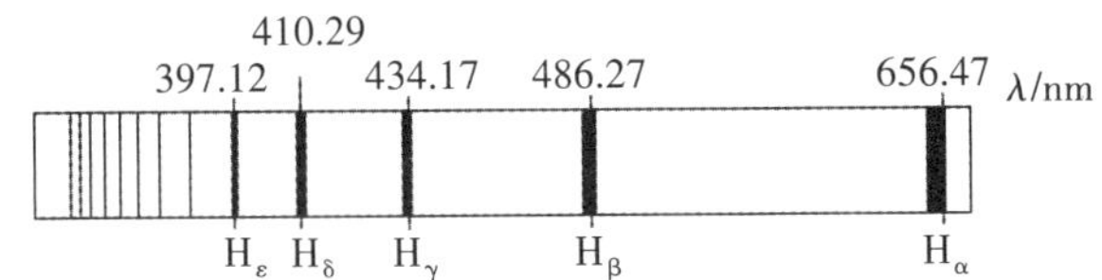

2. 氢原子光谱的特点

在氢原子光谱图中的可见光区内，氢原子只能发出一系列特定波长的波，由右向左，相邻谱线间的距离越来越小，表现出明显的规律性。

3. 巴耳末公式

(1)巴耳末对氢原子光谱的谱线进行研究得到了下面的公式：$\frac{1}{\lambda}=R_{\infty}(\frac{1}{2^2}-\frac{1}{n^2})$，式中$n=3,4,5,\cdots$，该公式称为巴耳末公式，式中$R_{\infty}$叫作里德伯常量，实验测得的值为$R_{\infty}=1.10\times10^7\ \mathrm{m}^{-1}$。

(2)巴耳末公式说明氢原子光谱的波长只能取分立值，不能取连续值。巴耳末公式以简洁的形式反映了氢原子的线状光谱，即辐射波长的分立特征。

4. 其他谱线

除了巴耳末系，氢原子光谱在红外和紫外光区的其他谱线也都满足与巴耳末公式类似的关系式。

5. 经典理论的困难

(1)无法解释原子的稳定性

按照经典物理学，核外电子受到原子核的库仑引力作用，不可能是静止的，它一定以一定的速度绕核运动。电子在做周期性运动，它产生的电磁场就在周期性变化，而周期性变化的电磁场会激发电磁波，即电子不断把自己绕核运动的能量以电磁波的形式辐射出去，因此电子绕核运动是不稳定的，电子会失去能量，轨道半径逐渐变小，最后落在原子核上。但是事实不是这样，原子是个很稳定的系统。

(2)无法解释原子光谱的分立特征

根据经典电磁理论，电子辐射的电磁波的频率就是它绕核运动的频率。电子越转能量越小，它离原子核就越来越近，这个变化是连续的，也就是说，我们应该看到原子辐射出各种频率(波长)的光，即原子的光谱应该总是连续的，而实际上我们看到的是分立的线状谱。

这些矛盾说明经典理论可以很好地应用于宏观物体，但不能解释原子世界的现象。

【典例2】(多选)巴耳末通过对氢原子光谱的研究总结出$\frac{1}{\lambda}=R_{\infty}(\frac{1}{2^2}-\frac{1}{n^2})$，式中$n=3,4,5,\cdots$，在对此，下列说法正确的是(　　)

A. 巴耳末依据核式结构理论总结出巴耳末公式

B. 巴耳末公式反映了氢原子发光的连续性

C. 巴耳末依据氢原子光谱的分析总结出巴耳末公式

D. 巴耳末公式反映了氢原子发光的分立性，其波长的分立值并不是人为规定的

【思路方法】

理解巴耳末线系中波长的不连续性。

跟踪练习

3. 巴耳末系谱线波长满足巴耳末公式$\frac{1}{\lambda}=R_{\infty}(\frac{1}{2^2}-\frac{1}{n^2})$，式中$n=3,4,5,\cdots$，在氢原子光谱可见光区，最长波长与最短波长之比为______。

4.(多选)如图甲所示，是a、b、c、d四种元素的线状谱，图乙是某矿物的线状谱，通过光

谱分析可以了解该矿物中缺乏的是(　　)

甲

乙

A.a元素　B.b元素　C.c元素　D.d元素

要点3　玻尔原子理论的基本假设

解决玻尔原子模型问题的四个关键：

(1)电子绕原子核做圆周运动时，不向外辐射能量。

(2)原子辐射的能量与电子绕原子核运动无关，只由跃迁前后的两个能级差决定。

(3)处于基态的原子是稳定的，而处于激发态的原子是不稳定的。

(4)原子的能量与电子的轨道半径相对应，轨道半径大，原子的能量大，轨道半径小，原子的能量小。

【典例3】(多选)玻尔在他提出的原子模型中所做的假设有(　　)

A.原子处在具有一定能量的定态中，虽然电子做加速运动，但不向外辐射能量

B.原子的不同能量状态与电子沿不同的圆轨道绕核运动相对应，而电子的可能轨道的分布是不连续的

C.电子从一个轨道跃迁到另一个轨道时，辐射(或吸收)一定频率的光子

D.电子跃迁时辐射的光子的频率等于电子绕核做圆周运动的频率

【思路方法】

(1)处于基态的原子是稳定的，而处于激发态的原子是不稳定的；(2)原子的能量与电子的轨道半径相对应，轨道半径大，原子的能量大。

跟踪练习

5.(多选)光子的发射和吸收过程是(　　)

A.原子从基态跃迁到激发态要放出光子，放出光子的能量等于原子在始、末两个能级的能量差

B.原子不能从低能级向高能级跃迁

C.原子吸收光子后从低能级向高能级跃迁，放出光子后从较高能级跃迁到较低能级

D.原子无论是吸收光子还是放出光子，吸收的光子或放出的光子的能量都等于始、末两个能级的能量差

6.氢原子辐射出一个光子后，根据玻尔理论，下列判断正确的是(　　)

A.电子绕核旋转的轨道半径增大

B.电子的动能减少

C.氢原子的电势能增大

D.氢原子的能级减小

要点4　玻尔理论对氢原子能级的解释

(1)氢原子能级图的理解

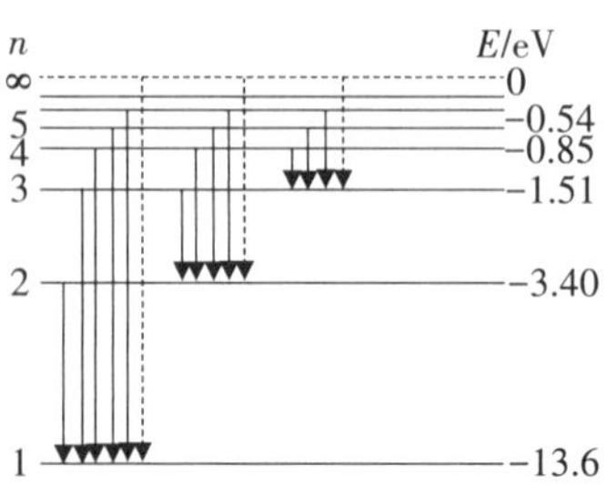

①能级图中n称为量子数，E_1代表氢原子的基态能量，即量子数$n=1$时对应的能量，其值为-13.6 eV，E_n代表电子在第n个轨道上运动时的能量。

②能级横线间的距离和相应的能级差相对应，能级差越大，间隔越宽，所以量子数越大，能级越密，竖直线的箭头表示原子跃迁方向，长度表示辐射光子能量的大小，$n=1$是原子的基态，$n\to\infty$是原子电离时对应的状态。

(2)能级跃迁：处于激发态的原子是不稳定的，它会自发地向较低能级跃迁，经过一次或几次跃迁到达基态。所以一群氢原子处于量子数为n的激发态时，可能辐射出的光谱线条数为：$N=C_n^2=\frac{n(n-1)}{2}$。

(3)光子的发射：原子由高能级向低能级跃迁时以光子的形式放出能量，发射光子的频率由下式决定。

$h\nu=E_m-E_n$(E_m、E_n是始末两个能级且$m>n$)

能级差越大，放出光子的频率就越高。

(4)使原子能级跃迁的两种粒子——光子与实物粒子。

①原子若是吸收光子的能量而被激发，其光子的能量必须等于两能级的能量差，否则不被吸收，不存在激发到n能级时能量有余，而激发到$n+1$时能量不足，则可激发到n能级的问题。

②原子还可吸收外来实物粒子(例如自由电子)的能量而被激发，由于实物粒子的动能可部分地被原子吸收，所以只要入射粒子的能量大于两能级的能量差值($E=E_m-E_n$)，就可使原子发生能级跃迁。

(5)原子的电离

若入射光子的能量大于原子的电离能，如处于基态的氢原子电离能为13.6 eV，则原子也会被激发跃迁，这时核外电子脱离原子核的束缚成为自由电子，光子能量大于电离能的部分成为自由电子的动能。

【典例4】玻尔首先提出能级跃迁，如图所示为氢原子的能级图，现有大量处于n=3能级的氢原子向低能级跃迁，下列说法正确的是(　　)

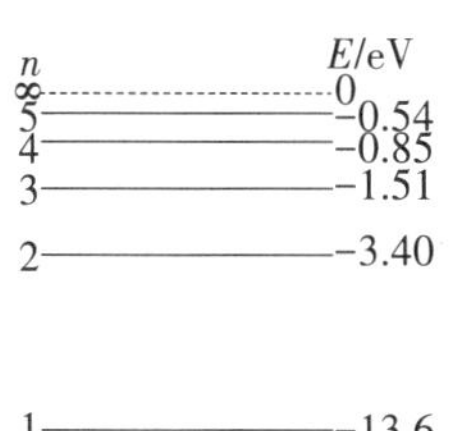

A. 这些氢原子总共可辐射出6种不同频率的光子

B. 氢原子由n=3能级跃迁到n=1能级产生的光波长最长

C. 用12 eV的光子照射处于基态的氢原子时，电子可以跃迁到n=2能级

D. 处于基态的氢原子吸收14 eV的能量可以发生电离

【思路方法】

原子跃迁时需注意的三个问题

(1)注意一群原子和一个原子

氢原子核外只有一个电子，在某段时间内，由某一轨道跃迁到另一个轨道时，可能的情况只有一种，但是如果有大量的氢原子，这些原子的核外电子跃迁时就会有各种情况出现。

(2)注意跃迁与电离

$h\nu=E_m-E_n$只适用于光子和原子作用使原子在各定态之间跃迁的情况，对于光子和原子作用使原子电离的情况，则不受此条件的限制。如基态氢原子的电离能为13.6 eV，只要能量大于或等于13.6 eV的光子都能被基态的氢原子吸收而发生电离，只不过入射光子的能量越大,原子电离后产生的自由电子的动能越大。

跟踪练习

7.(多选)处于基态的氢原子被一束单色光照射后,共发出三种频率分别为ν_1、ν_2、ν_3的光子,且$\nu_1>\nu_2>\nu_3$,则入射光子的能量应为(　　)

A.$h\nu_1$　　B.$h\nu_2$　　C.$h\nu_3$　　D.$h(\nu_2+\nu_3)$

8.科学研究中需要精确的计时工具,如氢原子钟,它的原理是用氢原子能级跃迁时辐射出来的电磁波去控制校准石英钟。如图所示为氢原子的能级图,则(　　)

A.当氢原子处于不同能级时,核外电子在各处出现的概率是一样的

B.当用能量为11 eV的电子撞击处于基态的氢原子时,氢原子一定不能跃迁到激发态

C.从$n=4$能级跃迁到$n=2$能级时释放的光子可以使逸出功为2.75 eV的金属发生光电效应

D.氢原子从$n=4$能级跃迁到$n=3$能级比从$n=2$能级跃迁到$n=1$能级辐射出的电磁波的波长长

n	E/eV
∞	0
5	−0.54
4	−0.85
3	−1.51
2	−3.40
1	−13.6

第5节　粒子的波动性和量子力学的建立

学习目标

1. 知道实物粒子的波动性假说和实验验证。

2. 知道实物粒子和光一样具有波粒二象性。

3. 体会量子力学的建立对人们认识物质世界的影响。

重点、难点

1. 光的波粒二象性，及其对立统一的关系。

2. 宏观物体的波动性不明显，找到验证物质波的方法。

3. $\varepsilon=h\nu$ 和 $p=\dfrac{h}{\lambda}$ 揭示了光的粒子性和波动性之间的联系。

自主学习

1. 光的波粒二象性

(1)光既具有________性又具有________性，即光具有波粒二象性。

(2)光子的能量 $\varepsilon=$____________和动量 $p=$________。两式左侧的物理量 ε 和 p 描述光的________性，右侧的物理量 ν 和 λ 描述光的________性，______________架起了粒子性与波动性之间的桥梁。

2. 粒子的波动性

(1)每一个________的粒子都与一个对应的波相联系，这种与________相联系的波称为德布罗意波，也叫作________。

(2)物质波的波长、频率关系式。

波长：$\lambda=$________，频率：$\nu=$________。

3. 物质波的实验验证

(1)验证思路：

________、衍射是波特有的现象，如果实物粒子具有波动性，则在一定条件下，也应该发生干涉或衍射现象。

(2)实验验证：

1927年戴维森和G.P.汤姆孙分别利用晶体做了________衍射实验，得到了________的衍射图样，证实了______的波动性。人们陆续证实了质子、中子以及原子、分子的______，对于这些粒子，德布罗意给出的 $\nu=$________和 $\lambda=$________关系同样正确。

核心突破

要点1　对物质波的理解

1. 任何物体，小到电子、质子，大到行星、太阳都存在波动性，我们之所以观察不到宏观物体的波动性，是宏观物体对应的物质波的波长太小的缘故。

2. 物质波波长的计算公式为$\lambda=\frac{h}{p}$,频率公式为$\nu=\frac{\varepsilon}{h}$。

3. 德布罗意假说是光子的波粒二象性的一种推广,使之包括了所有的物质粒子,即光子与实物粒子都具有粒子性,又都具有波动性,与光子对应的波是电磁波,与实物粒子对应的波是物质波。

【典例1】 如果一个中子和一个质量为10 g的子弹都以10^3 m/s的速度运动,则它们的德布罗意波的波长分别是多大?(中子的质量为1.67×10^{-27} kg,普朗克常量为6.63×10^{-34} J·s)

【思路方法】

解题关键是动量的计算和德布罗意波波长计算公式。

跟踪练习

1. 下列关于德布罗意波的认识,正确的是(　　)

A. 任何一个物体都有一种波和它对应,这就是物质波

B. X光的衍射证实了物质波的假设是正确的

C. 电子的衍射证实了物质波的假设是正确的

D. 宏观物体运动时,看不到它的衍射或干涉现象,所以宏观物体不具有波动性

2. 质量为m的粒子原来的速度为v,现将粒子的速度增大到$2v$,则描述该粒子的物质波的波长将(粒子的质量保持不变)(　　)

A. 保持不变

B. 变为原来波长的两倍

C. 变为原来波长的一半

D. 变为原来波长的$\sqrt{2}$倍

3. 质量为1 000 kg的小汽车以40 m/s的速度在高速公路上行驶,试估算小汽车的德布罗意波的波长。

要点2 量子力学的建立和应用

1. 在以玻恩、海森堡、薛定谔以及英国的狄拉克和奥地利的泡利为代表的众多物理学家的共同努力下，描述微观世界行为的理论被逐步完善并最终完整地建立起来，即量子力学。

2. 量子力学的创立是物理学历史上的一次重要革命。它和相对论共同构成了20世纪以来物理学的基础。

3. 量子力学推动了核物理和粒子物理的发展。人们认识了原子、原子核、基本粒子等各个微观层次的物质结构。而粒子物理学的发展又促进了天文学和宇宙学的研究。

4. 量子力学推动了原子、分子物理和光学的发展。人们认识了原子的结构，以及原子、分子和电磁场相互作用的方式。

5. 量子力学推动了固体物理的发展。人们了解了固体中电子运行的规律，并弄清了为什么固体有导体、绝缘体和半导体之分。利用半导体的独特性质发明了晶体管等各类固态电子器件，并结合激光光刻技术制造了大规模集成电路，俗称“芯片”。

【典例2】(多选)20世纪以来，人们发现了一些新的事实，而经典力学却无法解释。经典力学只适用于解决物体的低速运动问题，不能用来处理高速运动问题，只适用于宏观物体，一般不适用于微观粒子。这说明(　　)

A. 随着认识的发展，经典力学已成了过时的理论

B. 人们对客观事物的具体认识在广度上是有局限性的

C. 不同领域的事物各有其本质与规律

D. 人们应当不断扩展认识，在更广阔的领域内掌握不同事物的本质与规律

专题 光电效应方程、图像及其应用

光电效应中的四类图像:

图像名称	图线形状	由图线直接得到的物理量
最大初动能E_k与入射光频率ν的关系图线		①截止频率ν_c:图线与ν轴交点的横坐标; ②逸出功W_0:图线与E_k轴交点的纵坐标的绝对值,即$W_0=E$; ③普朗克常量h:图线的斜率,即$h=k$
入射光颜色相同、强度不同时,光电流与电压的关系图线		①遏止电压U_c:图线与横轴的交点的横坐标; ②饱和电流I_m:电流的最大值; ③最大初动能:$E_k=eU_c$
入射光颜色不同时,光电流与电压的关系图线		①遏止电压U_{c1}、U_{c2}; ②饱和电流; ③最大初动能$E_{k1}=eU_{c1}$,$E_{k2}=eU_{c2}$

续表

图像名称	图线形状	由图线直接得到的物理量
遏止电压U_c与入射光频率ν的关系图线		①截止频率ν_c:图线与横轴交点的横坐标; ②遏止电压U_c:随入射光频率的增大而增大; ③普朗克常量h:等于图线的斜率与电子电荷量的乘积,即$h=ke$(注:此时两极之间接反向电压)

【典例1】某同学采用如图所示的装置来研究光电效应现象。某单色光照射光电管的阴极K时,会发生光电效应现象,闭合开关S,在阳极A和阴极K之间加反向电压,通过调节滑动变阻器的滑片逐渐增大电压,直到电流计中电流恰为零,此时电压表显示的电压值U称为遏止电压。现分别用频率为ν_1和ν_2的单色光照射阴极,测量到的遏止电压分别为U_1和U_2,设电子质量为m,电荷量为e,下列关系式不正确的是(　　)

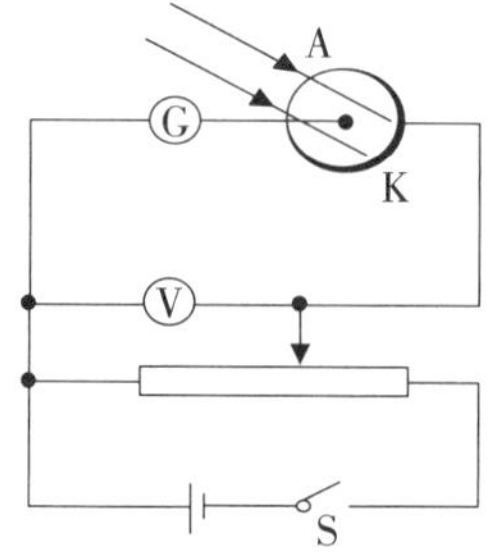

A.频率为ν_1的单色光照射阴极K时,光电子的最大初速度$\nu_{m1}=\sqrt{\dfrac{2eU_1}{m}}$

B. 阴极K金属的截止频率$\nu_0=\dfrac{U_2\nu_1-U_1\nu_2}{U_2-U_1}$

C. 普朗克常量$h=\dfrac{e(U_2-U_1)}{\nu_1-\nu_2}$

D. 阴极K金属的逸出功$W_0=\dfrac{(U_1\nu_2-U_2\nu_1)e}{\nu_1-\nu_2}$

【规律总结】

光电效应现象的四个计算

(1)最大初动能：$E_k=h\nu-W_0$；

(2)金属的逸出功：$W_0=h\nu_c$；

(3)截止频率：$\nu_c=\dfrac{W_0}{h}$；

(4)遏止电压的计算：$-eU_c=0-E_k$，即$U_c=\dfrac{E_k}{e}=\dfrac{h\nu-W_0}{e}$。

【典例2】(多选)如图，某种材料作K极分别用两种光进行光电效应探究，其频率$\nu_1<\nu_2$，光电子到达A极时最大动能为E_{km}、电流表示数为I、电压表示数为U，则$E_{km}-U$、$I-U$的关系图像可能正确的是(　　)

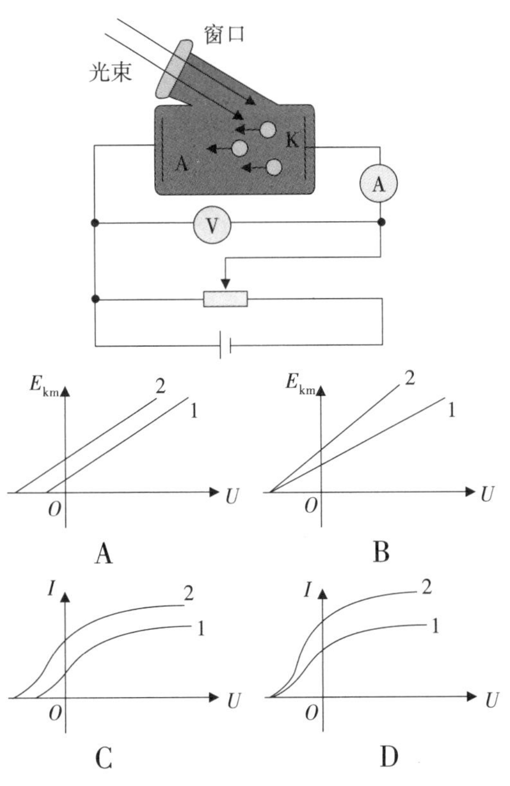

章末总结提升

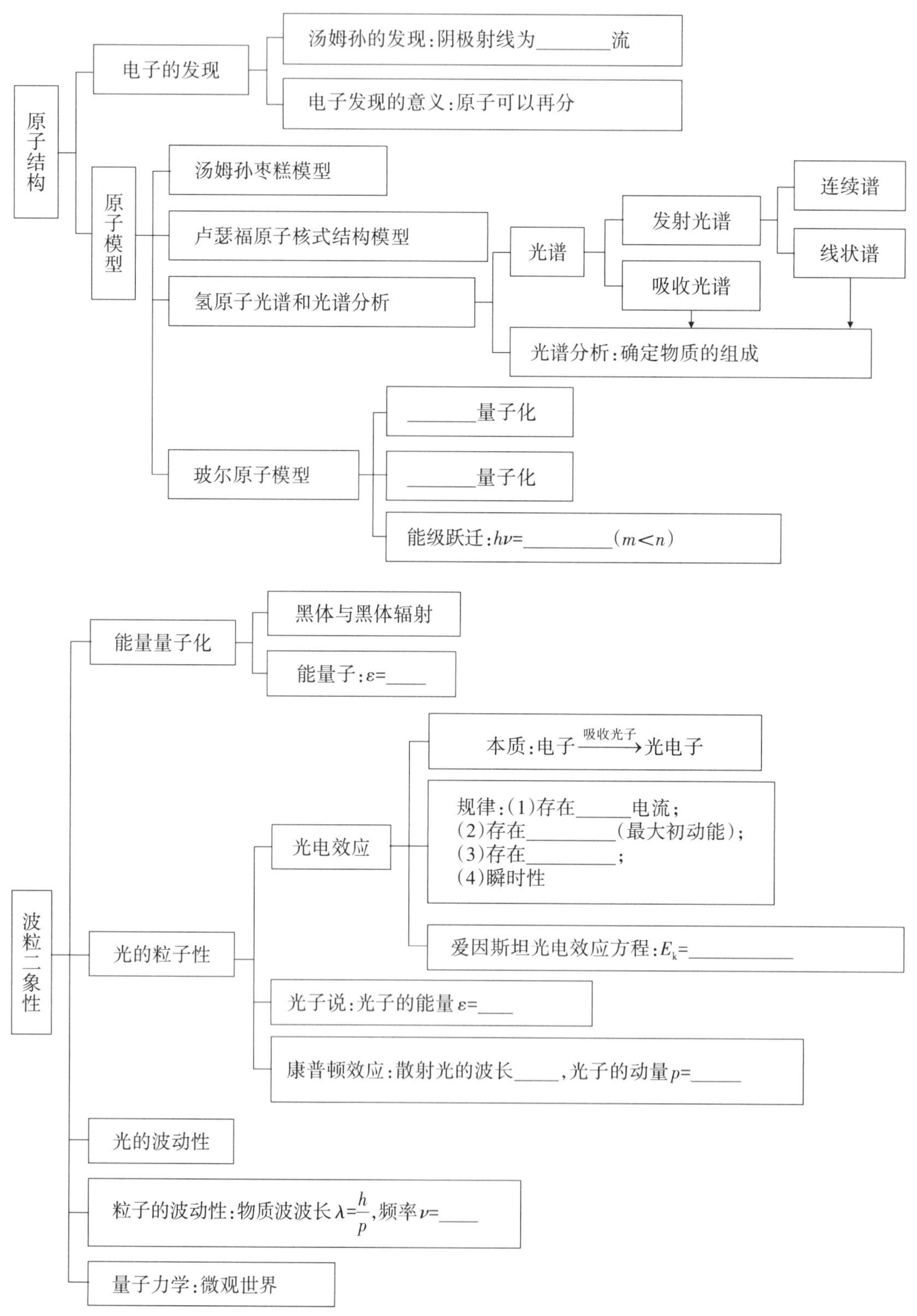

原子结构
电子的发现
汤姆孙的发现:阴极射线为________流
电子发现的意义:原子可以再分
原子模型
汤姆孙枣糕模型
卢瑟福原子核式结构模型
氢原子光谱和光谱分析
光谱
发射光谱
吸收光谱
连续谱
线状谱
光谱分析:确定物质的组成
玻尔原子模型
________量子化
________量子化
能级跃迁:$h\nu=$________$(m<n)$
波粒二象性
能量量子化
黑体与黑体辐射
能量子:$\varepsilon=$____
光的粒子性
光电效应
本质:电子 吸收光子 光电子
规律:(1)存在______电流;
(2)存在__________(最大初动能);
(3)存在__________;
(4)瞬时性
爱因斯坦光电效应方程:$E_k=$___________
光子说:光子的能量$\varepsilon=$____
康普顿效应:散射光的波长_____,光子的动量$p=$_____
光的波动性
粒子的波动性:物质波波长$\lambda=\frac{h}{p}$,频率$\nu=$____
量子力学:微观世界

要点1 光电效应的图像

【典例1】钠金属的极限波长为540 nm,白光是由多种色光组成的,其波长范围为400~760 nm。若用白光照射钠金属,则下面四幅表示逸出的光电子的最大初动能E_k与入射光波长λ(或波长的倒数)的关系图像中,可能正确的是( )

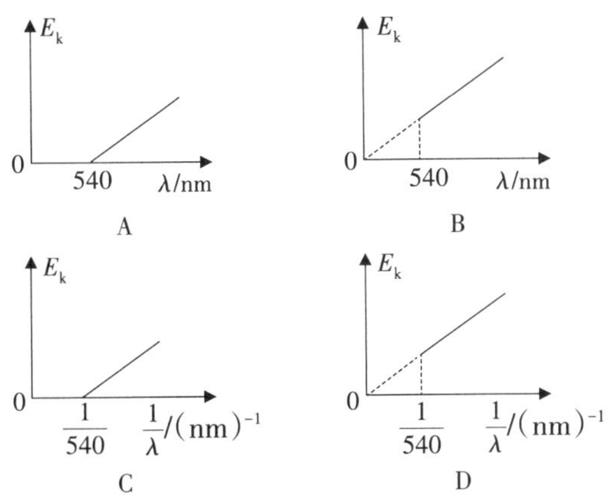

要点2 带电粒子比荷的测定

常见的三种测量带电粒子的比荷的方法:

1.利用磁偏转测量

(1)让带电粒子通过相互垂直的电场和磁场(如图),让其做匀速直线运动,根据二力平衡,即$F_{洛}=F_{电}(Bqv=qE)$,得到粒子的运动速度$v=\frac{E}{B}$。

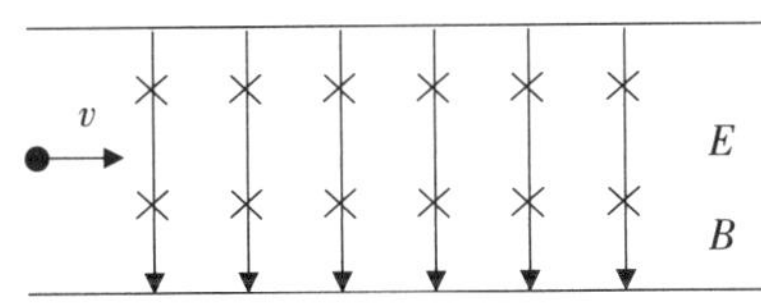

(2)撤去电场(如图),保留磁场,让粒子单纯地在磁场中运动,由洛伦兹力提供向心力,即$Bqv=m\frac{v^2}{r}$,根据轨迹偏转情况,由几何知识求出其半径r。

(3)由以上两式确定粒子的比荷表达式:$\frac{q}{m}=\frac{E}{B^2r}$。

2.利用电偏转测量

带电粒子在匀强电场中运动,偏转量$y=\frac{1}{2}at^2=\frac{1}{2}\cdot\frac{qU}{md}(\frac{L}{v})^2$,故$\frac{q}{m}=\frac{2ydv^2}{UL^2}$,所以在偏转电场中,$U$、$d$、$L$已知时,只需测量$v$和$y$即可。

3.利用加速电场测量

由动能定理$qU=\frac{1}{2}mv^2$,可得$\frac{q}{m}=\frac{v^2}{2U}$,只需再测出$v$即可。

【典例2】如图所示为一种可用于测量电子电荷量e与质量m比值$\frac{e}{m}$的阴极射线管,管内处于真空状态。图中L是灯丝,当接上电源时可发射电子。A是中央有小圆孔的金属板,当L和A间加上电压时(其电压值比灯丝电压大很多),电子将被加速并沿图中虚直线所示的路径到达荧光屏S上的O点,发出荧光。P_1、P_2为两块平行于虚直线的金属板,已知两板间距为d。在虚线所示的椭圆形区域内可施加一匀强磁场,已知其磁感应强度为B,方向垂直纸面向外。a、b_1、b_2、C_1、C_2都是固定在管壳上的金属引线。E_1、E_2、E_3是三个电压可调并可读出其电压值的直流电源。

(1)试在图中画出三个电源与阴极射线管的有关引线的连线;

(2)导出计算$\frac{e}{m}$的表达式。要求用应测物理量及题给已知量表示。

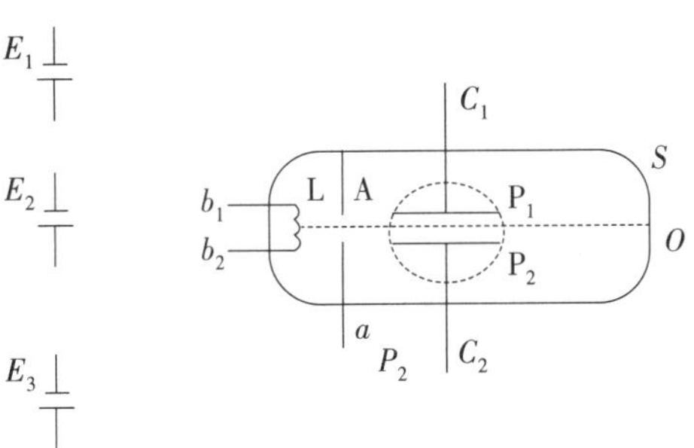

第五章 原子核

第1节 原子核的组成

学习目标

1. 知道什么是放射性、放射性元素和天然放射现象。

2. 记住三种射线的特性。

3. 掌握原子核的组成,知道核子和同位素的概念。

重点、难点

1. 三种射线的特性。

2. 原子核的组成。

自主学习

1. 1896年,法国物理学家________发现某些物质具有放射性。物质发射射线的性质称为________,具有放射性的元素称为放射性元素,放射性元素自发地发出________的现象叫作天然放射现象。原子序数________83的元素,都能自发地发出射线,原子序数________83的元素,有的也能放出射线。

2. 三种射线

(1) α 射线是高速 α 粒子流,实际上是________,电荷数是______,质量数是______。α 粒子容易使空气______,但贯穿本领______。

(2) β 射线是高速________流。β 粒子贯穿本领________,但电离能力________。

(3) γ 射线是波长很短的________波。γ 粒子电离本领______,但贯穿本领______。

3. 质子的发现:1919年,卢瑟福用______轰击氮原子核发现了质子,质子是______的组成部分。

4. 中子的发现:卢瑟福猜想原子核内存在着一种质量与质子______,但______的粒子,称为中子。______利用云室进行实验验证了中子的存在,中子是原子核的组成部分。

5. 原子核由______组成。原子核的符号 $^{A}_{Z}X$,X代表元素符号,A 代表原子核的______,Z 代表原子核的______。质量数=______+______,核电荷数=核内______=核外______=原子的原子序数。

6. 同位素:具有相同的______而______

不同的原子核组成的元素，在元素周期表中处于______，它们互称为同位素。同种元素的原子，具有相同的化学性质。例如：氢有三种同位素氕(氢)、氘(重氢)、氚(超重氢)，符号分别是^1_1H、^2_1H、^3_1H。

核心突破

要点1　三种射线的本质和特点

1.三种射线的比较

种类	α射线	β射线	γ射线
组成	高速氦核流	高速电子流	光子流
带电荷量	$2e$	$-e$	0
质量	$4m_p$(m_p=1.67×10^{-27} kg)	$\frac{m_p}{1\,836}$	静止质量为零
速率	$0.1c$	$0.99c$	c
穿透能力	最弱，用一张纸就能挡住	较强，能穿透几毫米的铝板	最强，能穿透几厘米的铅板
电离作用	很强	较弱	很弱

2.在电磁场中的偏转情况的比较

(1)在匀强电场中，α射线偏转较小，β射线偏转较大，γ射线不偏转，如图甲所示。

(2)在匀强磁场中，α射线偏转半径较大，β射线偏转半径较小，γ射线不偏转，如图乙所示。

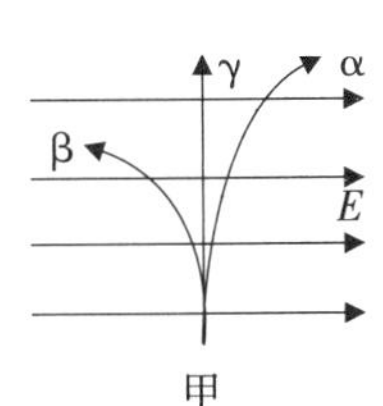

甲

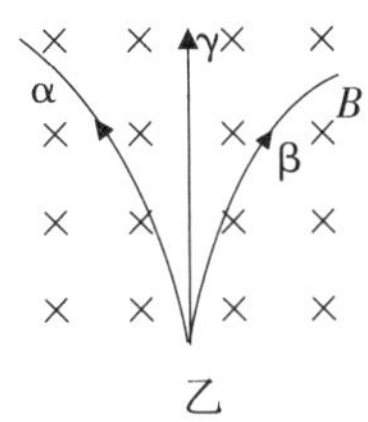

乙

【典例1】一放射源放射出某种或多种射线，当用一张薄纸放在放射源前面时，射线强度减为原来的$\frac{1}{3}$，而当用1 cm厚的铝板放在放射源前面时，射线的强度减小到几乎为零。由此可知，该放射源所放射出的(　　)

A.仅是α射线

B.仅是β射线

C.是α射线和β射线

D.是α射线和γ射线

【思路方法】

了解三种射线的穿透能力是解题的关键。

【典例2】(多选)将α、β、γ三种射线分别射入匀强磁场和匀强电场，下图表示射线偏转情况中正确的是(已知：$m_\alpha=4$ u，$m_\beta=\frac{1}{1\,836}$ u，$v_\alpha=0.1c$，$v_\beta=0.99c$)(　　)

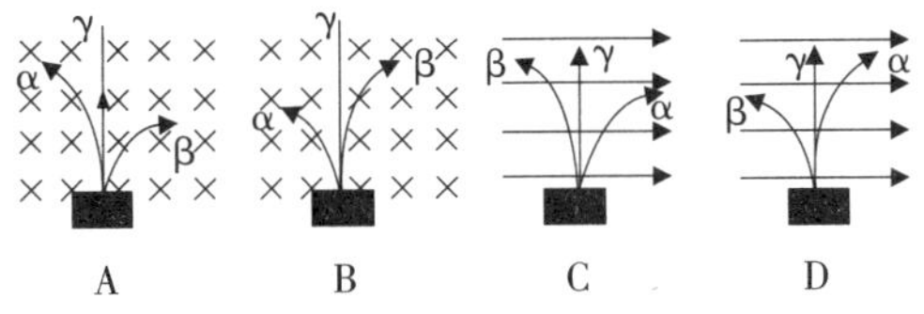

【思路方法】

了解三种射线的本质和性质，加磁场后α粒子、β粒子做圆周运动的半径不同，加电场后，α粒子、β粒子偏转量不同。

跟踪练习

1.如图所示，x为未知的放射源，L为薄铝片，若在放射源和计数器之间加上L后，计数器的计数率大幅度减小，在L和计数器之间再加竖直向下的匀强磁场，计数器的计数率不变，则x可能是(　　)

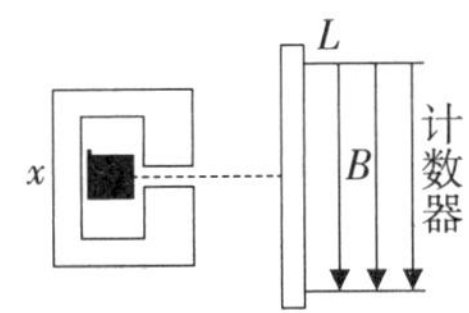

A.α和β的混合放射源

B.纯α放射源

C.α和γ的混合放射源

D.纯γ放射源

2. 放射性元素放出的射线,在电场中分成A、B、C三束,如图所示,其中(　　)

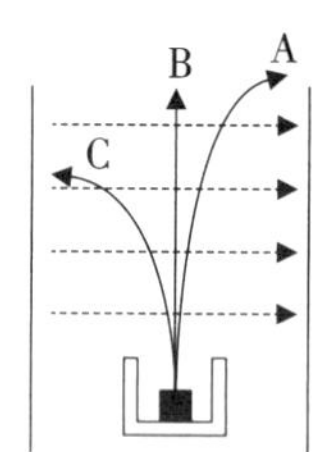

A.C为氦核组成的粒子流

B.B为比X射线波长更长的光子流

C.B为比X射线波长更短的光子流

D.A为高速电子组成的电子流

要点2　原子核的组成

1. 原子核的组成:原子核是由质子、中子构成的,质子带正电,中子不带电。

2. 原子核的符号和数量关系

(1)符号:$^{A}_{Z}X$。

(2)基本关系:核电荷数=质子数(Z)=元素的原子序数=核外电子数。

质量数(A)=核子数=质子数+中子数。

3. 同位素:原子核内的质子数决定了核外电子的数目,进而也决定了元素的化学性质,同种元素的质子数相同,核外电子数也相同,它们具有相同的化学性质,但他们的中子数可以不同,所以他们的物理性质不同。把具有相同质子数、不同中子数的原子核组成的元素互称为同位素。

特别注意:(1)β射线是原子核变化时产生的,电子并不是原子核的组成部分。(2)同位素的化学性质相同,但物理性质不同。

【典例3】一个$^{234}_{91}Pa$原子核内的质子数、中子数、核子数分别为(　　)

A.91　　91　　234

B.143　　91　　234

C.91　　143　　234

D.234　　91　　143

【思路方法】

对核子数、电荷数、质量数的理解。

【典例4】铀238是铀235的同位素,则(　　)

A. 铀238和铀235具有相同的化学性质

B. 铀238和铀235具有相同的物理特性

C. 铀238和铀235具有相同的质量数

D. 铀238和铀235具有相同的中子数

跟踪练习

3. 已知镭的原子序数是88,原子核的质量数是226。试问:

(1)镭核中有几个质子?几个中子?

(2)镭核所带电荷量是多少?

(3)若镭原子呈现中性,它核外有几个电子?

(4)$^{228}_{82}Ra$是镭的一种同位素,让$^{226}_{88}Ra$和$^{228}_{88}Ra$以相同速度垂直射入磁感应强度为B的匀强磁场中,它们运动的轨迹半径之比是多少?

4.(多选)氢有三种同位素$^{1}_{1}H$、$^{2}_{1}H$、$^{3}_{1}H$,则(　　)

A. 它们的质子数相等

B. 若为中性原子,它们的核外电子数相等

C. 它们的核子数相等

D. 它们的化学性质相同

第2节　放射性元素的衰变

学习目标

1. 知道什么是原子核的衰变。

2. 理解α衰变和β衰变的规律及实质，并能熟练写出衰变方程。

3. 理解半衰期的概念，学会利用半衰期解决相关问题。

4. 知道核反应及其遵从的规律，会正确书写核反应方程。

重点、难点

1. α衰变和β衰变的规律及实质，熟练写出衰变方程。

2. 半衰期的理解。

自主学习

1. 原子核放出________________，由于核电荷数变了，它在周期表中的位置就变了，变成另一种原子核，我们把这种变化称为原子核的衰变。原子核衰变时电荷数和质量数都________。

2. 原子核进行α衰变时，质量数减少__________，电荷数减少________。$^{238}_{92}U$的α衰变方程为$^{238}_{92}U \to$____________。

3. 原子核进行β衰变时，质量数______，电荷数增加__________，$^{234}_{90}Th$的β衰变方程为$^{234}_{90}Th \to$__________。

4. 半衰期：放射性元素的原子核有_____发生衰变所需的时间，叫作这种元素的半衰期。

5. 放射性元素衰变的快慢是由_______的因素决定的，跟原子所处的__________和__________没有关系。不同的放射性元素，半衰期不同。

6. 核反应

(1)定义：原子核在其他粒子的轰击下产生_______或者发生状态变化的过程，称为核反应。

(2)原子核的第一次人工转变

1919年_______用α粒子轰击氮原子核，产生了氧的一种同位素，同时产生一个质子，核反应方程：______________。

(3)遵循规律：_____守恒、_____守恒。

7. 放射性同位素

(1)定义：有些同位素具有______，叫作放射性同位素。

(2)种类：天然放射性同位素和人工放射性同位素。

(3)应用与防护

①应用射线

应用射线可以测厚度、医疗方面的____、照射种子培育优良品种、照射食品与蔬菜以延长保存期、保鲜等。

②示踪原子：有关生物大分子的结构及其功能的研究，要借助于______。

③辐射与安全:人类一直生活在放射性的环境中,______的射线对人体组织有破坏作用。要防止______对水源、空气、用具等的污染。

核心突破

要点1 原子核的衰变

1.α衰变:${}_{Z}^{A}X\rightarrow{}_{Z-2}^{A-4}Y+{}_{2}^{4}He$

原子核进行α衰变时,质量数减少4,电荷数减少2。α衰变的实质:在放射性元素的原子核中,2个中子和2个质子结合得比较牢固,有时会作为一个整体从较大的原子核中释放出来,这就是放射性元素发生的α衰变现象。

2.β衰变:${}_{Z}^{A}X\rightarrow{}_{Z+1}^{A}Y+{}_{-1}^{0}e$,其转化方程为:$2{}_{1}^{1}H+2{}_{0}^{1}n\rightarrow{}_{2}^{4}He$。原子核进行β衰变时,质量数不变,电荷数增加1。β衰变的实质:原子核中的中子转化成一个质子且放出一个电子即β粒子,使核电荷数增加1,但β衰变不改变原子核的质量数,其转化方程为:${}_{0}^{1}n\rightarrow{}_{1}^{1}H+{}_{-1}^{0}e$。

3.原子核发生α衰变、β衰变时,蕴藏在核内的能量会释放出来,使产生的新核处于高能级,这时它要向低能级跃迁,能量以γ光子的形式释放出来。

γ射线是在发生α或β衰变过程中伴随而生的,且γ粒子是不带电的粒子,因此γ射线并不影响原子核的核电荷数,故γ射线不会改变元素在周期表中的位置。放射性物质在连续衰变时,发出的射线中同时具有α、β和γ射线。

4.确定衰变次数的方法

设放射性元素${}_{Z}^{A}X$经过n次α衰变和m次β衰变后,变成稳定的新元素${}_{Z'}^{A'}Y$,则衰变方程为

${}_{Z}^{A}X\rightarrow{}_{Z'}^{A'}Y+n{}_{2}^{4}He+m{}_{-1}^{0}e$。

根据电荷数守恒和质量数守恒可列方程

$A=A'+4n, Z=Z'+2n-m$。

5.衰变规律

(1)质量数和电荷数守恒;

(2)动量守恒。

【典例1】${}_{92}^{238}U$核经一系列的衰变后变为${}_{82}^{206}Pb$核,问:

(1)一共经过几次α衰变和几次β衰变?

(2)${}_{82}^{206}Pb$与${}_{92}^{238}U$相比,质子数和中子数各少了多少?

(3)写出这一衰变过程的方程。

【思路方法】

可由质量数的变化确定α衰变的次数,再结合电荷数的变化确定β衰变的次数。

【典例2】关于α、β、γ三种射线,下列说法中正确的是(   )

A.α射线是原子核自发放射出的氦核,它的穿透能力最强

B.β射线是原子核外电子电离形成的电子流,它具有中等的穿透能力

C.γ射线一般伴随着α或β射线产生,它的穿透能力最强

D.γ射线是电磁波,它的穿透能力最弱

【思路方法】

α衰变的实质：在放射性元素的原子核中，2个中子和2个质子结合得比较牢固，有时会作为一个整体从较大的原子核中释放出来；β衰变的实质：原子核中的中子转化成一个质子且放出一个电子即β粒子；原子核发生α衰变、β衰变时，蕴藏在核内的能量会释放出来，使产生的新核处于高能级，这时它要向低能级跃迁，能量以γ光子的形式释放出来。

跟踪练习

1.$^{235}_{92}U$经过m次α衰变和n次β衰变变为$^{207}_{82}Pb$，则(　　)

A.$m=7,n=3$　　B.$m=7,n=4$

C.$m=14,n=9$　　D.$m=14,n=18$

要点2　半衰期

1.半衰期公式

根据半衰期的定义，原子核的数目半数发生衰变所用的时间叫作该元素的一个半衰期，所以可推测出如下公式：剩余的数目是原来数目的几分之几或剩余的这种元素的质量是原来的几分之几。

$$N_{余}=(\frac{1}{2})^nN_0,m_{余}=(\frac{1}{2})^nm_0$$

其中n是半衰期的个数。若从开始研究该元素的衰变开始计时，经历的时间为t，半衰期用T来表示，则$n=\frac{t}{T}$。

2.适用条件

半衰期是一个统计概念，是对大量的原子核衰变规律的总结，对少量的原子核的衰变，上述规律不成立，比如有两个镭226原子核，不是经过一个半衰期就应该有一个发生衰变，这两个原子核何时衰变就是不可预测的。

特别注意：放射性元素衰变的快慢是由核内部自身的因素决定的，跟原子所处的化学状态和外部条件没有关系。不同的放射性元素，半衰期不同。

【典例3】某放射性元素经过11.4天有$\frac{7}{8}$的原子核发生了衰变，该元素的半衰期为(　　)

A.11.4天　　B.7.6天

C.5.7天　　D.3.8天

【思路方法】

应用半衰期公式计算即可。

【典例4】(多选)下列关于放射性元素的半衰期的几种说法正确的是(　　)

A.同种放射性元素，在化合物中的半衰期比在单质中长

B.放射性元素的半衰期与元素所处的物理和化学状态无关，它是一个统计规律，对大量的原子核才适用

C.氡的半衰期是3.8天，若有4 g氡原子核，则经过7.6天就只剩下1 g

D.氡的半衰期是3.8天，若有4个氡原子核，则经过7.6天就只剩下一个氡

跟踪练习

2.医学治疗中常用放射性核素^{113}In产生γ射线，而^{113}In是由半衰期相对较长的^{113}Sn衰变产生的。对于质量为m_0的^{113}Sn，经过时间t后剩余的^{113}Sn质量为m，其$\frac{m}{m_0}-t$图线如图

所示。从图中可以得到^{113}Sn的半衰期为(　　)

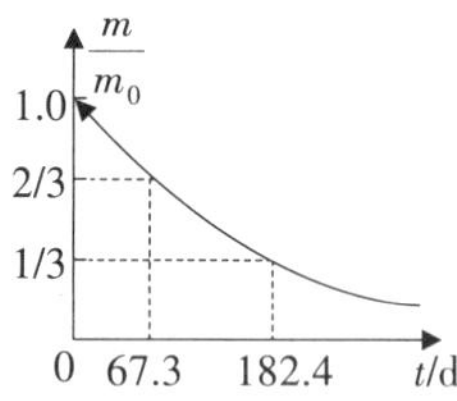

A.67.3 d　B.101.0 d　C.115.1 d　D.124.9 d

要点3　核反应

1.原子核的人工转变

(1)条件:用α粒子、质子、中子,甚至用γ光子轰击原子核使原子核发生转变。

(2)实质:用粒子轰击原子核并不是粒子与原子核碰撞,将原子核打开,而是粒子打入原子核内部使原子核发生了转变。

(3)规律:反应前后电荷数守恒、质量数守恒。

2.三个重要原子核的人工转变方程

(1)卢瑟福发现质子的核反应方程:$^{14}_{7}N+^{4}_{2}He\rightarrow^{17}_{8}O+^{1}_{1}H$

(2)查德威克发现中子的核反应方程:$^{9}_{4}Be+^{4}_{2}He\rightarrow^{12}_{6}C+^{1}_{0}n$

(3)约里奥-居里夫妇发现放射性同位素并探测到正电子的核反应方程:$^{27}_{13}Al+^{4}_{2}He\rightarrow^{30}_{15}P+^{1}_{0}n$;$^{30}_{15}P\rightarrow^{30}_{14}Si+^{0}_{+1}e$

3.人工转变核反应与衰变的比较

(1)不同点:原子核的人工转变,是一种核反应,是其他粒子与原子核相碰撞的结果,需要一定的装置和条件才能发生,而衰变是原子核的自发变化,它不受物理化学条件的影响。

(2)相同点:人工转变与衰变过程一样,在发生过程中质量数与电荷数都守恒,反应前后粒子总动量守恒。

【典例5】完成下列核反应方程,并指出其中________是发现质子的核反应方程,________是发现中子的核反应方程。

(1)$^{14}_{7}N+^{1}_{0}n\rightarrow^{14}_{6}C+$________

(2)$^{14}_{7}N+^{4}_{2}He\rightarrow^{17}_{8}O+$________

(3)$^{10}_{5}B+^{1}_{0}n\rightarrow$________$+^{4}_{2}He$

(4)$^{9}_{4}Be+^{4}_{2}He\rightarrow$________$+^{1}_{0}n$

(5)$^{56}_{26}Fe+^{2}_{1}H\rightarrow^{57}_{27}Co+$________

【思路方法】

写核反应方程要注意三点:(1)质量数、电荷数守恒;(2)中间用箭头,不能用等号;(3)核反应依事实写,不能杜撰。

【典例6】以下是物理学史上3个著名的核反应方程:

$x+^{7}_{3}Li\rightarrow2y$,　$y+^{14}_{7}N\rightarrow x+^{17}_{8}O$,　$y+^{9}_{4}Be\rightarrow z+^{12}_{6}C$,

x、y和z是3种不同的粒子,其中z是(　　)

A.α粒子　　B.质子

C.中子　　D.电子

跟踪练习

3.用α粒子轰击铝核的核反应方程是:$\alpha+^{27}_{13}Al\rightarrow n+X$,n为中子。则X的核子数为(　　)

A.15　B.16　C.29　D.30

第3节 核力与结合能

学习目标

1. 了解四种基本相互作用，知道核力的性质。

2. 能简单解释轻核和重核内中子数、质子数具有不同比例的原因。

3. 知道原子核的结合能和比结合能的概念。

4. 知道什么是质量亏损，能应用质能方程进行计算。

重点、难点

1. 结合能与比结合能。

2. 质量亏损。

自主学习

1. 核力：原子核里的______间存在着相互作用的核力，______把核子紧紧地束缚在核内，形成稳定的原子核。

2. 核力特点

(1)核力是核子间的______的一种表现，在它的作用范围内，核力比库仑力______。

(2)核力是______，作用范围只有约 10^{-15}m。

(3)每个核子只跟______的核子发生核力作用，这也称为核力的饱和性。

(4)核力与核子是否带电无关，质子与质子间、质子与中子间、中子与中子间都可以有核力作用。

3. 四种基本相互作用

(1)长程力：万有引力、______，在相同距离上，______要比万有引力强 10^{36} 倍。

(2)短程力：发生在原子核内的______作用和弱相互作用。弱相互作用是引起原子核______的原因，其力程比强力______，为 10^{-18} m。

4. 原子核中质子与中子的比例

(1)较轻原子核：质子数与中子数______。

(2)较重原子核：中子数______质子数，越重的元素，两者相差______。

5. 结合能：克服核力束缚，使原子核分解为单个核子时______的能量；或若干个核子在核力作用下结合成原子核时______的能量。

6. 比结合能：原子核的结合能与______之比，也叫平均结合能，比结合能越大，表示原子核中核子结合得越________，原子核越________，________的核的比结合能最大、最稳定。

7. 质量亏损

(1)爱因斯坦质能方程：____________。

(2)质量亏损：原子核的质量______组成它的核子的质量之和的现象。

(3)亏损的质量与释放的能量间的关系：____________。

核心突破

要点1 结合能

1. 比结合能曲线:不同原子核的比结合能随质量数变化图线如图所示。

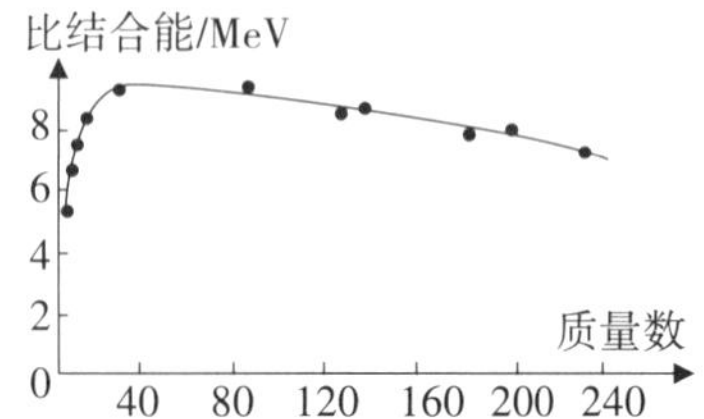

从图中可看出,中等质量原子核的比结合能最大(平均每个核子的质量亏损最大),轻核和重核的比结合能都比中等质量的原子核要小。

2. 当比结合能较小的原子核转化为比结合能较大的原子核时会释放核能。

3. 比结合能越大,表示原子核中核子结合得越牢固,原子核越稳定,中等核子数的原子核,比结合能较大,原子核较稳定。

【典例1】下列关于结合能和比结合能的说法中,正确的是( )

A. 核子结合成原子核吸收的能量或原子核拆解成核子放出的能量称为结合能

B. 比结合能越大的原子核越稳定,因此它的结合能也一定越大

C. 重核与中等质量原子核相比较,重核的结合能和比结合能都大

D. 中等质量原子核的结合能和比结合能均比轻核的要大

【思路方法】

(1)核子结合成原子核时一定释放能量,原子核分开成核子时一定吸收能量。吸收或释放的能量越大,表明原子核的结合能越大。

(2)比结合能为结合能与核子数的比值,比结合能越大表明原子核越稳定。一般情况下,中等质量的原子核比轻核和重核的比结合能大。

【典例2】(多选)不同的原子核其核子的平均质量m(原子核的质量除以核子数)与原子序数Z的关系如图所示。下列说法中正确的是( )

A. 随原子序数的增大,核子的平均质量先减小后增大

B. 原子核E的比结合能比原子核F的比结合能大

C. 原子核D和E聚变成原子核F时会有质量亏损,要吸收能量

D. 原子核A裂变成原子核B和C时会有质量亏损,要放出核能

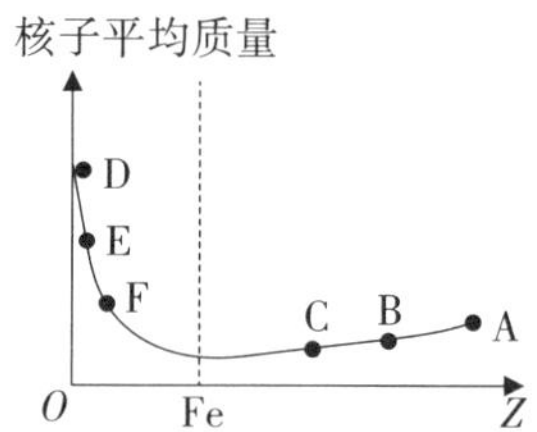

跟踪练习

1.(多选)原子核的比结合能曲线如图所示,根据该曲线,下列判断中正的有( )

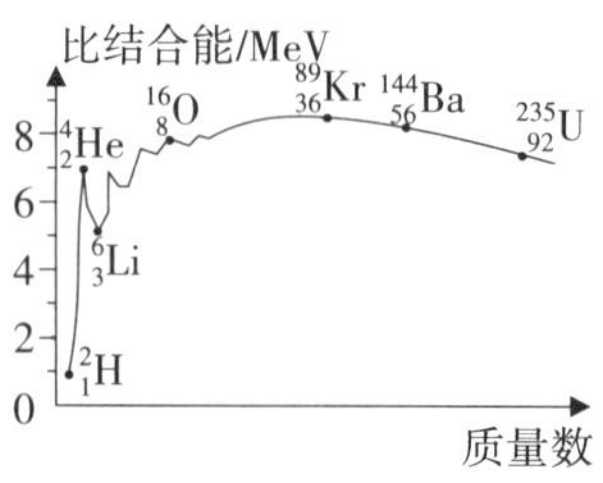

A. $^{4}_{2}$He核的结合能约为14 MeV

B. $^{4}_{2}$He核比$^{6}_{3}$Li核更稳定

C. 两个$^{2}_{1}$H核结合成$^{4}_{2}$He核时释放能量

D. $^{235}_{92}$U核中核子的平均结合能比$^{89}_{36}$Kr核中的大

2.(多选)关于原子核的结合能,下列说法正确的是(　　)

A.原子核的结合能等于使其完全分解成自由核子所需的最小能量

B.一重原子核衰变成α粒子和另一原子核,衰变产物的结合能之和一定大于原来重核的结合能

C.铯原子核($^{133}_{55}Cs$)的结合能小于铅原子核($^{208}_{82}Pb$)的结合能

D.比结合能越大,原子核越不稳定

E.自由核子组成原子核时,其质量亏损所对应的能量大于该原子核的结合能

要点2　质量亏损

1.对质能方程和质量亏损的理解

(1)质能方程

质能方程:爱因斯坦的相对论指出,物体的能量和质量之间存在着密切的联系,其关系是$E=mc^2$。

(2)质量亏损

质量亏损,并不是质量消失,减少的质量在核子结合成核的过程中以能量的形式辐射出去了。物体质量增加,则总能量随之增加;质量减少,总能量也随之减少。这时质能方程也写作$\Delta E=\Delta mc^2$。

2.核能的计算方法

(1)根据质量亏损计算

①根据核反应方程,计算核反应前后的质量亏损Δm。

②根据爱因斯坦质能方程$\Delta E=\Delta mc^2$计算核能。

其中Δm的单位是千克,ΔE的单位是焦耳。

(2)利用原子质量单位u和电子伏特计算

根据1原子质量单位(u)相当于931.5 MeV的能量,用核子结合成原子核时质量亏损的原子质量单位数乘以931.5 MeV,即$\Delta E=\Delta m\times 931.5$ MeV/u。其中Δm的单位是u,ΔE的单位是MeV。

【典例3】已知氮核质量$M_N=14.007\ 53$ u,氧17核的质量$M_O=17.004\ 54$ u,氦核质量$M_{He}=4.003\ 87$ u,氢核质量$M_H=1.008\ 15$ u,试判断:$^{14}_{7}N+^{4}_{2}He\to^{17}_{8}O+^{1}_{1}H$这一核反应是吸收能量还是放出能量?能量变化是多少?

【思路方法】

在核反应中,是释放能量还是吸收能量,需要确定反应前、后质量的变化。若反应后质量减少即发生了质量亏损,则释放出能量,反之吸收能量。

【典例4】为了直接验证爱因斯坦狭义相对论中著名的质能方程$E=mc^2$,科学家用中子轰击硫原子,分别测出原子捕获中子前后质量的变化以及核反应过程中放出的能量,然后进行比较,精确验证了质能方程的正确性。设捕获中子前的原子质量为m_1,捕获中子后的原子质量为m_2,被捕获的中子质量为

m_3,核反应过程放出的能量为ΔE,则这一实验需验证的关系式是(　　)

A.$\Delta E=(m_1-m_2-m_3)c^2$

B.$\Delta E=(m_1+m_3-m_2)c^2$

C.$\Delta E=(m_2-m_1-m_3)c^2$

D.$\Delta E=(m_2-m_1+m_3)c^2$

跟踪练习

3.一静止的氡核$^{222}_{86}Rn$发生α衰变转变成钋核$^{218}_{84}Po$,已知放出的α粒子的质量为m,速度为v_0。假设氡核发生衰变时,释放的能量全部转化为α粒子和钋核的动能。

(1)试写出氡核衰变的核反应方程。

(2)求出氡核发生衰变时的质量亏损。(已知光在真空中的速度为c)

第4节　核裂变与核聚变

学习目标

1. 知道重核的裂变反应和链式反应发生的条件。

2. 了解裂变反应堆的工作原理及核电站和核能利用的优缺点。

3. 知道核聚变的定义及发生条件。

4. 会判断和书写核裂变、核聚变方程，能计算核反应释放的能量。

重点、难点

1. 核裂变、核聚变。

2. 计算核反应释放的能量。

自主学习

1. 核裂变：重核被中子轰击后分裂成两个质量差不多的________，并放出________的过程。

2. 铀核裂变：用中子轰击铀核时，铀核发生裂变，其产物是多种多样的，其中一种典型的反应是 $^{235}_{92}U+^{1}_{0}n\rightarrow^{144}_{56}Ba+^{89}_{36}Kr+$________。

3. 链式反应：当一个中子引起一个铀核裂变后，裂变释放的中子再引起________裂变，且能不断继续下去，这种反应叫核裂变的链式反应。

4. 临界体积：通常把裂变物质能够发生链式反应的________________叫作它的临界体积，相应的质量叫作临界质量。

5. 核电站：利用核能发电，它的核心设施是________。它主要由以下几部分组成：

(1)燃料：________。

(2)慢化剂：铀235容易捕获________发生反应，可采用________、________、________作慢化剂。

(3)控制棒：为控制能量释放的速度，需控制中子的数目，采用________作为控制棒来控制链式反应的速度。

6. 核电站工作原理：核燃料________释放的能量，使反应区温度升高。

7. 核电站能量输出：利用水或液态的金属钠等流体在反应堆内外____________，把反应堆内的热量传输出去，用于发电。

8. 核污染的处理：反应堆的外面需要修建很厚的________，用来屏蔽裂变反应放出的各种射线，核废料具有很强的________，需要装入特制的容器，________。

9. 核聚变定义：两个轻核结合成________的核，并释放出________的核反应。如：$^{2}_{1}H+^{3}_{1}H\rightarrow^{4}_{2}He+$________$+17.6$ MeV

10. 核聚变条件：

(1)轻核的距离要达到________以内。

(2)需要加热到很高的________，因此又叫________。

11. 氢弹原理：首先由化学炸药引爆原子弹，再由________爆炸产生的高温高压引发热核爆炸。

12.热核反应在宇宙中时时刻刻地进行着,太阳就是一个巨大的_______。

13.聚变与裂变相比有很多优点

(1)轻核聚变产能_______。

(2)地球上聚变燃料的储量_______。

(3)轻核聚变更为_______。

14.实现核聚变的方法

(1)难点:地球上没有任何容器能够经受核聚变需要的高温。

(2)方案:科学家设想了两种方案,即_______和_______,_______是目前性能最好的一种磁约束装置。

核心突破

要点1 核裂变和链式反应

1.原子核受激发:当中子进入铀235后,便形成了处于激发状态的复核,复核中核子的激烈运动,使核变成不规则的形状。

2.原子核的分裂:核子间的距离增大,因而核力迅速减弱,使得原子核由于质子间的斥力作用而分裂成几块,同时放出两或三个中子,这些中子又引起其他铀核裂变,这样,裂变就会不断地进行下去,形成链式反应。

3.用中子轰击铀核时,铀核裂变的产物是多种多样的,其中两种典型的反应是:

$^{235}_{92}U+^{1}_{0}n\rightarrow^{144}_{56}Ba+^{89}_{36}Kr+3^{1}_{0}n$;

$^{235}_{92}U+^{1}_{0}n\rightarrow^{136}_{54}Xe+^{90}_{38}Sr+10^{1}_{0}n$

4.链式反应的条件

(1)铀块的体积大于临界体积。

(2)铀块的质量大于临界质量。

【典例1】核电站利用核反应堆工作时释放出的热能使水汽化以推动汽轮发电机发电。反应堆中的核反应方程式为$^{235}_{92}U+^{1}_{0}n\rightarrow^{A}_{54}Xe+^{90}_{Z}Sr+10^{1}_{0}n$,已知铀核的质量$m_U$,中子的质量$m_n$,锶(Sr)核的质量$m_{Sr}$,氙(Xe)核的质量$m_{Xe}$,光在真空中的传播速度为$c$。则(　　)

A.$Z=38$,$A=136$

B.$Z=48$,$A=146$

C.一个U裂变时的质量亏损$\Delta m=m_U-m_{Sr}-m_{Xe}-10m_n$

D.一个U裂变时释放的能量为$(m_U-m_{Sr}-m_{Xe}-10m_n)c^2$

【典例2】原子弹和核能发电的工作原理都是核裂变。一种典型的铀核裂变的核反应方程是$^{235}_{92}U+^{1}_{0}n\rightarrow X+^{89}_{36}Kr+3^{1}_{0}n$,则下列说法正确的是(　　)

A.X原子核中含有86个中子,裂变后的总质量数减少

B.X原子核中含有144个核子,裂变后的总质量不变

C.X原子核中含有144个核子,裂变后的总质量减少

D.X原子核中含有86个中子,裂变后的总质量数增加

跟踪练习

1.$^{235}_{92}U$吸收一个慢中子后,分解成$^{139}_{54}Xe$和$^{94}_{38}Sr$,并放出(　　)

A.一个α粒子　　B.一个氘核

C.三个中子　　D.两个中子

2.裂变反应中释放出的能量来自于(　　)

A.核子消失转化为能量

B.原子中电子与原子核的电势能减小

C.入射的中子消失转化为能量

D.原子核的比结合能变大,释放出能量

要点2 反应堆与核电站

1.核反应堆

核电站的核心是核反应堆,裂变反应堆的结构和工作原理如下表所示:

组成部分	材料	作用
裂变材料(核燃料)	浓缩铀	提供核燃料
慢化剂(减速剂)	石墨、重水或普通水	使裂变产生的快速中子减速
控制棒	镉	吸收减速后的中子,控制反应速度
反射层	石墨	阻止中子逃逸
热交换器	水	产生高温蒸汽,推动汽轮发电机发电
防护层	金属套和钢筋混凝土	防止射线对人体及其他生物体的侵害

2.核电站的优点

(1)消耗的核燃料少。

(2)作为核燃料的铀、钍等在地球上可采储量大。

(3)对环境的污染比火电站要小。

【典例3】(多选)铀核裂变是核电站核能的重要来源,其一种裂变反应是 ${}^{235}_{92}U+{}^{1}_{0}n\rightarrow{}^{144}_{56}Ba+{}^{89}_{36}Kr+3{}^{1}_{0}n$,下列说法正确的有(　)

A.上述裂变反应中伴随着中子放出

B.铀块体积对链式反应的发生无影响

C.铀核的链式反应可人工控制

D.铀核的半衰期会受到环境温度的影响

【典例4】关于核反应堆中用镉棒控制反应速度的原理,下列说法正确的是(　　)

A.镉棒能释放中子,依靠释放的多少控制反应速度

B.用镉棒插入的多少控制快中子变为慢中子的数量

C.利用镉棒对中子吸收能力强的特点,依靠插入的多少控制中子数量

D.镉棒对铀核裂变有一种阻碍作用,利用其与铀的接触面积的大小控制反应速度

【思路方法】

了解核电站的工作原理。

跟踪练习

3.(多选)为应对能源危机和优化能源结构,提高清洁能源的比重,我国制定了优先选择核能的政策,请根据所学物理知识,判断下列说法中正确的是(　　)

A.核能发电对环境的污染比火力发电要小

B.核能发电对环境的污染比火力发电要大

C.所有核电站都只利用重核裂变释放大量的原子能

D.核电站中既有重核裂变,又有轻核聚变释放大量的原子能

要点3 核聚变

1.聚变发生的条件、方法

(1)条件:要使轻核聚变,必须使轻核接近核力发生作用的距离 10^{-15} m。

(2)方法:把轻核加热到几百万开尔文的高温。

2.核聚变方程

${}^{2}_{1}H+{}^{3}_{1}H\rightarrow{}^{4}_{2}He+{}^{1}_{0}n+17.6\ MeV$

3.核聚变的特点

(1)在消耗相同质量的核燃料时,轻核聚变比重核裂变释放更多的能量。

(2)热核反应一旦发生,就不再需要外界给它能量,靠自身产生的热就可以使反应进行下去。

(3)普遍性:热核反应在宇宙中时时刻刻地进行着,太阳就是一个巨大的热核反应堆。

4.核聚变的应用

(1)核武器——氢弹:一种不需要人工控制的轻核聚变反应装置。它利用弹体内的原子弹爆炸产生的高温高压引发热核聚变爆炸。

(2)可控热核反应:目前处于探索阶段。

【典例5】关于轻核聚变释放核能,下列说法正确的是(　　)

A.一次聚变反应一定比一次裂变反应释放的能量多

B.聚变反应每个核子释放的平均能量一定比裂变反应大

C.聚变反应中粒子的比结合能变小

D.聚变反应中由于形成质量较大的核,故反应后质量增大

跟踪练习

4.(多选)以下核反应方程中属于核聚变的是(　　)

A.$^{14}_{7}N+^{4}_{2}He\rightarrow^{17}_{8}O+^{1}_{1}H$

B.$^{2}_{1}H+^{3}_{1}H\rightarrow^{4}_{2}He+^{1}_{0}n$

C.$^{1}_{1}H+^{1}_{0}n\rightarrow^{2}_{1}H+\gamma$

D.$4^{1}_{1}H\rightarrow^{4}_{2}He+2^{0}_{+1}e$

第5节 “基本”粒子

学习目标

1.知道电子、中子、质子并不是组成物质的最基本的粒子。

2.知道粒子的分类及其作用，了解夸克模型。

3.知道夸克是组成强子的成分。

重点、难点

1.电子、中子、质子并不是组成物质的最基本的粒子。

2.粒子的分类及其作用。

自主学习

1.“基本粒子”不基本

(1)直到19世纪末，人们都认为______是组成物质的不可再分的最小微粒。

(2)后来认为光子、电子、质子和中子是组成物质的不可再分的最基本的粒子，并称为“______”。

(3)随着科学的进一步发展，科学家们逐渐发现了数以百计的不同种类的新粒子，它们并不能看作由质子、中子、电子组成的，另外又发现质子、中子等本身也有自己的复杂的结构。所以，从20世纪后半期起，就将“基本”二字去掉，统称为______。

2.发现新粒子与夸克模型

(1)反粒子

实验中发现，存在着这样一类粒子，它们的质量、寿命、自旋等物理性质与过去已经发现的粒子______，而电荷等其他性质______，这些粒子叫作反粒子。例如，电子的反粒子就是______。

(2)粒子的分类

①强子：参与______的粒子，______都是强子。

②轻子：不参与______的粒子，最早发现的轻子是______。

③规范玻色子：是______各种相互作用的粒子，如______、中间玻色子、胶子。

④希格斯玻色子：希格斯玻色子是希格斯场的量子激发。

(3)夸克模型的提出

1964年提出的夸克模型，认为强子是由更基本的______组成的。

核心突破

要点 粒子的发现和分类

1.新粒子的发现及特点

新粒子	正电子	μ子	K介子与π介子	超子
发现时间	1932年	1937年	1947年	20世纪40年代后
基本特点	质量、寿命、自旋等性质与相对应的电子相同而电荷等其他性质相反	比质子的质量小	质量介于电子与核子之间	其质量比质子大

2.粒子的分类

分类	参与的相互作用	发现的粒子	备注
强子	参与强相互作用	质子、中子、介子、超子	强子有内部结构,由夸克构成
轻子	不参与强相互作用	电子、电子中微子、μ子、μ子中微子、τ子、τ子中微子	未发现内部结构
规范玻色子	传递各种相互作用	光子、中间玻色子、胶子	光子、中间玻色子、胶子分别传递电磁、弱、强相互作用
希格斯玻色子	—	—	希格斯玻色子是这几种基本粒子中最后一个被发现的

【典例1】目前普遍认为,质子和中子都是由被称为u夸克和d夸克的两类夸克组成的。u夸克所带的电荷量为$+\frac{2}{3}e$,d夸克所带的电荷量为$-\frac{1}{3}e$,e为元电荷,下列论断中可能正确的是(　　)

A.质子由1个u夸克和2个d夸克组成,中子由1个u夸克和2个d夸克组成

B.质子由2个u夸克和1个d夸克组成,中子由1个u夸克和2个d夸克组成

C.质子由1个u夸克和2个d夸克组成,中子由2个u夸克和1个d夸克组成

D.质子由2个u夸克和1个d夸克组成,中子由2个u夸克和1个d夸克组成

跟踪练习

1.(多选)关于人们发现的新粒子,下列说法正确的是(　　)

A.许多粒子都有自己的反粒子

B.电子属于轻子

C.质子属于强子

D.光子属于轻子

2.为了探究宇宙起源,科学家将利用阿尔法磁谱仪(AMS)在太空中寻找“反物质”,所谓“反物质”是由“反粒子”构成的。“反粒子”与其对应的正粒子具有相同的质量和相同的电荷量,但电荷的符号相反,则反氢原子是(　　)

A.由1个带正电荷的质子和1个带负荷的电子构成

B.由1个带负电荷的反质子和1个带正电荷的正电子构成

C.由1个带负电荷的反质子和1个带负电荷的电子构成

D.由1个不带电荷的中子和1个带正电荷的正电子构成

章末总结提升

要点1 对核反应方程及类型的理解

名称		核反应方程	其他
衰变	α衰变	${}^{238}_{92}U \to {}^{234}_{90}Th + {}^{4}_{2}He$	贝克勒尔
	β衰变	${}^{234}_{90}Th \to {}^{234}_{91}Pa + {}^{0}_{-1}e$	
裂变		${}^{235}_{92}U + {}^{1}_{0}n \to {}^{144}_{56}Ba + {}^{89}_{36}Kr + 3{}^{1}_{0}n$	原子弹原理
聚变		${}^{2}_{1}H + {}^{3}_{1}H \to {}^{4}_{2}He + {}^{1}_{0}n + 17.6\ MeV$	氢弹原理
人工转变	发现人工放射性同位素	${}^{27}_{13}Al + {}^{4}_{2}He \to {}^{30}_{15}P + {}^{1}_{0}n$	约里奥-居里夫妇
	发现质子	${}^{14}_{7}N + {}^{4}_{2}He \to {}^{17}_{8}O + {}^{1}_{1}H$	卢瑟福
	发现中子	${}^{9}_{4}Be + {}^{4}_{2}He \to {}^{12}_{6}C + {}^{1}_{0}n$	查德威克

【典例1】有下列4个核反应方程,核反应类型依次属于(　　)

①${}^{24}_{11}Na \to {}^{24}_{12}Mg + {}^{0}_{-1}e$

②${}^{235}_{92}U + {}^{1}_{0}n \to {}^{144}_{56}Ba + {}^{89}_{36}Kr + 3{}^{1}_{0}n$

③${}^{19}_{9}F + {}^{4}_{2}He \to {}^{22}_{10}Ne + {}^{1}_{1}H$

④${}^{3}_{2}He + {}^{2}_{1}H \to {}^{4}_{2}He + {}^{1}_{1}H$

A.衰变、裂变、人工转变、聚变

B.裂变、裂变、聚变、聚变

C.衰变、衰变、聚变、聚变

D.衰变、人工转变、人工转变、聚变

跟踪练习

1.(多选)下列核反应方程中,X_1、X_2、X_3、X_4代表α粒子的有(　　)

A.${}^{2}_{1}H + {}^{2}_{1}H \to {}^{1}_{0}n + X_1$

B.${}^{2}_{1}H + {}^{3}_{1}H \to {}^{1}_{0}n + X_2$

C.${}^{235}_{92}U + {}^{1}_{0}n \to {}^{144}_{56}Ba + {}^{89}_{36}Kr + 3X_3$

D.${}^{1}_{0}n + {}^{6}_{3}Li \to {}^{3}_{1}H + X_4$

要点2 三种射线的比较及应用

1.三种射线的比较

种类	α射线	β射线	γ射线
组成	高速氦核流	高速电子流	光子流
带电荷量	$2e$	$-e$	0
质量	$4m_p(m_p=1.67\times10^{-27}\ kg)$	$\frac{m_p}{1\ 836}$	静止质量为零
速率	$0.1c$	$0.99c$	c
穿透能力	最弱,用一张纸就能挡住	较强,能穿透几毫米的铝板	最强,能穿透几厘米的铅板
电离作用	很强	较弱	很弱

2.三种射线在电磁场中偏转情况分析

(1)γ射线不论在电场还是磁场中,总是做匀速直线运动,不发生偏转。根据上述特点,在电场或磁场中不发生偏转的射线是γ射线。

(2)α射线和β射线在电场中偏转的特点:在匀强电场中,α和β粒子沿相反方向做类平抛运动,且在同样的条件下,β粒子的偏移量大。

证明:根据粒子在电场力方向做初速度为零的匀加速直线运动,偏移量x可表示为

$$x=\frac{1}{2}at^2=\frac{1}{2}\cdot\frac{qE}{m}\left(\frac{Y_0}{v}\right)^2\propto\frac{q}{mv^2}$$

所以，在同样条件下β与α粒子偏移量之比为$\frac{R_\beta}{R_\alpha}=\frac{e}{2e}\times\frac{4m_p}{\frac{m_p}{1\ 836}}\times\frac{(0.1c)^2}{(0.99c)^2}=37>1$。

（3）α射线和β射线在磁场中的偏转特点：在匀强磁场中，α和β粒子沿相反方向做匀速圆周运动，且在同样条件下，β粒子的轨道半径小，偏转大。

证明：根据$qvB=\frac{mv^2}{R}$得$R=\frac{mv}{qB}\propto\frac{mv}{q}$。

所以，在同样条件下β与α粒子的轨道半径之比为：$\frac{R_\beta}{R_\alpha}=\frac{\frac{m_p}{1\ 836}}{4m_p}\times\frac{0.99c}{0.1c}\times\frac{2e}{e}=\frac{1}{371}<1$。

根据上述径迹特点，即使电场和磁场方向未知，也可以区分射线的种类。

【典例2】如图所示，某种天然放射性物质发出三种射线，经过一个匀强电场和匀强磁场共存的区域（方向如图所示）。调整电场强度E和磁感应强度B的大小，使得在MN上只有两个点受到射线的照射，则下面判断正确的是（　　）

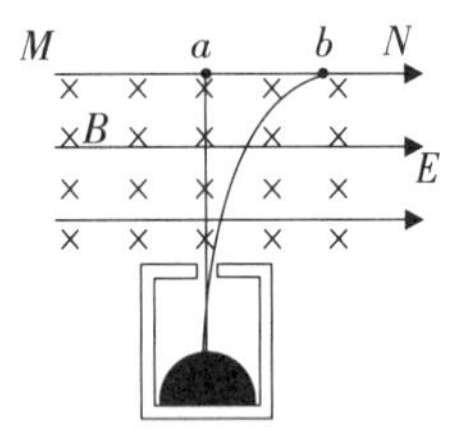

A.射到b点的一定是α射线

B.射到b点的一定是β射线

C.射到b点的一定是α射线或β射线

D.射到b点的一定是γ射线

跟踪练习

2.如图所示，天然放射性元素放出的α、β、γ三种射线同时射入互相垂直的匀强电场和匀强磁场中，射入时速度方向和电场、磁场方向都垂直，进入场区后发现α射线和γ射线都沿直线前进，则β射线会（　　）

A.向右偏

B.向左偏

C.直线前进

D.无法判定

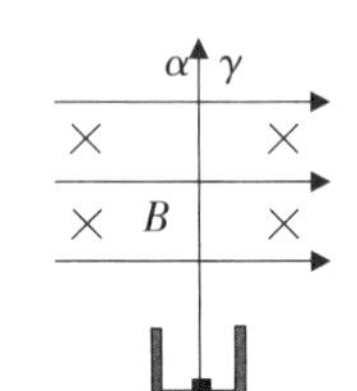

要点3　衰变与轨道

原来静止的原子核衰变发出射线，同时生成新核，若它们处在同一个匀强磁场中，运动轨迹（圆）就会出现内切圆和外切圆的物理图像。

1.判断内切、外切的理论依据

（1）动量守恒定律：新核与粒子的动量大小相等、方向相反。

（2）带电粒子在磁场中的偏转：带电粒子以某一初速度垂直进入匀强磁场，受洛伦兹力作用而做匀速圆周运动。

（3）左手定则：判断粒子偏转方向（粒子圆周运动的绕行方向）。

2.呈现内切圆、外切圆的规律

若原子核衰变放出的射线带正电，则新核与粒子在磁场中的两圆外切；若原子核衰变放出的射线带负电，则内切。两圆的半径大小由$R=\frac{mv}{qB}$确定。因m、v、B相同，故电荷量多的为小圆。

3.α衰变和β衰变在匀强磁场中内、外切圆的规律

衰变类型	规律	在匀强磁场中运动的轨迹
α衰变	${}_{Z}^{M}X \rightarrow {}_{Z-2}^{M-4}Y + {}_{2}^{4}He$	轨迹 α 1. 外切圆 2.α粒子的半径较大
β衰变	${}_{Z}^{M}X \rightarrow {}_{Z+1}^{M}Y + {}_{-1}^{0}e$	轨迹 β 1. 内切圆 2.β粒子的半径较大

【典例3】在匀强磁场中有一个原来静止的碳14原子核，它放射出的粒子与反冲核的径迹是两个内切的圆，两圆的直径之比为7∶1，如图所示，那么碳14的衰变方程为(　　)

A.${}_{6}^{14}C \rightarrow {}_{1}^{0}e + {}_{5}^{14}B$

B.${}_{6}^{14}C \rightarrow {}_{2}^{4}He + {}_{4}^{10}Be$

C.${}_{6}^{14}C \rightarrow {}_{1}^{2}H + {}_{5}^{14}B$

D.${}_{6}^{14}C \rightarrow {}_{-1}^{0}e + {}_{7}^{14}N$

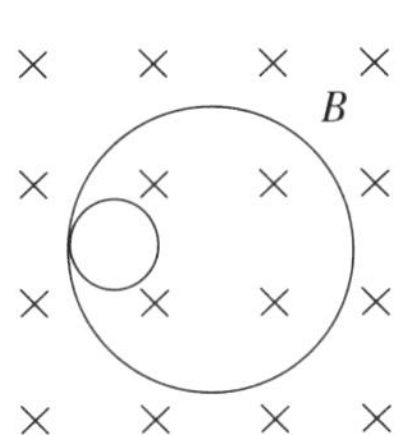

跟踪练习

3.一个静止在磁场中的放射性同位素原子核 ${}_{15}^{30}P$，放出一个正电子后变成原子核 ${}_{14}^{30}Si$，下列各图中能近似反映正电子e和Si核运动轨迹的是(　　)

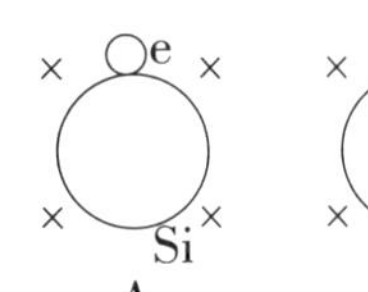
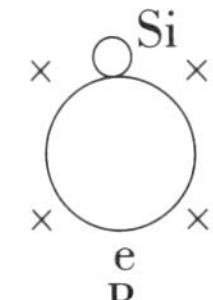
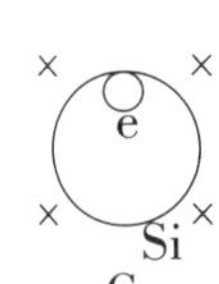

A　B　C　D